Herzlichst
für Fred Windisch
Ihr Hans [illegible]

Hademar Bankhofer

Österreichischer Gesundheitsführer

„Neun Zehntel unseres Glücks allein beruhen auf der Gesundheit!“

Arthur Schopenhauer (1788–1860)

Hademar Bankhofer

Österreichischer Gesundheitsführer

mit einem Vorwort von
Dr. Kurt Steyrer
Bundesminister für Gesundheit und Umweltschutz

Athenäum Wien/Königstein

Die Photos im Buch stammen aus dem Archiv Bankhofer, von Liselotte Fürst-Bankhofer, vom Landesfremdenverkehrsverband Burgenland, Landesfremdenverkehrsamt Kärnten, der niederösterreichischen Fremdenverkehrswerbung, vom oberösterreichischen Landesfremdenverkehrsamt, vom Landesfremdenverkehrsamt Salzburg, von der Landesfremdenverkehrsabteilung Steiermark, vom Landesfremdenverkehrsamt Tirol, Landesfremdenverkehrsamt Vorarlberg, vom Fremdenverkehrsverband Wien und vom Österreichischen Heilbäder- und Kurorteverband.

Die abgebildeten Karten wurden mit freundlicher Genehmigung des Verlages Freytag & Berndt, Wien, unter Verwendung der f & b Organisationskarte Österreich hergestellt.

CIP-Kurztitelaufnahme der Deutschen Bibliothek:

Bankhofer, Hademar:
Österreichischer Gesundheitsführer / Hademar Bankhofer. – Wien ; Königstein : Athenäum, 1982.
ISBN 3-7610-8135-9

Umschlaggestaltung: DESIGN TEAM, München
Gesamtherstellung: Friedrich Pustet, Regensburg
Printed in Germany
ISBN 3-7610-8135-9

Inhalt

Gesundheit in Österreich

Ein Vorwort

Im Zeitalter der fortschreitenden Zivilisation und Technisierung ist es verdienstvoll, sich wieder auf verschiedene natürliche Lebensweisen und Lebensverhalten zu besinnen.
Als Bundesminister für Gesundheit und Umweltschutz glaube ich, daß eine gesunde Umwelt und Natur die beste Voraussetzung für die Erhaltung der Gesundheit darstellt. Ich glaube auch, daß die natürlichen Heilmethoden durchaus einen Platz in der Medizin haben müssen. In einem sinnvollen Zusammenwirken mit der sogenannten Schulmedizin muß aber ein Ziel angestrebt werden: die Wende von der behandelnden und heilenden zur vorbeugenden Medizin. Es ist doch wesentlich humaner, Krankheiten schon an ihrem Entstehen zu hindern, oder die Heilungschancen durch möglichst frühzeitige Erkennung der Krankheiten zu vergrößern.
Dieser soziale Auftrag an unsere Gesellschaft entbindet aber nicht den Einzelnen der Verantwortung, für seine eigene Gesundheit mitverantwortlich zu sein. Ein gesundheitsbewußtes Verhalten, das auch gegenüber den Mitmenschen eine positive Vorbildfunktion ausübt, ist sowohl für den Einzelnen, wie für die Gesellschaft von unschätzbarem Wert. Dieses Bewußtsein in der Öffentlichkeit zu fördern, gehört zu meinen wichtigsten Aufgaben.
Daher ist so ein engagierter Schriftsteller wie der Österreicher Hademar Bankhofer für mich eine wertvolle Unterstützung zur Förderung des Gesundheitsbewußtseins. Österreich ist in der glücklichen Lage, ein umfassendes System von Einrichtungen zum Bewahren und Wiedererlangen der für uns alle so kostbaren Gesundheit anzubieten.

Kurt Steyrer

Dr. Kurt Steyrer
Bundesminister für Gesundheit
und Umweltschutz

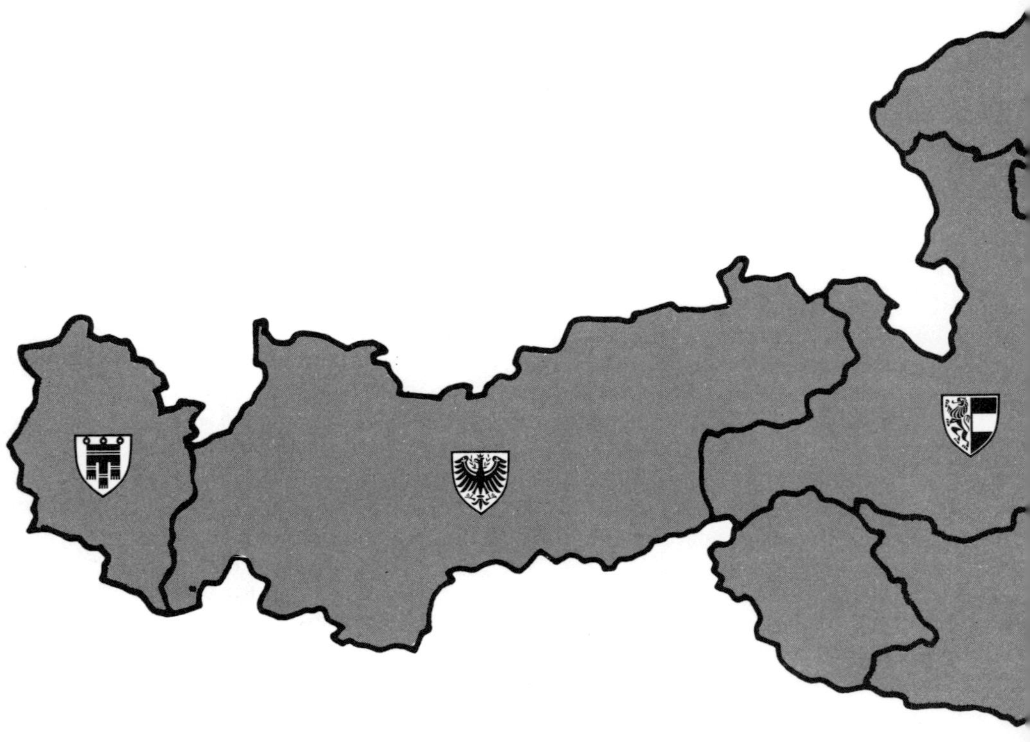

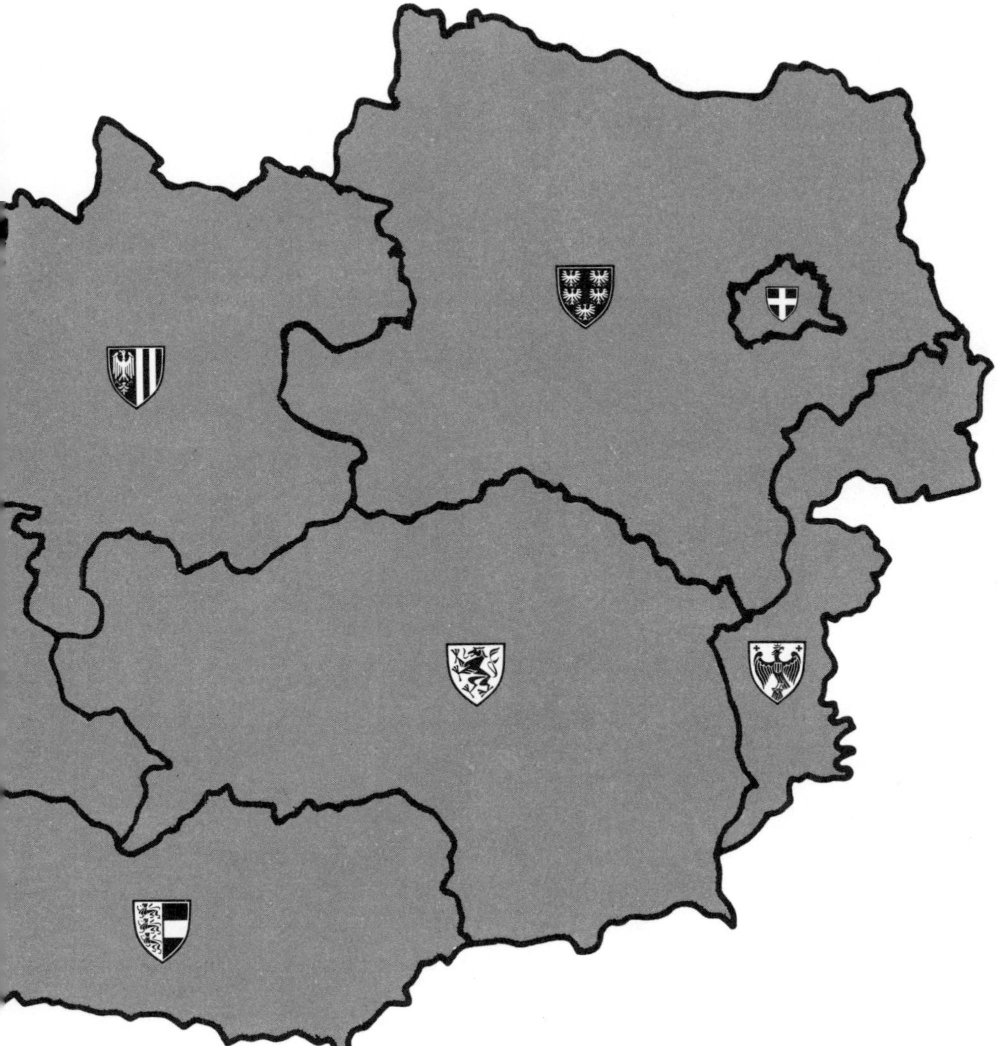

1. Gesundheitsführer durch Kärnten

Kärntner Gesundheits-Stenogramm:

Schon die Römer in der Antike schätzten Kärntens warme Heilquellen und seine bekömmliche Luft in vielen exponierten Lagen. Das spricht sowohl für eine verbürgte Tradition als auch für ein Gesundheitsbewußtsein, die beide in diesem österreichischen Bundesland wie eh und je zu finden sind. Die Wirkung der heilsamen, aus der Erde sprudelnden Quellen ist vielfältig und daher für jedermann geeignet. Und vor allem sind Gesundwerden und Gesundheitspflege in Kärnten deshalb so angenehm und kurzweilig, weil überall reichhaltige und interessante Freizeitmöglichkeiten und Hobby-Gelegenheiten warten . . .

Die Kärntner Gesundheitskarte

1. „Zeso"-Regeneration in Pörtschach am Wörthersee
2. Wandern in heilkräftiger Luft in Kötschach-Mauthen
3. Mallnitz ist gut für Herz und Blutdruck
4. Mineralbäder und Trinkkuren in Eisenkappel
5. Massage-Ferien in Bleiburg
6. Nervenkur in Seeboden am Millstätter See
7. Der heilende Tonschlamm von Althofen
8. In Bad Kleinkirchheim gibt's Heilwasser „à la carte"
9. Der Naturheilarzt von Krumpendorf
10. Erholungswoche bei einer Schönheitskur in Warmbad Villach
11. Gesundes Wandern in Kärnten: in die Sadnig-Gruppe, vom Jauntal ins Rosental, durch die karnischen Alpen, quer durch die Kreuzeckgruppe, durch die Lienzer Dolomiten und durch das Nockgebiet
12. Das kalte Schwefelwunder in Bad St. Leonhard im Lavanttal
13. Der „Gelenke-Service" von Bleiberg
14. Kräuterbäder und Entschlackungswochen in Dellach im Gailtal
15. Ost- und Westwind ersetzen in Dellach im Drautal den Arzt
16. Biotraining in Millstatt am See
17. Wo Fritz Eckhardt neue Kräfte tankt: Agathenhof in Micheldorf
18. Wörthersee-Urlaub mit Dialyse in Pörtschach

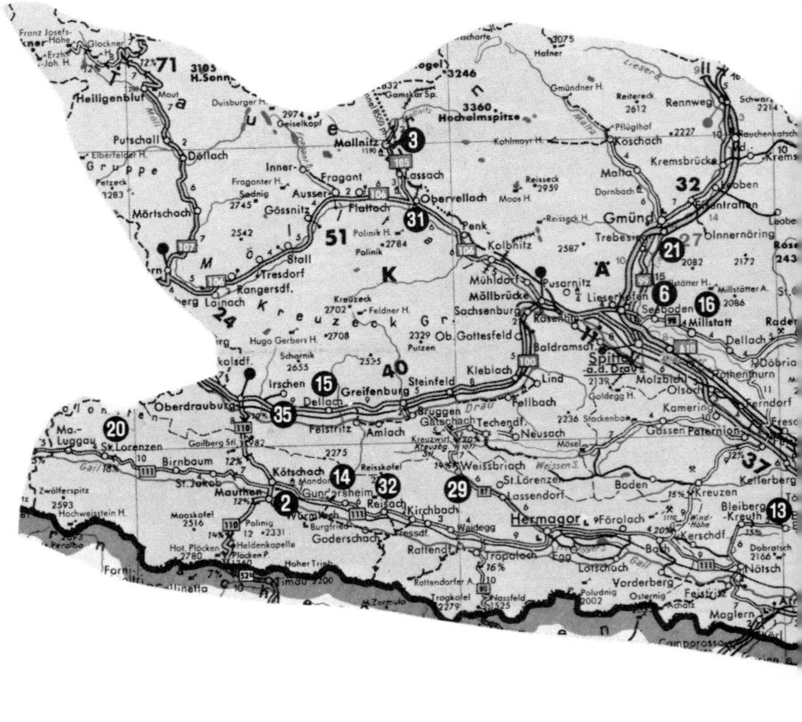

19. Mességué-Kräuterkuren für Mann und Frau in Pörtschach
20. Das „Gallenbad“ St. Lorenzen bei Liesing im Lesachtal
21. Die »Königsquelle« von Trebesing macht Manager munter
22. Nach dem Herzinfarkt nach Velden
23. Schönheitskur mit Jonozon und Ismakogie in Velden
24. Der Jungbrunnen von Warmbad Villach, den schon Paracelsus lobte
25. Österreichs Wildheilkräuter von Krumpendorf
26. Die Wunderkur im Lärchentrog bei Ebene Reichenau
27. Die Thermalquelle bei St. Margarethen im Lavanttal, die Magengeschwüre verhindert
28. Die Schlafkuren von St. Kanzian am Klopeiner See
29. Das Kneipp-Alpendorf in Weißbriach im Gitschtal
30. Gesund und schön durch Milch und Semmeln in Dellach am Wörthersee
31. Die einzige Original-Schroth-Kur der Welt in Obervellach
32. Die „Fußreflexzonen-Massage“ in Reisach
33. Gesundheitsurlaub mit Darmmassage in Landskron
34. Psycho-Entspannung mit Kräutertherapien in Treffen am Ossiacher See
35. Gesunde Bauernarbeit mit „Heu-Diplom“ in Irschen

„Zeso"-Regeneration in Pörtschach am Wörthersee

„Zeso" heißt eine neue österreichische Gesundheits-Therapie, die in der Fremdenverkehrsgemeinde Pörtschach am Wörthersee durchgeführt wird. Es ist eine wunderbare Kur, die vorzeitigen Alterserscheinungen vorbeugt oder diese auch beseitigt, und eine Rekonvaleszenz nach schweren Operationen und Krankheiten beschleunigt. Zusammenfassend urteilen die „Väter" dieser neuen Kur, die österreichischen Ärzte Dr. Harald Soukup und Dr. Siegfried Zerlauth: „Die Zeso-Kur steigert enorm die Lebensqualität!"
Was alles muß man nun aber im Kärtnerischen Pörtschach bei „Zeso" über sich ergehen lassen?
Der erschöpfte Mensch wird im Rahmen eines individuellen Therapiesplans betreut, der sich speziell an seinen gesundheitlichen Bedürfnissen und Leiden ausrichtet. Ein Ärzteteam entscheidet nach einer eingehenden Voruntersuchung, welche Behandlungsmethode für welchen Patienten erfolgversprechend ist. So beginnt daher jeder Kuraufenthalt mit einer internistischen und einer orthopädischen Diagnose. Denn: Der Großteil aller Beschwerden des modernen Menschen hat mit diesen beiden medizinischen Fachrichtungen zu tun; Knochen und Gelenke sowie die inneren Organe müssen zunächst unter die Lupe genommen werden. Der Sauerstoffgehalt des Blutes ist zu ermitteln und das sogenannte biologische Alter des Patienten, das bekanntlich aufgrund einer verantwortungslosen und unbedachten Lebensweise sowie eines regelrechten „Raubbaus" häufig wesentlich höher liegt als das Geburtsscheinalter.

Kurpark Pörtschach

Im Anschluß daran wird die Therapie zusammengestellt. Im Mittelpunkt steht eine Zelltherapie, auch zytoplasmatische Behandlung genannt. Es handelt sich dabei um eine Weiterentwicklung der Niehans'schen Frischzellen-Therapie. Defekte Körperzellen sollen wieder „aufgemöbelt" werden. Zusätzlich umfaßt das „Zeso"-Kurprogramm eine Sauerstoff-Therapie. Der Organismus erhält Sauerstoff, weil die durch den Alterungsprozeß geschwächte Lunge von selbst nicht mehr genügend Sauerstoff aufnimmt und somit den Körper nur noch mangelhaft versorgt. Auf diese Weise können noch rechtzeitig Durchblutungsstörungen sowie Herz- und Kreislaufstörungen eingedämmt oder geheilt werden.

Ein wesentlicher Faktor im „Zeso"-Programm ist die Blutwäsche. Blut wird abgenommen, mit wertvollem Ozon angereichert und dem Organismus erneut zurückgegeben. Das hat vor allem Herzinfarkt-Patienten wirksam geholfen. Auf dem Programm stehen des weiteren Aufbauinfusionen und Neuraltherapie. Sogenannte Störfelder im Körper, die schwere rheumatische oder andere Beschwerden auslösen, werden mit Procain-Injektionen ausgeschaltet. Im weiteren gibt es Aslan-Kuren, medizinische Bäder, Massagen und autogene Trainingskurse.

Für welchen speziellen Personenkreis kommt die „Zeso"-Kur in Frage? In idealer Weise eignet sich das Therapie-Programm für streßgeplagte Leute ab dem 45. Lebensjahr und für all jene, die erste Verbrauchs- und Abnützungserscheinungen zeigen. Die Kur dauert mindestens zwei Wochen und wird von vielen alljährlich wiederholt. Ideale Termine: Frühling, Winter und Herbst. Der Sommer ist höchst ungeeignet, weil der von Sonne und Wärme aufgelade-

Erholungszentrum Kötschach-Mauthen

ne Körper auf die Kur allergisch oder mit Beschwerden reagieren könnte.

Auskünfte: Kurhotel Glocknerhof, A–9210 Pörtschach am Wörthersee, Hauptstraße 163, Telefon: Kurverwaltung Pörtschach: 04272/2354 und 2810 sowie 2811. Oder: Hotel Ambassador, Moosburger Straße 51, Telefon: 04272/2526.

Wandern in heilkräftiger Luft in Kötschach-Mauthen

„Gute Luft für schlechte Lungen" lautet einer der Slogans im kärntnerischen Kötschach-Mauthen. Es handelt sich um den südlichsten heilklimatischen Kurort, dessen Luftzusammensetzung sich regenerierend auf sämtliche Atemorgane auswirkt. Man kommt hauptsächlich hierher, um zu wandern, Berge zu besteigen, vielleicht auch noch zum Jagen, Fischen und Kneippen. Im Mittelpunkt aber steht die ungezwungene Bewegung in bester, sauerstoffreicher Luft. Daher wurden rings um den Kurort Spazierwege in einer Länge von insgesamt 100 Kilometer in alle Regionen durch Auen und Wälder angelegt. Die Bergbahn bringt die Wanderer auf 1500 Meter Höhe. Von dort bieten sich weitere Ausflugsmöglichkeiten in würziger Atemluft. Wer sich in die Kategorie der Bergsteiger einordnet, der kann in der Karnischen Alpenkette mancherlei Touren mit unterschiedlichen Schwierigkeitsgraden unternehmen.
Die heilklimatisch wertvollste Luft, die einem solchen Gesundheitsurlaub gratis beigesteuert wird, herrscht in Kötschach-Mauthen, aber auch in den umliegenden Dörfern Würmlach, Laas und St. Jakob. Beliebte Wanderungen werden in die wildromantische Valentinklamm, zu den Weidenburger Wasserfällen, zur alten Römerstraße beim Plöckenpaß, zum Valentingletscher, zum versteinerten Baum in Laas und zur Wassermühle im Strajach-Graben unternommen.

Wer nicht allein wandern will, kann sich am Wochenende Gruppenwanderungen des Österreichischen Alpenvereins anschließen. Und immer ist dabei zu beachten: Langsam wandern und gut durchatmen. Dann wird in dieser Gegend der angestrebte Heileffekt für Gesundheit und Fitness in optimaler Weise erreicht. Denn angesichts der heutigen Umweltverschmutzung ist es nicht mehr gleichgültig, wo man wandert. Drum sollte jede Minute in einem Luftkurort ausgenützt werden.

Auskünfte: Fremdenverkehrsverein Kötschach-Mauthen, A–9640 Kötschach-Mauthen, Telefon: 04715/268 oder 213.

Mallnitz ist gut für Herz und Blutdruck

Herz-, Kreislauf- und Blutdruckerkrankungen stehen in Mitteleuropa an oberster Stelle aller Zivilisationsleiden. Grund genug, um sie nicht bloß zu bekämpfen, sondern ihnen auch vorzubeugen. Und für solche Fälle gibt's in Österreich verschiedenste Möglichkeiten. Die unkomplizierteste bietet der heilklimatische Höhenluftkurort und Wintersportplatz Mallnitz in Kärnten. Aus dem Jahre 1976 datiert eine hochinteressante medizinische Untersuchung, die von der zuständigen Landesregierung in Auftrag gegeben wurde, und jeden Gesundheitsapostel in höchstem Maße interessieren wird. Es klingt beinahe wie eine „Wundergeschichte": Die heilklimatischen Bedingungen im 1200 Meter über dem Meeresspiegel liegenden Mallnitz sind derart ideal, daß die Leistungsfähigkeit von Herz und Kreislauf eines jeden nachweislich erhöht wird, der sich dort aufhält, Spaziergänge unternimmt oder wandert. Besonders beeindruckende und nachhaltige Erfolge wurden bei zu hohem oder zu niedrigem Brutdruck erzielt, wenn sich die betreffenden Urlauber mindestens drei bis vier Wochen in Mallnitz entspannten.

Die Bevölkerung von Mallnitz spricht daher auch vom „Managerkurort", weil hier die sogenannte Managerkrankheit ebenso wie Schilddrüsenbeschwerden oder hormonelle Störungen rasch kuriert werden können. Ältere Menschen sind durch die klimatisch bedingte Revitalisierung in der Lage, dem Abbau ihrer körperlichen Kraft entgegenzuwirken.
Wie aber ist das tatsächlich möglich? Die Ärzte, die in Mallnitz die Feriengäste betreuen, wissen die Antwort: Der Radongehalt der Luft (Radon ist ein Edelgas in der Natur) zeigt in mehrjährigen Durchschnitt eine deutliche Erhöhung gegenüber dem üblichen Normwert in anderen Gegenden. Auf ihn führt man das Anwachsen der körperlichen Aktivität und die insgesamt günstige Wirkung gegen altersbedingte Verschleißerscheinungen wie Gefäßerkrankungen und Abnützung der Gelenke zurück. Außerdem ist in Mallnitz die Luft besonders rein und, durch die Höhenlage bedingt, gibt es hier eine hohe Ultraviolett-Einstrahlung, die sich auf gewisse Hautkrankheiten günstig auswirkt. Die Ärzte haben überdies bestätigt, daß das Wasser in Mallnitz einen erhöhten und vor allem natürlich gebundenen Fluorgehalt aufweist und somit Zahnkaries bekämpft. Kein Wunder, daß in einem solchen Gebiet heilsamer Naturkräfte entsprechende Fremdenverkehrsbetriebe entstanden sind: zahlreiche Pensionen und Hotels, ein Massageinstitut, ein Hallenbad mit Sauna, ausgebaute Wanderwege mit Sessel-Lift und Seilbahn, ein Bergsteigerzentrum mit vielen Alpenvereinshütten, 30 Kilometer lange Spazierwege in die umliegenden Gebirgstäler. Mallnitz liegt auf der Südseite des Hauptkammes der „Hohen Tauern" im Kärntner Oberland und ist verkehrsmäßig

Mallnitz

mit der Tauernbahn oder über die Tauernautobahn und Felbertauernstraße sowie durch den Tauerntunnel schnell und bequem zu erreichen.

Auskünfte: Fremdenverkehrsamt Mallnitz, A–9822 Mallnitz, Telefon: 04784/290.

Mineralbäder und Trinkkuren in Eisenkappel

Trinkkuren sind vor allem für jene in höchstem Maße geeignet, die an einer Übersäuerung des Magens leiden, an den Folgeerscheinungen dieser Übersäuerung, oder auch an entzündlichen Erkrankungen der Harnwege und der Bildung von Harn- und Nierensteinen, besonders Harnsäure-, Urat- und Oxalatsteinen. Solchen Patienten ist die Kärntner Marktgemeinde Eisenkappel zum absoluten Geheimtip geworden. Umgeben von einer waldreichen Mittel- und Hochgebirgslandschaft bietet das nur 28 Kilometer von Klagenfurt entfernt gelegene Gemeindegebiet Eisenkappel-Vellach mit seinem angenehmen und erfrischenden Klima und seiner ländlichen Stille ideale Voraussetzungen für einen erholsamen Urlaubs- und Kuraufenthalt. Eisenkappel gilt als Kärntens jüngstes Kurzentrum. Das neue Kurbad liegt an einem Waldsaum am Ortsausgang.
Nach eingehender ärtzlicher Untersuchung wird dem Kurgast ein individueller Kurplan verordnet. Ständige ärztliche Betreuung sowie Abschlußuntersuchungen dienen dazu, den medizinischen Erfolg der Kur zu überprüfen. Welche speziellen Möglichkeiten bieten sich in Eisenkappel?
Zunächst kann man zwischen Badekuren, Trinkkuren und Inhalationen wählen. Für Badekuren stehen natürliche Kohlensäure-Mineralbäder aus den Carinthia-Heilquellen zur Verfügung. Man sollte Bäder und Unterwassermassagen nehmen, wenn man gegen Herz- und Kreislauferkrankungen vorgehen will, gegen verminderte Leistungsfähigkeit des Herzmuskels, Erkrankungen der Herzkranzgefäße, Herzneurosen und funktionelle Rhythmusstörungen des Herzens. Sodann bei peripheren Durchblutungsstörungen, Erkrankungen der Nerven, Nervenentzündungen, Ischias, Rheumatismus, Spondylarthrosen, Unfalls- und Operationsrehabilitation sowie bei Frauenleiden.
Trinkkuren mit dem Natrium-Hydrogenkarbonat-Chlorid-Säuerling wirken im besonderen gegen eine Übersäuerung des Magens, gegen Gastritis, entzündliche Erkrankungen der ableitenden Harnwege und Steinbildung. Sie eignen sich gleichermaßen zur Nachbehandlung von Prostataoperationen.
Bei Bronchialleiden aller Art ist es speziell-zu empfehlen, die Dämpfe der Heilquelle zu inhalieren.
Angeboten werden in Eisenkappel ein-, zwei- oder dreiwöchige Kuren mit Mineralwasserbädern, Trocken- und Unterwassermassagen, Kneippbehandlungen, Trinkkuren und Inhalationen. Krankenkassen übernehmen hierbei einen Teil der Kurkosten.
Und für alle Gesunden ein Tip: Wer das Heilwasser von Eisenkappel trinkt, wird feststellen, wie herrlich natürlich es auf der Zunge prickelt und wie wohl man sich nach seinem Genuß fühlt.

Auskünfte: Marktgemeindeamt A–9135 Eisenkappel-Vellach, Telefon: 04238/245 oder 375 oder Kurbad Carinthia, A–9135 Eisenkappel, Telefon: 04238/338.

Massage-Ferien in Bleiburg

Eine jede Massage ist nicht unbedingt gleichwertig mit einer anderen: Es kommt vor allem darauf an, wie und von wem man massiert wird. Daher sind die Kärntner auf ihren „Massage-Urlaub“ in der Erholungsgemeinde Bleiburg-Petzen regelrecht stolz.

Hier massieren nur ausgesuchte und namhafte Experten, die den Urlauber wieder auf „Vordermann" bringen. Denn Bleiburg ist ein Zentrum für den gesunden Aktiv-Urlaub in Österreich: Der Feriengast wird im Interesse seiner physischen Kondition im Winter zum Skiwandern oder Rodeln, im Sommer zum Wandern in unberührter Natur, zum Reiten, Saunen und eben auch zur Gesundheits-Massage „verleitet". Das „Gratis-Zuckerl" für den Urlauber in Bleiburg ist zweifelsohne das überraschend gute und gesunde Klima, denn dieses südkärntner Gebiet unterliegt dem merkbaren Einfluß der adriatischen Schönwetterzone. Was will man mehr?

Auskünfte: Fremdenverkehrsamt Bleiburg, A–9150 Bleiburg, 10. Oktober-Platz 1, Telefon: 04235/2110. Oder: Massagezentrum „Hotel Petzenkönig", A–9143 St. Michael ob Bleiburg, Unterort 27, Telefon: 04235/2087.

Nervenkur in Seeboden am Millstätter-See

Wie oft im Leben bemühen wir uns, unseren Körper fit zu machen und übersehen dabei, daß unsere Nerven längst ruiniert und behandlungsreif geworden sind. Darum hat man im Kärntner Fremdenverkehrsort Seeboden am Millstätter See eine regelrechte Regenerationskur für schwache und angegriffene Nerven geschaffen. Die Gäste bekommen dort, ein Freizeitprogramm offeriert, bei dem man rasch und mühelos eine ruhige und ausgeglichene Verfassung zurückerlangt. Man wandert einen ganzen Tag lang in die freie Natur hinaus und sucht unter Anleitung eines Fachmannes geeignete, schöne Wurzeln. Am nächsten Tag beginnt sodann im Quartier ein Wurzelschnitzer-Kurs. Zu diesem gehört Geduld. Und wenn man einmal dabei ist, Figuren nach eigener Phantasie zu schnitzen oder sich bei noch größerem Ehrgeiz eine Heiligenfigur vorzunehmen, vergißt man schnell die Welt um sich herum. In Seeboden gibt es zusätzlich Kurse zum Erlernen der traditionellen Bauernmalerei. Und wie gesagt: Wandern wird in Seeboden besonders groß geschrieben.

Seeboden am Millstädter See

Auskünfte: Verkehrsamt Seeboden, A–9871 Seeboden, Telefon: 04762/21210.

Der heilende Tonschlamm von Althofen

Tonschlamm aus Moorerde und Flachmoortorf, auch Humuston genannt, haben den Menschen bereits in frühester Zeit Heilung von Krankheiten und Linderung von Schmerzen gebracht. Darum schätzten sich die Bewohner von Althofen in Kärnten seit eh und je glücklich, im Besitz von Moorlandschaften zu sein. Die Kuranstalt Althofen, die sich dank dieser bevorzugten Lage entwickelt hat, ist spezieller Natur. Sie liegt inmitten des romantischen und historisch interessanten Städtchens, das mit seinen 5000 Einwohnern, umgeben von Mittelgebirgszügen, am Nordrand des Krappfeldes angesiedelt ist. Es herrscht hier ein mildes, submaritimes Klima.

Dem Kurgast stehen vier Ärzte zur Verfügung. Man sollte nach Althofen aufbrechen, wenn man chronischen Erkrankungen des rheumatischen Formkreises, chronischen Gelenksentzündungen, Arthrosen, rheumatischen Affektionen der Muskel, Neuralgien und Sehnenscheidenentzündungen zu Leibe rücken will. Hier wurden daneben vielfach Verletzungsfolgen, etwa Verstauchungen und Prellungen, sowie chronisch entzündliche Erkrankungen der weiblichen Beckenorgane oder auch Verkrampfungen im Bereich der Verdauungsorgane und Erkrankungen der Gallenwege geheilt, bzw. diesen vorgebeugt.
In zwei Kurhotels und einer Kuranstalt werden dem Urlauber und Kurgast heilende Bäder und Packungen mit Tonschlamm und Humuston verabreicht. Hinzu kommen medizinische Massagen, Unterwassertherapie, Heilgymnastik, Inhalationen und Elektrotherapie.

Auskünfte: Kurbad Althofen, A–9333 Althofen, Mohrweg, Telefon: 04262/2071.

In Bad Kleinkirchheim gibt's Heilwasser „à la carte“

Heilwasser „à la carte“? Was mag das bedeuten? Im Kärntner Fremdenverkehrszentrum und Kurort Bad Kleinkirchheim dient als Grundlage aller Heil- und Behandlungsmöglichkeiten eine Thermalquelle. Es handelt sich um eine radon-haltige Akrato-Therme, die mit einer natürlichen Temperatur von 36 Grad Celsius aus der Erde sprudelt. Die Konzentration der in der Therme enthaltenen Mineralien wirkt sich auf eine Reihe von Krankheiten und Beschwerden äußerst positiv aus, und zwar ohne jede Gefahr einer gesundheitlichen Schädigung.
Diese Kleinkirchheimer Quelle steht den Kurgästen auf vielfältige Weise zur Verfügung: in Form von Wannenbädern in einzelnen Kuranstalten, in fünf Hallenbädern und vier Freischwimmbädern. Von besonderem Reiz ist für viele eine Kur mit Wechselbädern, die um jeweils 7 Grad Celsius differieren. Man schwimmt währenddessen jeweils vom Hallenbad ins Freibad und zurück. Allerdings sollte man diese Bade- und Heilgelegenheiten nur dann ausnützen, wenn man sich zuvor mit seinem Hausarzt gründlich beraten oder sich im Kurort einer entsprechenden medizinischen Untersuchung unterzogen hat.
In Bad Kleinkirchheim lautet das Motto „Schwimm dich gesund!“ Doch da nicht jeder die unterschiedlichen Thermentemperaturen verträgt, existiert darüberhinaus ein Heilquellenangebot „à la carte“! Und das sieht in der Praxis folgendermaßen aus:
Wenn die Quelle aus der Erde tritt, weist sie eine Temperatur von 36 bis 37 Grad Celsius auf. In der Thermalbadehalle I präsentiert sich das Wasser mit 32 bis 33 Grad Celsius, in der Thermalbadehalle II mit 30 bis 31 Grad, im Thermal-Römerbad mit 29 bis 36 Grad und im Thermalfreibad schließlich mit 24 bis 26 Grad Celsius. In den Kurhäusern Ronacher und Pulverer gibt es spezielle Thermal-Wannenbäder, Unterwasserstrahl- und Handmassagen, Luftperlenbäder, Thermalbäder mit Sauerstoffanreicherung sowie Thermalbäder mit Kohlensäure, Spezialmassagen, Parodontosebehandlung und als Ergänzung Spazier-Terrainkuren.
Was aber bewirkt nun die Heilquelle von Bad Kleinkirchheim mit ihren radioaktiven Spurenstoffen Radon und Radium, ihren Ingredienzien Kieselsäure, Borsäure, Nitrat, Jodid, Chlorid, Fluorid, Natrium, Kalium, Magnesium, Calcium, Eisen, Kupfer, Zink, Blei, Aluminium und Quecksilber und vielen anderen? Gesund und bekömmlich wirkt sich ein Kuraufenthalt in Bad Kleinkirchheim vor allem bei vorzeitigen und altersbedingten Verbrauchserscheinungen des Herz-Kreislaufsystems aus, bei Managerkrankheit, neurovegetativen Fehlregulierungen mit Blutdruckschwankungen, bei allen Formen des Rheumatis-

Kurort Bad Kleinkirchheim

mus in Muskeln und Gelenken, bei Neuralgien und chronischen Nervenentzündungen, Bandscheibenschäden, Versteifungen nach Knochenbrüchen, bei Nachbehandlung von Kinderlähmung, kreislaufbedingten Kopfschmerzen, Migränen, allergischen Erkrankungen, Blutarmut, allgemeinen Erschöpfungszuständen nach schweren Krankheiten und Operationen sowie bei Erkrankungen der Atemorgane.
Die Klima- und Wetterverhältnisse in Bad Kleinkirchheim sind zudem wohltuend, da der Ort gegen Norden durch eine Bergkette abgegrenzt wird und folglich von einer starken Südeinstrahlung begünstigt ist, glücklicherweise ohne jede Föhneinwirkung. Alle Wetterveränderungen in dieser Gegend werden überdies durch die starke Sonneneinstrahlung in ihrer Wirkung abgeschwächt. Die beträchtlichen Unterschiede zwischen Tag- und Nachttemperaturen zu jeder Jahreszeit stellen – wie medizinisch erwiesen wurde – beachtliche Heilfaktoren dar, im besonderen für kreislaufgeschädigte, nervöse, labile und schlafgestörte Menschen.
Die Heilquelle von Bad Kleinkirchheim eignet sich daher ebenso für Bade- wie Trinkkuren.
Der Kurort ist im Sommer nicht minder attraktiv als im Winter, wo zusätzlich zum Baden in der heißen Quelle großartige Skisportmöglichkeiten geboten werden. Vom Anfänger-Hang bis zum Super-Abfahrts-Terrain bietet die Natur rund um Bad Kleinkirchheim alles nur Wünschbare. Mit anderen Worten: man muß nicht nur dann hierher kommen, wenn man krank ist, und nicht allein Kurgäste genießen es, Sommer und Winter unter freiem Himmel im heilenden Wasser zu schwimmen. Auch die vielfältigen Möglichkeiten zum Reiten, Pferdeschlittenfahren, Eislaufen, Tennisspielen und Wandern teilen sich Patienten

und Gesundurlauber je nach ihren Interessen gleichermaßen. Und wer den ganzen Tag lang etwas für seine Gesundheit getan hat, darf abends ruhigen Gewissens einmal „sündigen" und sich an Kärntner Spezialitäten wie Reindling, Kasnudeln und Klachlsuppe mit Sterz gütlich tun.

Auskünfte: Fremdenverkehrsverband Bad Kleinkirchheim, A–9546 Bad Kleinkirchheim, Telefon: 04240/8212.

Der Naturheilarzt von Krumpendorf

Er heißt Dr. Ulf Böhmig und zählt zu den großen europäischen Schulmedizinern, die sich der Naturheilkunde verschrieben haben. Aus aller Welt strömen die Patienten zu ihm nach Kärnten in den Fremdenverkehrsort Krumpendorf. Denn sie alle wollen von einem erfahrenen Mann der Medizin betreut werden, der jedoch vor allen pharmazeutischen Präparaten in erster Linie die Heilkräfte der Natur miteinbezieht. Sein Leitspruch: „Ich heile meine Patienten mit naturheilkundlichen Methoden. Nur, wo diesen Therapien Grenzen gesetzt sind, wenn es um Leben und Tod geht, greife ich zu anderen Mitteln!"
Dr. Ulf Böhmig verbrachte viele Jahre in China, um die Geheimnisse der Akupunktur bis ins letzte Detail zu erforschen. Unter Anwendung dieser chinesischen Heilkunst hat er es fertiggebracht, daß gelähmte Patienten wieder gehen konnten. Sein spezielles Geheimnis, das andere westliche Ärzte erst nach ihm erkannten: Nicht allein die Akupunkturnadel und die Einstichstelle in einen bestimmten Meridianpunkt entscheiden über die Heilung oder Linderung der Krankheit, sondern in ebenso starkem Maße eine genaue und gründliche Beratung des Arztes mit dem Patienten über die Diagnose seiner Krankheit und Wege und Mittel zu ihrer Heilung. Vor einer Gruppe von Ärzten konnte Dr. Ulf Böhmig vor einigen Jahren den Beweis erbringen, daß Akupunktur ohne jene gleichzeitige ärztliche Aufklärung und Beratung zu keinem zufriedenstellenden Erfolg gelangt.
Dr. Böhmig, der schon vielen hoffnungslosen Patienten Rettung brachte, gilt auch international als erfolgreicher Fachmann auf den Gebieten der Neuraltherapie, der Heilpflanzen- und Kräuterkunde sowie der modernen Ernährungslehre. Als Forscher befaßt er sich außerdem mit der Para-Medizin, also medizinischen Behandlungsmethoden, die zum Teil bereits in parapsychologische Bereiche übergreifen, wie etwa der Magnetismus u. a. Zu denjenigen, die in gesundheitlichen Krisen Dr. Ulf Böhmig in Krumpendorf aufgesucht haben, gehören prominente Sportler und bedeutende Künstler. Entscheidend geholfen wurde ihnen durch Akupunktur, Chiropraktik, Homöopathie, Neural- und Wasserheiltherapie, Kräutertee- oder Magnetstrahlenbehandlungen, Massage und Elektrotherapie sowie Meditationsübungen. Mehrfach schon haben die Erfolge Dr. Böhmigs, die

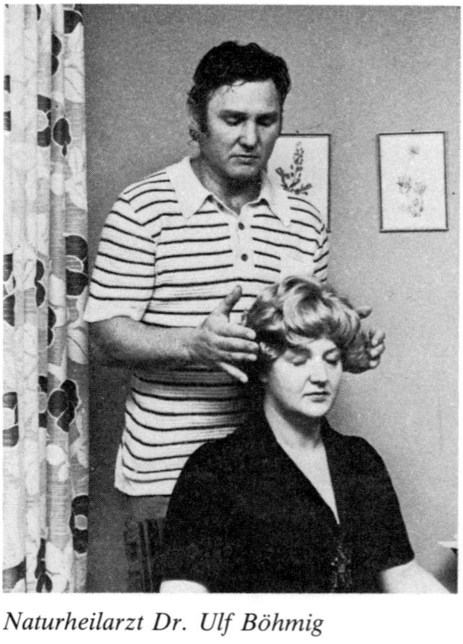

Naturheilarzt Dr. Ulf Böhmig

sich aufgrund seiner Kombination zweier Heilverfahren einstellten, im In- und Ausland Aufsehen erregt. So konnte er zahlreiche Heilungen durch einen Paralleleinsatz von Akupunktur- und Kräutertherapie erzielen.

Was seine Kollegen und Patienten immer wieder aufs neue fasziniert, daß Dr. Böhmig bereits häufig Behandlungen erfolgreich zu Ende geführt hat, bei denen er lediglich Brennesseln oder Kieselsteine zur Hilfe nahm. Eines seiner Geheimnisse, das er stets gern seinen Patienten verrät: „Die Brennessel wird bei uns als Unkraut mißachtet. Dabei müßte sie in jedem Garten einen Ehrenplatz haben. Im Sommer etwa hilft sie in idealer Weise gegen Sonnenbrand. Vor dem Sonnenbad muß man nur eine frische Brennessel abreißen und sich das obere Drittel des linken Ohres verbrennen. Dann wird man gleich braun, nicht krebsrot und erspart sich einen Sonnenbrand . . .!“

Auskünfte: Dr. Ulf Böhmig, A–9201 Krumpendorf, Kogelweg 1, oder Kurverwaltung Krumpendorf, A–9201 Krumpendorf, Hauptstraße 145, Telefon: 04229/313.

Erholungswoche bei einer Schönheitskur in Warmbad Villach

Neben Ruhe und Erholung suchen gerade Frauen im Urlaub auch eine kosmetische Verschönerung. Ärzte und Kosmetikfachleute in Kärnten haben sich deshalb zusammengetan und ein Beauty-Center im Warmbaderhof im Warmbad Villach eröffnet. Hier erfährt der Kurgast nicht nur die sachgemäße Behandlung seiner verschiedensten Wehwehchen, sondern auch eine „optische Auffrischung“ seines Äußeren. Da die meisten Frauen erfahrungsgemäß nicht allein in Urlaub fahren und sich der Besuch einer Schönheitsfarm dann nur

Warmbad Villach

schwer arrangieren läßt, wartet man in Kärnten mit einer Besonderheit auf: Die Schönheitskur wird den Damen in einem „ganz normalen“ Kurhotel angeboten, in dem auch die Herren der Schöpfung wohnen und sich erholen können. Und, sei es eine kosmetische Behandlung oder nur eine Diät für Haut, Herz, Kreislauf oder Verdauung, der Herr Gemahl sollte ruhig mittun. Es wird ihm sicher nicht schaden. Ein Warmbad Villacher Schönheits-Frühstück sieht etwa so aus: Joghurt, Dörrpflaumenkompott, Leinsamen, Käse und hausgemachte Streichleberwurst. Zu Mittag gibt es große Mengen von Salat aus dem eigenen Gutshof, auf dem das Gemüse nach biologisch-dynamischen Regeln angebaut wird. Das alles bleibt im Rahmen einer 1000-Kalorien-Reduktionsdiät. Zusätzlich sollen Schwimmen im Thermalwasserbecken, Unterwassergymnastik und Körpermassagen zur schlanken Linie verhelfen.
Die Gesichtshaut wird durch gezielte Elastizitätsübungen gestrafft, die Poren werden gereinigt und das Gesicht erhält täglich Massagen und Packungen. Zu der Regenerationsbehandlung der Haut gehört das Impfen eines speziellen ‚Hydroserums‘ mittels elektrischen Stroms. Dieser „Generalservice“ für die Frau dauert zehn Tage. Vorher wird eine Hautdiagnose der Patientin erstellt.

Auskünfte: Kurhotel Warmbaderhof, A–9504 Warmbad Villach, oder Heilbäderverwaltung Warmbad Villach, Telefon: 04242/25500 oder Kurhotel Warmbaderhof, Telefon: 04242/25501.

Gesundes Wandern in Kärnten

Ein Team von Ärzten hat in den vergangenen Jahren angesichts der wachsenden Begeisterung fürs Wandern einige besonders verlockend hübsche Wanderungen durch Kärnten zusammengestellt. Die Routen sind so gewählt, daß nach schonendem Anlaufen des Organismus ein gewisser Leistungshöhepunkt erreicht wird, worauf dann bei sich einstellender Ermüdung wieder das Zurückschalten möglich ist. Alle vorgeschlagenen Wanderungen führen durch besonders sauerstoffreiche, ruhige Gebiete mit sauberer Luft, weitab von Straßen und Bahnlinien.

Hier die Vorschläge zum gesunden Wandern:

Wanderung in die Sadnig-Gruppe (mittelschwere Touren)

1. Tag: Von Obervellach, Spittal am Millstätter See oder Mallnitz mit dem Autobus durch das Mölltal nach Außerfragant, dreieinhalb Stunden Aufstieg über Innerfragant zum Fraganter Schutzhaus (1810 m), dem Ausgangspunkt für die nächsten Wanderungen.
2. Tag: In etwa drei Stunden zur Sadnigscharte und zum Sadniggipfel (2745 m), dann wieder zurück zum Fraganter Schutzhaus.
3. Tag: Ebenfalls drei Stunden dauert der Weg zum Schobertörl und zum Ochsentrieb, von dort zurück zum Schutzhaus Fragant.
4. Tag: Zum Hirtenkopf über die Melenböden in etwa drei Stunden und wieder zurück.
5. Tag: In etwa vier Stunden über das Schobertörl und die Rudenalm auf die Rudenscharte und zur Roten Wand, wieder zurück zum Schobertörl.
6. Tag: Abstieg über Innerfragant und das Fraganter Tal nach Außerfragant.

Wanderung vom Jauntal ins Rosental

1. Tag: In einer Stunde von Bleiburg zum Gasthof Petzenkönig und zum Petzensessellift. Von dort in zwei Stunden über Siebenhütten und Knieps zur Freistritzer Spitze in

2114 m Höhe. Dann drei Stunden Abstieg über Luschaalm, Lobniggraben nach Eisenkappel.
2. Tag: Von Eisenkappel in drei Stunden über den Pruggersteig, vorbei an der Eisenkappeler Hütte zur Seealm, Aufstieg zum Hochobir und Abstieg.
3. Tag: Den Karawankenwanderweg entlang in etwa fünfeinhalb Stunden über den Schaidasattel, Freibachgraben zum Koschutahaus nach Mejnikrücken.
4. Tag: Zum Koschutnikturm (2136 m). Der Weg durch die Ostschlucht ist nur geübten Wanderern zu empfehlen, die übrigen steigen in fünf Stunden über Zell Pfarre auf den Freiberg.
5. Tag: Abstieg nach Zell Pfarre. Per Bus oder zu Fuß gehts am Jagdhaus Waidisch vorbei auf's Ferlacher Horn, zum Gasthof Deutscher Peter; von dort noch ein Stück Wegs zum Alpengasthof Sereinig.
6. Tag: Drei Stunden Marsch über die Märchenwiese zur Klagenfurter Hütte auf die Matschacher Alm. Von dort entweder zum Geißberg (2016 m) oder zum Hichstuhl (2238 m).
7. Tag: Abstieg nach Freistritz im Rosental in circa dreieinhalb Stunden.

Wanderung durch die karnischen Alpen
1. Tag: Zum Naßfeld entweder mit dem Bus von Hermagor oder zu Fuß in drei Stunden von Watsching. Von dort aus wandert man in drei Stunden zum Gartnerkofel und übernachtet im Naßfeldschutzhaus; mit dem Sessellift kann diese Station in eineinhalb Stunden erreicht werden.
2. Tag: Geübten Wanderern empfiehlt sich die Wanderung zum Trogkogel (2279 m), weniger Trainierte marschieren in circa sechs Stunden auf den Roßkogel. Ziel beider Routen ist das Schutzhaus Treßdorfer Alm.
3. Tag: Abstieg über die Rudnigalm nach Tröpolach, Bahnfahrt nach Kötschach-Mauthen, weiter mit dem Bus zum Alpengasthof Plökkenhaus.
4. Tag: Gipfeltour auf den Polinik (2784 m).
5. Tag: Fünf Stunden Marsch über die Valentinalm und das Valentintörl zur Eduard-Pichl-Hütte und zum Wolayersee.
6. Tag: In etwa eineinhalb Stunden wandert man zum Rauchkofel, danach Abstieg über die Wolayeralm nach Birnbaum im Lesachtal und per Bus nach Kötschach-Mauthen.

Wanderung quer durch die Kreuzeckgruppe
1. Tag: Von der Bahnstation Möllbrücke gelangt man in etwa fünf Stunden über den Knoten zur Salzkofelhütte in 1987 m Höhe.
2. Tag: Vierstündige Gipfeltour im Hüttengebiet auf den Salzkofel (2498 m) und wieder zurück.
3. Tag: In fünf Stunden wandert man über die Goldgrubenscharte und den Heinrich-Hecht-Weg zur Feldner Hütte am Glanzsee.
4. Tag: Gipfelbesteigung zum Hochkreuz in 2708 Meter Höhe.
5. Tag: Acht Stunden Marsch über Kreuzeck auf dem Höhenweg über den Polinik zur Polinikhütte.
6. Tag: Abstieg nach Obervellach.

Wanderung durch die Lienzer Dolomiten
1. Tag: Vierstündige Wanderung von Oberdrauburg zum Hochstadlhaus in 1780 Meter Höhe.
2. Tag: Zunächst zum Hochstadl in 2678 Meter, dann über den Dreitörlweg zur Karlsbader Hütte im Laserz.
3. Tag: In drei Stunden zur Laserzwand und wieder zurück; dann zum

Kerschbaumertörl und zum Kerschbaumer Almschutzhaus.
4. Tag: Nach St. Lorenzen im Lesachtal über den Zochenpaß in 2260 Meter Höhe; auf diesem Wanderweg ist äußerste Vorsicht geboten.
5. Tag: Dreistündiger Marsch zum Hochweiß-Steinhaus.
6. Tag: Über das Luggauer Törl in etwa vier Stunden nach Maria Luggau, dann fährt man mit dem Bus nach Kötschach-Mauthen.

Gesundes Almwandern durch das Nockgebiet
1. Tag: Von Feldkirchen per Bus zur Prekowahöhe, von dort aus wandert man in sechs Stunden über das Alpenbad St. Leonhard und Sirnitz nach Hochrindl.
2. Tag: Zunächst sechsstündiger Marsch von Hochrindl über Lattersteig zur Turracher Höhe, dann durch das Andertal auf die Bretthöhe (2320 m), weiter zur Kaserhöhe, zum Schoberriegel und dann zur Turracher Höhe. Dieser zweite Abschnitt nimmt ebenfalls sechs Stunden in Anspruch.
3. Tag: Vierstündige Wanderung von der Turracher Höhe auf den Riesennock oder in sechs Stunden zum Simmerleck (2079 m).
4. Tag: Zunächst über die Pregatscharte zum Falkertschutzhaus in 1520 Meter Höhe, dann in siebenstündiger Wanderung nach St. Oswald.
5. Tag: Fünfstündiger Abstieg nach Bad Kleinkirchheim über den Wöllaner Nock, per Lift dauert diese Strecke nur zwei Stunden. Innerhalb einer weiteren Stunde erreicht man dann die Tragonihütte.
6. Tag: Abstieg nach Afritz zum Afritzer See oder nach Feld am See.

Auskünfte über gesundes Wandern in Kärnten: Landesfremdenverkehrsamt Kärnten, A–9010 Klagenfurt, Kaufmanngasse 13, Telefon: 04222/80511–14 oder Zentrale Kärntner Zimmerreservierung, A–9010 Klagenfurt, Neuer Platz 2, Telefon: 04222/70471.

Das kalte „Schwefelwunder" im Lavanttal

Im Mittelalter sprach man vom kalten Schwefelwunder im Lavanttal oder von der Wunderquelle in St. Leonhard. Heute befindet sich dort der angesehene Fremdenverkehrsort Bad St. Leonhard mit der gleichnamigen Kuranstalt. Hier im oberen Lavanttal in waldreicher Mittelgebirgslandschaft leben etwa 2000 Menschen nur 20 Kilometer von der Kärntner Stadt Wolfsberg entfernt. Neben dem „subalpinen" Reizklima bietet Bad St. Leonhard allen, die in Österreich Gesundheit suchen, ein besonderes Kurmittel: eine Schwefelquelle, die klar aus der Erde kommt und sich durch starken akratischen Calcium-Natrium-Hydrogencarbonat-Sulfat-Gehalt auszeichnet. Das Wasser kommt mit etwa 10 Grad Celsius aus dem Erdinneren und wird für die speziellen Behandlungsarten entsprechend temperiert. In Bad St. Leonhard im Lavanttal werden Badekuren gegen folgende Leiden und Beschwerden durchgeführt: Erkrankungen des rheumatischen Formenkreises in subakutem oder chronischem Stadium, sekundäre und primär chronische Polyarthritis, chronische Infekt-Arthrosen, Spondylarthrosen, Morbus Bechterew, Muskelrheumatismus, Neuralgien und Ischialgien nach Abklingen des akuten Stadiums, Gicht, chronische Ekzeme, Seborrhoe, allergische Hautreaktionen, Akne, Vergiftungen durch Quecksilber, Wismut und Blei.
Die Badekuren werden von Massagen unterstützt.
Wer außer Kuren noch etwas unternehmen will, kann sich in Bad St. Leonhard alte, sehenswerte Kunstdenkmäler ansehen,

Kurkonzerte und Folkloreveranstaltungen besuchen, schwimmen, Tennis spielen, fischen, wandern und im Winter skifahren.

Auskünfte: Kuranstalt Bad St. Leonhard, A–9462 Bad St. Leonhard im Lavanttal, Telefon: 04350/328.

Der „Gelenke-Service" von Bleiberg

Es gibt leider immer wieder Zeitgenossen, die zwar ihr Auto in regelmäßigen Abständen zur Inspektion bringen, sich selbst aber einen ähnlichen „Service" nicht gönnen. Dabei hätte bei manchem von uns gerade der Bewegungsapparat der Knochen und Gelenke eine medizinische Betreuung sehr nötig. Für solch einen „Gelenke-Service" bietet sich das Kärntner Thermal-Heilbad Bleiberg an. In dem etwa 3800 Einwohner großen Kurort, unweit von Villach, in waldreichem Mittelgebirge gelegen, entspringt eine akratische Thermalquelle, die von Fachleuten als „Calcium-Magnesium-Hydrogencarbonat-Therme akratischer Konzentration" bezeichnet wird. Neunhundert Liter des heilenden Wassers sprudeln pro Minute mit einer Temperatur von etwas über 29 Grad Celsius aus der Erde. In dem Kurmittelhaus und in einem Kurhotel werden die Feriengäste, die zur Vorbeugung oder zur Behandlung kommen, mit dem Wasser behandelt.
Das Thermalwasser in Bleiberg wird in erster Linie gegen Affektionen des Bewegungsapparates angewandt: degenerative Gelenksprozesse wie Arthrosen, Spondylosen und sekundär chronische Polyarthritis. Aber auch Folgeerscheinungen nach Verletzungen und Unfällen werden behandelt. Beachtliche Erfolge erzielten die Ärzte im Kampf gegen traumatische Folgeerscheinungen wie das Sudecksche- und das Lerichesche Syndrom. Darüber hinaus reguliert das Wasser vegetative Dystonie und labile Hypertonie. Es regt bei Erschöpfungszuständen und Übermüdungserscheinungen an, und viele Frauen schwören bei Zyklusstörungen und Wechselbeschwerden auf die Qualitäten der Bleiberger Thermalquelle.
Die Thermaltherapien beinhalten Bewegungsbäder in speziellen Thermalwannen, Unterwasserheilgymnastik, Heilmassagen, Unterwasserdruckstrahlmassagen und Kneipp-Anwendungen.
Ergänzend zur Thermalwasserkur bietet Bleiberg einen international vielbewunderten Fitness-Parcours, vielfältige, gutmarkierte Wanderwege, Schwimmmöglichkeiten im Hallenbad, Reiten, Tennis, Minigolf und im Winter prächtige Langlaufloipen und Eislaufmöglichkeiten.

Auskünfte: Marktgemeinde Bleiberg, Fremdenverkehrsamt, A–9530 Bleiberg, Telefon: 04244/280 oder Thermalbad Bleiberg, A–9530 Bleiberg, Telefon: 04244/295.

Kräuterbäder und Entschlackungswochen in Dellach im Gailtal

Der Luftkurort Dellach, in einer der schönsten Landschaften Kärntens gelegen, ist Urlaubern schon seit vielen Jahren ein Begriff. In jüngster Zeit aber entstand hier im Kärntner Gailtal ein Zentrum für naturverbundene Menschen. Fachleute auf dem Gebiet der Medizin, der Botanik, Kosmetik und Ernährungswissenschaft warten mit einem ganz speziellen und verlockenden Gesundheitsprogramm auf: Die Urlauber werden im Rahmen von Bio-Therapien mit Kräuterbädern verwöhnt. Je nach individuellem Geschmack und gesundheitlichen Bedürfnissen steigt man in ein Kräuterbad mit Melisse, Rosmarin, Heublumen, Farn, Lavendel oder anderen Ingredienzien der Natur. Rosmarin und Farn beispielsweise wirken gegen Beschwerden des rheumatischen Formenkreises, Heublumenbäder beeinflussen die Haut günstig, Lavendel beruhigt die Nerven, Melisse fördert den gesunden Schlaf und die Entspannung.
Zur Unterstützung der Kneippkuren sollte

man sich von biologischer Vollwertkost ernähren. Wer also Schwierigkeit mit der Verdauung hat und das ganze Jahr über gezwungen ist, in Kantinen und Gasthäusern eine eher ungesunde Kost zu sich zu nehmen, der tut gut daran, sich mindetens einmal im Jahr zu den sogenannten Dellacher Entschlackungswochen anzumelden. Da werden Magen und Darm mit viel Gemüse, Obst – mannigfachen Ballaststoffen also – wieder in Bewegung gebracht. Manch rätselhaftes Beschwerden dieser Art ist schon spurlos nach nur einer „Entschlackungswoche" verschwunden.

Auskünfte: Bio-Pension Bad St. Daniel, A–9635 Dellach im Gailtal, oder Landesfremdenverkehrsamt Kärnten, A–9010 Klagenfurt, Kaufmanngasse 13, Telefon 04222/80511.

Ost- und Westwind ersetzen in Dellach im Drautal den Arzt

Es gibt übrigens in Kärnten noch einen zweiten Luftkurort gleichen Namens: Dellach im Drautal. Schon seit Jahrzehnten kann man beobachten, daß sich Menschen nach Operationen oder nach schweren Krankheiten hier viel schneller wieder erholen als in anderen Gegenden Österreichs. Medizinische Untersuchungen haben schließlich bestätigt, daß dies den speziellen klimatischen Bedingungen zu danken ist, die den Organismus nicht belasten, sondern im Gegenteil kräftigen und aufbauen. Im Volksmund heißt es über Dellach im Drautal: „Bei uns ersetzen Ost- und Westwind den Arzt!"
Dieser Satz ist folgendermaßen zu erklären: Im Luftkurort Dellach im Drautal südlich des Alpenhauptkammes herrscht ein eigenartiges alpines Reizklima. Die Temperaturen schwanken während des Tages stark, jedoch ist das Windaufkommen schwach. Nur Ost- und Westwinde, treffen auf den Ort. Die Lage Dellachs begünstigt eine Windbewegung, die dem Kreislauf und dem Herz besonders gut tun soll. Die Atemwege werden geschont, weil in Dellach fast niemals Nebel aufkommt.
Also lassen sich immer wieder viele Gäste, die eine Erholung höchst notwendig haben, aber auch Urlauber mit vegetativen Störungen und Erschöpfungszuständen nicht nur vom Kurarzt, sondern auch von den „heilenden Winden Dellachs" behandeln, unterstützt von Wanderungen aller Schwierigkeitsgrade und Badekuren.

Auskünfte: Gästeamt Dellach, A–9772 Dellach im Drautal, Telefon: 04714/304 und 235.

Biotraining in Millstatt am See

Der Kärntner Kurort Millstadt am See ist zur Hochburg einer neuen Art von Gesundheits-Urlaub geworden. Man kommt hierher, um Biotraining zu betreiben. Nach der Idee des Biotrainings soll sich der Gast im Urlaub wieder voll in Schuß bringen. Das Biotrainingsprogramm fußt auf drei Säulen: Zunächst ein körperliches Aufbautraining durch Laufen, Radfahren, Schwimmen und Wandern, das nach einem genauen Trainingsfahrplan betrieben werden soll; parallel dazu versucht man, eine geistig-seelisch-kreative Einstellung zu echter Erholung zu wecken, wobei auch autogenes Training erlernt werden kann. Und drittens die Ernährung von guter, alter österreichischer Vollwert- und Naturkost. Sie ist kräftig, aber fettarm, reich an Vitaminen, Mineralien und entschlackenden Spurenelementen, bekömmlich und doch gewichtsreduzierend. Die richtige Ernährung ist im Grunde genommen der Hauptpfeiler der Biotrainings-Idee. In Millstatt wird dem Gast eine lacto-vegetabile Vollwertkost vorgesetzt, die – mittlerweile auch international anerkannt – von Bircher-Benner, Werlandt, Dr. Bruker, Dr. Kollath und Prof. Wendt zusammengestellt wurde.

Millstadt am See

Und das sind die neun Gesetze der österreichischen Naturküche, die dem Urlauber in Millstadt am See gelehrt werden. Erstens: Weißer Zucker ist durch Honig, Birnendicksaft, Malz oder durch Untermischen von süßen Trockenfrüchten zu ersetzen. Zweitens: Weißem Auszugsmehl sollte man möglichst frisch vermahlene Vollkornprodukte vorziehen. Drittens: Nur kalt geschlagene oder kalt gepreßte Fette werden verwendet: Distelöl, Leinöl, Butter. Speisen möglichst fettarm zubereiten. Die wertvollen ungesättigten Fettsäuren sollen soweit es geht erhalten bleiben. Starkes Erhitzen zerstört sie. Daher sind auch fritierte Speisen – etwa Pommes frites – zu meiden. Viertens: Vor den Hauptmahlzeiten sollen Rohkost und Salate gegessen werden, als Nachtisch Obst. Fünftens: Möglichst schonende Zubereitung des Gemüses durch Dämpfen. Nichts Aufwärmen, weil dadurch die biologische Qualität zerstört wird. Sechstens: Fleischliches Eiweiß soll möglichst durch Milcheiweiß, pflanzliches Eiweiß (Hülsenfrüchte, Soja) und in geringem Maße durch mageres Fischeiweiß ersetzt werden. Rohe Eier nur selten verwenden. Siebtens: Chemisch behandelte und konservierte Produkte sind zu vermeiden. Besonders gemieden von der österreichischen Naturküche werden Suppenwürfel, Fertigsoßen, industrielle Mayonnaisen und diverse Aromastoffe. Achtens: Zum Frühstück gehört ein Vollkornmüsli aus frisch geschrotenem Weizen, Leinsamen, aufgeweichten Trockenfrüchten und geriebenen Frischobstsorten auf den Tisch. Dazu Vollkornbrot und Kräutertee. Neuntens: Die Speisen sollten möglichst mild gewürzt sein, weitgehend salzarm. Zur Würze sollten bevorzugt Naturkräuter verwendet werden.

Das eigentliche Zentrum des Biotrainings-Angebotes in Millstadt ist ein nebelfreies,

äußerst sonniges Plateau oberhalb des Millstättersees. Hier kann der Urlaub machen, der sich im Sommer nicht an überfüllten Badestränden und im Winter in turbulenten Skizentren wohlfühlt. Zu den besonderen Vorzügen von Obermillstatt gehört auch der familiäre Kontakt, den der Gast mit den Wirtsleuten hat. Man geht gemeinsam zur Kräutersuche auf die benachbarten Almen, um die gesunden Gaben der Natur auch selbst kennenzulernen. Gekocht wird in den Fremdenverkehrsbetrieben, die Biotraining anbieten, selbstverständlich nach den erprobten Grundsätzen der Vollwertkost, wobei sich die Millstätter bemühen, möglichst schadstofffreies Obst und Gemüse von Bio-Bauern der Umgebung zu besorgen und zu verwenden.
Gesundheit aber findet man, wie schon eingangs erwähnt, nicht nur durch entsprechendes Essen. Das Bio-Training in Millstatt sieht zusätzlich Aufbau-Laufkurse durch Wälder und Wiesen vor. Den Bio-Trainings-Gästen steht auch das hiesige Ozonhallenbad zur Verfügung, in der Vor- und Nachsaison übrigens kostenlos.
Nach Millstatt kommt demnach der Erholungsbedürftige, der abseits des turbulenten Fremdenverkehrs seinen Urlaub genießen und dabei gesund leben möchte. Und seit jeher gilt Millstatt als Eldorado für all jene, die etwas für ihre Atemwege tun wollen. Speziell bei Katarrhen werden beachtliche Erfolge verzeichnet.

Auskünfte: Kurverwaltung Millstatt am See, A–9872 Millstatt, Telefon: 04766/2022 oder 2023.

Wo Fritz Eckhardt neue Kräfte tankt: Agathenhof in Micheldorf

Die Vitalität des Fernsehlieblings Fritz Eckhardt, den Millionen als Oberinspektor Marek im Tatort und als Sacher-Portier ins Herz geschlossen haben, ist nicht nur in der Künstlerbranche, sondern auch beim Publikum bereits sprichwörtlich. Immerhin gehört der Drehbuchautor vieler Unterhaltungsserien, der meist auch selbst die Hauptrolle spielt, zum Jahrgang 1907. Doch so mancher junge Autor und Schauspieler kann ihm an Fleiß und Aktivität etwas abschauen. Immer wieder wollen seine Bewunderer das Geheimnis seiner Rüstigkeit und Jugend erfahren. Vielleicht liegt's daran, daß er seit über 20 Jahren im Sommer nach Micheldorf kommt, um sich auf der Ferienfarm Agathenhof zu regenerieren. Der Agathenhof bietet seinen Gästen individuelle abgestimmte Regenerationskuren an, zu denen in erster Linie das Kneippen, Saftkuren und die berühmte Dr. Mayr-Diät zählen. Ja und dann gibt es noch die traditionellen Fitness-Märsche im Adamskostüm durch herrliches Wald- und Wiesengebiet, nach denen man sich besonders wohl fühlen soll.

Auskünfte: Ferienfarm und Naturheilanstalt Agathenhof, A–9322 Micheldorf, Telefon: 04262/2514.

Wörthersee-Urlaub mit Dialyse in Pörtschach

Kärntens berühmtester See – der Wörthersee – gilt als der nördlichste Badesee Süd-Europas. Er liegt 340 Meter über dem Meer in einer klimatischen Ausnahmezone. Darum ist es hier so besonders mild warm und sonnig. Seit Jahrzehnten ist Pörtschach als der nobelste Ferienort am Wörthersee bekannt. Dennoch wissen viele nicht, daß es hier ein sehr ausgeklügeltes Kurprogramm mit einem Gesundheitslehrgang gibt. Das Seehotel Dr. Jilly offeriert eine reiche Anzahl verschiedener Kurmittel: Kneipptherapien, Elektro- und Unterwasserbehandlungen, elektrophysikalische Therapien, Heilmassagen, Diät- und Bewegungskuren. Es stehen ein Hallenbad, eine Sauna und ein Spezialsolarium zur Verfügung.
Man kommt nach Pörtschach, um gegen Altersbeschwerden anzukämpfen, wenn

man an Erschöpfungszuständen leidet, eine schwere Erkrankung oder eine Operation hinter sich hat. Auch Patienten mit Herz-, Kreislauf- und Durchblutungsstörungen sowie Venenerkrankungen, Diabetes, Blutdruckleiden und Verdauungsbeschwerden finden hier ideale Kurbedingungen. Ein besonderes Angebot wird chronisch Nierenkranken gemacht, die sonst nie einen Kururlaub verbringen können. Ein dem Kurhotel angegliedertes Dialyse-Institut ermöglicht ungestörte Ferientage und ist nicht nur den Hotelgästen vorbehalten.

Mehr und mehr spricht sich das in Pörtschach angebotene Diätprogramm nach den Regeln des Kärntner Biotrainings herum. In einem gezielten Trainingsprogramm werden unter der Aufsicht des österreichischen Facharztes Dr. Wilfried Jilly nicht nur Kuren zur Regeneration durchgeführt, sondern auch Maßnahmen zur Entschlackung und Gewichtsreduktion. Besonders wichtig ist die ständige Kontrolle der Leistung und eine natürliche Ernährung während des Biotrainings. Der „Biotrainings-Paß“, der jedem Kurgast überreicht wird, gibt ihnen Tips zur Durchführung des Biotrainings. Der Gast kann bei einer Reihe von Aktivitäten Gesundheitspunkte sammeln und erhält am Ende seiner Kur Leistungsabzeichen in Gold, Silber oder Bronze für ein gesundes Leben im Urlaub. Für die vorbildlichsten „Bio-Kurgäste“ gibt es das große goldene Bio-Diplom.

Auskünfte: Kurhotel Dr. Jilly,
A–9210 Pörtschach, Alfredweg 5–7,
Telefon: 04272/2258 oder 2218
oder Kurdirektion Pörtschach,
A–9210 Pörtschach, Telefon: 04272/2354.

Mességué-Kräuterkuren für Mann und Frau in Pörtschach

Wer sich den Naturheillehren des französischen „Kräuterpapstes“ Maurice Mességué verschrieben hat und auch einmal eine seiner berühmten Kräuterkuren versuchen möchte, um sich besonders jung, schön und gesund zu fühlen, braucht nicht unbedingt nach Frankreich zu reisen. Er kann es einfacher und billiger haben, wenn er seinen Urlaub im Hotel Schloß Leonstain in Pörtschach bucht. Hier wird er mit all den Naturprodukten behandelt, die Mességué für ein gesundes und natürliches Leben vorschlägt. Dem ganzen Körper gilt die Pflege, die sich hier Frauen gleichermaßen wie Männer angedeihen lassen. Auch eine biologische Ernährung wird groß geschrieben.

Sowohl die Schönheitspflege für Mann und Frau, als auch Regenerations- und Fitness-Kuren werden mit folgenden Anwendungen gestaltet: Kräuterbäder, Ampullenkuren aus Pflanzenextrakten, Ganz- und Teilkörperpackungen, Massagen, Gewichtsreduktionsprogramme, Kräuter-Trinkkuren, Gymnastik und Joga. In der kosmetischen Pflege wird vorwiegend Blütenwachs aus Lavendel, Rose, Mimose und Narzisse verwendet.

Auskünfte: Kurdirektion Pörtschach am Wörthersee, A–9210 Pörtschach, Telefon: 04272/2354.

Das „Gallenbad“ St. Lorenzen bei Liesing im Lesachtal

Es gibt weit mehr Menschen mit Gallenbeschwerden, als man denkt. Viele von ihnen pilgern in das Tuffbad St. Lorenzen im Kärntner Lesachtal. Die Kuranstalt liegt auf einer Almwiese, umgeben von Fichten- und Lärchenwäldern, in einer nach Süden offenen Talweitung am Südfuß der Lienzer Dolomiten. Man spricht von einem Tuffbad, weil die Heilquelle dem Tuffstein entspringt, einem spröden Gestein vulkani-

schen Ursprungs. Das Wasser, das dem Stein entspringt, enthält Calcium, Magnesium und Schwefel. In der Kuranstalt werden Bäder, Trinkkuren und Inhalationen dieses Wassers verabreicht.
Die Trinkkuren wirken chronisch entzündlichen Gallenwegserkrankungen und Leberzellschäden entgegen, aber auch leichteren Diabetesformen, Altersdiabetes und Gicht. Bäder verordnen die Ärzte gegen degenerative und posttraumatische Erkrankungen des Bewegungsapparates sowie gegen chronische Entzündungen der Gelenke. Die Inhalationen helfen gegen Entzündungen und Allergien der Atemwege. Für die Kurgäste gibt es hier viele wunderschöne Wandermöglichkeiten sowie Gelegenheit zum Schwimmen, Jagen und Fischen.

Auskünfte: Gemeindeamt und Fremdenverkehrsamt Liesing, A–8653 Liesing im Lesachtal, Telefon: 04716/243.

Die „Königsquelle" von Trebesing macht Manager munter

Als typische Krankheitssymptome der Managerkrankheit bezeichnet man Herz-Kreislaufbeschwerden, Störungen im Magen- und Darmtrakt, wie Magenübersäuerung, Gastritis und mitunter auch entzündliche Erscheinungen in den ableitenden Harnwegen. In der Kuranstalt Trebesing bemüht man sich, die von beruflichem Streß geplagten Frauen und Männer an die „Königsquelle" zu holen, um sie hier wieder einsatzfähig und fit zu machen. Die uralte Königsquelle von Trebesing im Kärntner Liesertal, zwischen dem Reißeckmassiv und der Millstätter Alpe gelegen, ist ein Calcium-Hydrogencarbonat-Sulfat-Säuerling und wird in Form von Bädern und Trinkkuren „an den Gast gebracht". Der reiche Mineraliengehalt des Wassers wirkt überaus lindernd bei Herz-Kreislauf- und Magen-Darmstörungen, Katarrhen in diesem Bereich, Magenübersäuerung und Harnwegsentzündungen, ist also ein wirksames Heilmittel gegen die Managerkrankheit. Zusätzliche Therapie findet der Gast durch Massage und Heilgymnastik. Der Kurgast hat viele Ausflugsmöglichkeiten und kann auch mit der Angel in der Hand seine Nerven schonen und pflegen. „Petri Heil!"

Auskünfte: Kurbad Trebesingerhof „Bad Königsquell", A–9852 Trebesing, Telefon: 04764/2350 oder Gemeindeamt Trebesing, A–9852 Trebesing, Telefon: 04764/275516.

Nach dem Herzinfarkt nach Velden

Der vornehme Luftkurort Velden am Wörthersee, eingebettet in Hügel und Wälder, mit Blick auf die Karawanken und die Julischen Alpen, darf sich seines Reizklimas rühmen. Bis auf eine leichte Brise aus Südost und Ost herrscht hier meist Windstille. Dadurch entsteht in den nebelfreien Monaten von Mai bis Oktober ein Idealklima für Rekonvaleszenten nach Herz- und Kreislauferkrankungen. Viele Patienten wagen daher nach einem Herzinfarkt ihren ersten Urlaub in Velden am Wörthersee und unternehmen damit einen entscheidenden

Velden am Wörthersee

Schritt zur vollen Genesung. Die günstigen klimatischen Verhältnisse werden sachgemäß unterstützt durch Elektrotherapie, Ultraschallbehandlungen, Aerosol-Inhalationen, Sauerstoffbäder, Schlankheitskuren und Kneipp-Kuren.

Auskünfte: Kurverwaltung Velden, A–9220 Velden, Karawankenplatz 5, Telefon: 04274/2103 und 2105 oder See- oder Gartenhotel Gastein, A–9220 Velden, Telefon: 04274/2534.

Schönheitskur mit Jonozon und Ismakogie in Velden

Eine der bekanntesten österreichischen Schönheitsfarmen ist das Vienna Beauty Kurhaus in Velden am Wörthersee. Hier wird im Dienste der Schönheit die breiteste Palette aller kosmetischen und therapeutischen Techniken in der ganzen Welt eingesetzt: Diäten aller Art, Sauna-Kuren, die berühmten Jonozon-Bäder, Kohlensäure- und Sauerstoffbäder, Körpermassagen, Lymphdrainagen, Ismakogie (das sind spezielle verschönernde Bewegungsübungen), Unterwassertherapie im geheizten Wasserbecken, Hochfrequenz-, Kurzwellen-, Interferenzstrom-, Galvanische Strom- und Stimulationsstrombehandlungen. Sehr großen Wert legt man im Vienna Beauty Kurhaus auf vitaminreiche Ernährung.

Auskünfte: Vienna Beauty Kurhaus, A–9220 Velden am Wörthersee, Telefon: 04274/2630.

Der Jungbrunnen von Warmbad Villach, den schon Paracelsus lobte

Bereits die Römer kannten die Heilkraft der Thermen von Warmbad Villach. Und im Mittelalter war es Paracelsus, der auf die sensationelle Wirkung des Bads hinwies und als erster deren Indikationsmöglichkeiten erkundete. Zur Zeit Napoleons galt Warmbad Villach bereits als Kurzentrum. Heute erinnert noch die „Napoleonwiese“ daran, der Baumgarten wurde von der französischen Verwaltung angelegt und diente als erster Kurpark des Ortes. Warmbad Villach, das südlichste Heilbad Österreichs, liegt am Fuße der Villacher Alpen. Villach kennt weder Nebel noch Föhn und rühmt sich seines schonenden Klimas. Die Kurhotels liegen inmitten eines Naturparks.

Täglich sprudeln 24 Millionen Liter heilkräftiges Thermalwasser in fünf Quellfassungen aus dem Boden. Die mit den Akratothermen frei aufsteigenden Quellgase üben eine sanfte Reizwirkung auf den Kreislauf aus und wirken regenerierend auf den ganzen Körper. Warmbad Villach kann zu Recht als Jungbrunnen bezeichnet werden, denn die Thermen besitzen besondere Eigenschaften, die den organischen Alterungsprozeß des Menschen hemmen. Als Kureinrichtungen stehen den Gästen die Thermal-Hallenbadanlage mit einem großen Thermalquellenbecken zur Verfügung, in dem das Wasser eine Temperatur von 29 Grad Celsius aufweist, dann das Ozon-Thermalbecken mit 32 Grad Wassertemperatur, einige Thermalfreischwimmbäder, und vielerorts Unterwassergymnastikbecken. Nach Warmbad Villach kommen Patienten, die an degenerativen und rheumatischen Erkrankungen des Bewegungsapparates leiden: Spondylose, Spondylarthrose, Ischialgie, Lumbalgie, Arthrosen, Muskelerkrankungen, aber auch an Nervenerkrankungen, Kreislaufstörungen, Hormonstörungen und allgemeinen Ermüdungszuständen.

Den Patienten werden Bäder, Massagen, Unterwassertherapie, Heilgymnastik, Inhalationen und Mundduschen geboten.

Freunde der Naturheilkunde und ihrer bewährten Methoden werden begeistert sein, was allein das Kurheim Paracelsus zu bieten hat: Es ist ein Zentrum für Homöopathie, Akupunktur und Elektroakupunktur. Hier werden unter der Anleitung eines erfahrenen Arztes chinesische mit traditio-

nellen Massageformen kombiniert. Dazu wird die regenerative chinesische Atemlehre und Atemgymnastik demonstriert. Große Erfolge kann man hier auch mit der Musiktherapie nach Dr. Weber verbuchen, ebenso mit der Zelltherapie nach Prof. Niehans und der Biofeedback-Behandlung nach Schlaganfällen, bei Muskellähmung und bei hartnäckigster Migräne.
Auch der Warmbaderhof, das größte Kurhotel am Platz, hat sich dem österreichischen Biotraining verschrieben: Hier können die Urlauber durch vollwertige und gesunde Kost ihren gesamten Organismus, insbesondere den gestörten Verdauungsapparat, wieder in Ordnung bringen. Das Kurhotel unterhält zu diesem Zweck eine eigene Landwirtschaft und eine eigene Gärtnerei, die nach biologisch-dynamischen Grundsätzen betrieben werden, also ohne chemische Dünge- und Spritzmittel. Da natürlich gezogenes Gemüse die kulinarische Basis der Vollwertküche darstellt, wird täglich frisches Gemüse aus dem hauseigenen Betrieb angeliefert. Eine staatlich geprüfte Diätassistentin ist für die Gestaltung der Menüs verantwortlich. Neben der Vollwertkost wird auch jede andere Art der Diät geboten.
Nicht unerwähnt sollte bleiben, daß dem Hotel auch ein Beauty- und Fitnesscenter angeschlossen ist, in dem eine Diplomkosmetikerin natürlich-biologische Kosmetik anbietet. Sehr großen Zuspruch findet im allgemeinen die zweiwöchige 1000-Kalorien-Diät.

Auskünfte: Fremdenverkehrsverein Warmbad Villach, A–9504 Warmbad Villach, Telefon: 04242/25501–0, oder Kurheim Paracelsus, Dr. med. Weber, Warmbaderstraße 83, Telefon: 04242/28535 sowie Kurhotel Warmbaderhof, A–9504 Warmbad Villach, Telefon: 04242/25501.

Österreichs Wildheilkräuter von Krumpendorf

Infolge des Aufschwungs der Naturheilkunde und besonders der Wiederentdekkung der Kräuterheilkunde ist es schon seit längerem notwendig geworden, begehrte Heilkräuter in speziellen Farmen zu züchten. Dennoch aber weiß man, daß die in freier Natur wild wachsenden Heilkräuter eine intensivere Heilwirkung besitzen. Allerdings ist es schwer geworden, wilde Heilkräuter in der Natur zu finden und sie auch zu erkennen. Dem hilft jetzt ein ganz neu angelegter spezieller Kräutergarten und Kräuterlehrpfad ab. In der Kärntner Gemeinde Krumpendorf wurde unter der Anleitung von Fachärzten und Kräutersammlern – angeführt von dem großen österreichischen Naturarzt Dr. Ulf Böhmig – der erste und bis jetzt einzige österreichische Wildkräutergarten eingerichtet. Ein Lehrpfad führt über ein Terrain, auf dem Heilkräuter von alleine wachsen und gedeihen. Das Gelände weist Höhenunterschiede von 200 bis 300 Metern auf. Der einen Kilometer lange Wildkräuter-Lehrpfad erstreckt sich über den Pirkerkogel nahe der Volksschule. Ein Großteil der hier sprießenden Heilkräuter wurde bereits bestimmt und wird dem Besucher auf Tafeln erklärt. Insgesamt soll man, wenn die Anlage fertig ist, an die 100 bis 120 heimische Heilpflanzen kennenlernen können.

Auskünfte: Kurverwaltung Krumpendorf, A–9201 Krumpendorf, Hauptstraße 145, Telefon 04229/313 oder Dr. Ulf Böhmig, A–9201 Krumpendorf, Kogelweg 1.

Die Wunderkur im Lärchentrog bei Ebene Reichenau

Wer nicht nur seine Gicht- und Rheumaschmerzen lindern oder gar los werden möchte, sondern sich dabei auch nostalgischen Gefühlen hingeben will, der sollte

zum ältesten Kurbad Kärntens aufbrechen, das mitten in den Bergen liegt. Es heißt „Karlbad“, so benannt, weil es früher an einem kleinen Kar – einem „Karl“ – lag. Viele glauben zwar – zu Unrecht –, der Name des Bads habe etwas mit dem Männervornamen Karl zu tun. Bekannt ist das kuriose Kurhaus seit dem Jahr 1794. Seine heutige Form erhielt es 1862, seither ist daran nichts geändert worden, dies ist das reizvolle an dem Bau. Das Bad hat in den unteren Räumen noch alle ursprünglichen Einrichtungen. Aus einer Quelle oberhalb des Hauses werden die Tröge mit eiskaltem, mineralhaltigem Heilwasser gefüllt. Inzwischen erhitzt man über dem offenen Feuer Kugelsteine, die dann in das Wasser gelegt werden. Das Wasser wird jetzt nicht nur warm, sondern auch durch die Steine noch zusätzlich mineralisch angereichert. Sobald das Wasser 40 Grad erreicht hat, nimmt man die Steine wieder heraus. Der Kurgast steigt ins Bad – in einen Lärchentrog –. Diese Kur ist nach Aussage vieler Gäste eine wahre Wohltat. Sie dauert drei Wochen.
Wer nicht unbedingt das Ziel seiner Rheuma- und Gichtkur zu Fuß erreichen will, kann auch mit dem Auto von Ebene Reichenau herankommen.

Auskünfte: Gemeindeamt Reichenau, A–9565 Ebene Reichenau, Telefon: 04275/218.

Die Thermalquelle bei St. Magarethen im Lavanttal, die Magengeschwüre verhindert

Das Thermalbad Weißenbach liegt etwa vier Kilometer außerhalb der Ortschaft St. Margarethen im Lavanttal und gehört zur Stadtgemeinde Wolfsberg. Hier entspringt eine Heilquelle mit einer Temperatur von 23 bis 24 Grad Celsius, die chemisch als Natrium-Calcium-Hydrogencarbonat-Säuerling definiert ist. In der Kuranstalt werden mit Bäder- und Trinkkuren sowie mit Massagen Herz- und Kreislaufstörungen, Herzklappenfehler, Herzneurosen, Durchblutungsstörungen, Gefäßerkrankungen und vegetative Dystonie bekämpft. Berühmt aber sind vor allem die Weißenbacher Prophylaxekuren gegen Magengeschwüre, Harn- und Uratsteine. Sowohl bei Übersäuerung des Magens wie auch bei Gastritis werden intensive Trinkkuren empfohlen, um den gefürchteten Folgeerscheinungen rechtzeitig vorzubeugen. Auch Fälle leichter Zuckerkrankheit konnten durch Trinkkuren ausgeheilt werden.
Für den Kurgast gibt es viele Sport- und Wandermöglichkeiten in der Umgebung.

Auskünfte: Thermalbad Weißenbach, A–9412 St. Margarethen, Telefon: 04352/2965 oder Fremdenverkehrsamt der Stadt Wolfsberg, A–9400 Wolfsberg, Telefon: 04352/3331.

Die Schlafkuren von St. Kanzian am Klopeiner See

Der Klopeiner See ist nicht nur ein überaus warmer, einladender Feriensee. Hier befindet sich auch das Kurzentrum von St. Kanzian. Aus aller Welt kommen gestreßte, nervlich überlastete sowie schlafgestörte Patienten hierher, um sich einer Schlafkur zu unterziehen. Die Länge und Intensität der Schlafkur wird nach eingehender Voruntersuchung von einem Facharzt festgesetzt. Unterstützt wird die Schlafkur – entsprechend der gesundheitlichen Verfassung des Kurgastes – durch medizinische Mohr- und Schwefelbäder, durch Akupunktur, Fastenkuren, spezielle Fitnessprogramme, kosmetische Behandlungen und Kneipptherapien.

Auskünfte: Kurhotel Hormosana, A–9122 St. Kanzian am Klopeiner See, Telefon: 04239/290.

Das Kneipp-Alpendorf in Weißbriach im Gitschtal

Im Kärntner Gitschtal finden alle jene, die den Lehren und Behandlungsmethoden des legendären Pfarrer Sebastian Kneipp huldigen, ihr besonderes österreichisches Kneipp-Alpendorf. Hier werden die klassischen Pfarrer-Kneipp-Anwendungen praktiziert: Von der Ganzwaschung, Mantelabreibung, über kalte und warme Wikkel, Kreuz- und Ganzwickel bis zum nassen Hemd, zum spanischen Mantel und zur Heublumenbehandlung. Auch alle Arten von Bädern, Wechselbäder, Arm- und Fußbäder werden angeboten.

Man weiß heute ganz genau, welche Leiden durch die Kneipp-Anwendungen besonders bekämpft und gelindert werden können; eine kleine Liste habe ich zusammengestellt: Da wären Allergien, Altersbeschwerden, Altersschwäche, Angina pectoris, Appetitlosigkeit, Arterienverkalkung, Asthma, Aufstoßen, Augenentzündungen, Ausschläge, Bartflechte, Bettnässen, Blähungen, Blasenentzündungen, Blutandrang, Darmkatarrh, Frühjahrsmüdigkeit, Furunkel, Fußschweiß, Gallenkolik, Gelenksrheuma, Gesichtsschmerzen, Gicht, Hämorrhoiden, Hautentzündung, Hautjucken, Heuschnupfen, Hexenschuß, Hitzschlag, Ischias, Kehlkopfkatarrh, Koliken, Kollaps, Kopfschmerzen, Krampfadern, Kreislaufstörungen, Kreuzschmerzen, Magen- und Darmkatarrh, Magenschmerzen, Magerkeit, Mandelentzündung, Migräne, Mundgeruch, Nasenbluten, Nebenhöhlenkatarrh, Nervenschwäche, Nesselsucht, Nierensteine, Ohnmacht, Rheumatismus, Schlaflosigkeit, Schnupfen, Schweißausbrüche, Schwindel, Sehnenzerrung, Sodbrennen, Übersäuerung des Magens, Untersäuerung des Magens, Verdauungsbeschwerden, Wadenkrampf, Wetterfühligkeit, Zahnschmerzen und Zungenbelag.

Im Kurhaus Kneipp-Bad in Weißbriach im Gitschtal wird die Kneipp-Therapie mit verschiedenen modernen Behandlungsmethoden aufgewertet und unterstützt. Da lernen die Kurgäste Luftperl-, Moor- und Fangobäder, Hauff'sche Armbäder und Kohlensäurebäder kennen, des weiteren Teil- und Ganzmassagen unter Wasser, Bewegungsbäder bei 36 Grad Wassertemperatur, Streckbehandlung in einem speziellen Therapiebecken, Höhensonne, Rotlicht, Kurzwellen, Durchblutungstherapien mittels gebräuchlichen Stroms, Inhalationen, Fastenkuren und Diätbehandlungen. In Weißbriach werden vorrangig Herz- und Kreislauf-Patienten, Rheuma-Patienten und Kurgäste mit Störungen des vegetativen Nervensystems, der Verdauung und Erkrankungen der Atemorgane behandelt.

Auskünfte: Kurhaus Kneipp-Bad, A–9622 Weißbriach im Gitschtal, Telefon: 04288/215 und 216.

Weitere Kneipp-Behandlungen in Kärnten finden sie im Gailtaler Kneippkurhaus in A–9640 Kötschach-Mauthen, im Kurbad Althofen: A–9333 Althofen, in der Kneippanstalt im Kurhaus Bleiberg: A–9530 Bad Bleiberg, im Gesundheitszentrum Golf Hotel: A–9082 Dellach/Maria Wörth, in der Kuranstalt Agathenhof: A–9322 Hirt/Friesach, im Kneippkurhaus Reisskofelbad in A–9633 Reisach, im Kneippkurhaus Julienhöhe: A–9521 Treffen, im Seehotel Gastein am Wörthersee in A–9220 Velden und in der Kur- und Kneippanstalt Weissensee: A–9762 Weissensee. Auskünfte erteilt das Landesfremdenverkehrsamt Kärnten, Kaufmanngasse 13, A–9010 Klagenfurt, Telefon: 04222/80511.

Gesund und schön durch Milch und Semmeln in Dellach am Wörthersee

Der österreichische Arzt Dr. Franz Xaver Mayr war ein Pionier auf dem Gebiet der Bekämpfung von Darmkrankheiten. Der Mediziner lebte von 1875 bis 1965. Er nannte den chronischen Darmschaden das undurchsichtigste, weitverbreitetste und verhängnisvollste Leiden des Menschen, das außerdem viele schwerwiegende Folgen nach sich ziehe. Es kann zu Störungen im vegetativen Nervensystem, zu Haltungsschäden, Atemstörungen, Wirbelsäulenerkrankungen, Verlagerung der Bekkenorgane und Beinnervenentzündungen kommen. Belastungen der Leber, Herzstörungen, Kreislaufstörungen, Stoffwechselkrankheiten und Rheumatismus können daher begründet sein.

Grundfehler heutiger Ernährungsweisen erkannte Dr. Mayr im schnellen, hastigen Essen, im ungenügenden Beißen und Kauen, den häufig übermäßigen Portionen. Deshalb entwickelte Dr. Mayr eine vorbeugende Darmkur. Er bezeichnete sie im Gegensatz zu den medikamentösen Behandlungen als risikolos, unschädlich, einfach und kostengünstig. Es entstand die Milch-Semmel-Kur, zu der alle Jahre viele Menschen nach Kärnten pilgern.

Ein beachtliche Anzahl von Ärzten praktiziert heute bereits die Dr. Mayr-Kur. Zur Kur gehören heute zwei Teile: das „Teefasten" und die Milch-Semmel-Kur. Beim „Teefasten" sind dünngebrühte Kräutertees, Wasser und Mineralwasser die einzige Nahrung, die man für einige Tage unter ärztlicher Aufsicht zu sich nimmt. Die Milch-Semmel-Kur erzieht den Patienten zu vernünftigem Essen. Entscheidend dabei ist die Einspeichelung der Nahrung – hier altes Weißbrot oder Semmeln (in Deutschland Brötchen genannt) –, die vorher in fingerdicke Scheiben geschnitten werden. Auf den einzelnen Scheibchen kaut man dann lange herum, bis sie genügend mit Speichel vermischt sind. Zu diesem Brei darf mit einem Teelöffel Milch genippt werden. Der allabendliche Tee muß ebenfalls löffelweise eingenommen werden. Es ist gefährlich, selbst diese Milch-Semmel-Kur ohne ärztliche Aufsicht zu praktizieren. Maria-Wörth/Dellach ist zu einem Zentraum der Mayr-Kur am Wörthersee für Dicke, oder Patienten mit Magen- und Darmstörungen geworden. Aber auch in Pörtschach bieten Ärzte diese Kur an.

Auskünfte: Gesundheitszentrum Golfhotel, Dr. med. Erich Rauch, A–9082 Dellach am Wörthersee, Telefon: 04273/2511 oder Dr. Franz-Xaver-Mayr-Kurheim, Med. Rat. Dr. Josef Gapternig, A–9210 Pörtschach am Wörthersee, Telefon: 04272/2333.

Das einzige Original-Schroth-Kurhaus der Welt in Obervellach

Das schönste Denkmal für den großen Naturheiler Johann Schroth, der von 1798 bis 1856 wirkte und Heilfasten- und Schwitzkuren im Kampf gegen Krankheiten entwickelte, ist wohl die Tatsache, daß seine Ideen von der neuzeitlichen Heilkunde übernommen und anerkannt wurden. Nur einer aber hat seine Lehre unverfälscht – wenn auch dem heutigen Stadt der Medizin angepaßt – übernommen und behandelt damit in Kärnten viele Patienten: Dr. Rainer Schroth, ein direkter Nachkomme des

Obervellach

Naturheilers. Er ist ein Urgroßneffe und leitet die einzige Original Schroth'sche Kuranstalt der Welt in Obervellach. Die Original-Schroth-Kur besteht aus drei wichtigen Elementen: dem Heilfasten, dem Schroth'schen feuchten Wickel und dem Wechsel von Durst- und Trinktagen.

Die Schroth-Kur will den ganzen Menschen, den gesamten Organismus behandeln. Während der Kur erhält der Patient Reis, Grieß, Haferspeisen, alles salz- und fettlos zubereitet, mit Schnittlauch, Petersilie oder Himbeersaft. Ferner gibt es Pflanzensuppen, Pflaumenkompotte und Kurgebäck, das aus alten, ungesalzenen Wassersemmeln besteht. Dazu wird Darmreinigungstee serviert, der zu 50 Prozent aus Tee und zu 50 Prozent aus Wein besteht.

Der Schrothwickel, ein feuchter Wickel, regt den Körper an, Wärme zu produzieren, zu schwitzen und Schlacken auszuscheiden. Nach zwei, vier oder sechs Stunden im Wickel fühlt man sich wie neugeboren.

Besonderen Wert legt man während einer Schrothkur auf eine Entwässerung des Körpers, wobei gelöste und gelockerte Schlacken zur Ausscheidung gebracht werden sollen. An „Dursttagen" erhält der Patient wenig Flüssigkeit. Dafür darf er dann an den „Trinktagen" soviel Flüssigkeit zu sich nehmen, wie er mag. Und zwar naturreinen Wein. Absolute „Trockentage" sind in Obervellach Montag, Mittwoch und Freitag. Dienstag und Samstag darf wenig, Donnerstag und Sonntag viel getrunken werden. Die Original-Schroth-Kur dauert mindetens drei Wochen, zuzüglich dreier Aufbautage. Am wirkungsvollsten ist eine Kur von fünf bis sechs Wochen. Denn erst nach etwa 14 Tagen stellt sich eine heilende Wirkung ein.

Und das sind die Krankheiten und Beschwerden, die mit der Schroth-Kur erfolgreich bekämpft werden können: verschiedene Stoffwechselkrankheiten, Übergewicht, Fettsucht, Gicht, Zuckerkrankheit, Gelenks-, Muskel- und Knochenerkrankungen, Kreuzschmerzen, Bandscheibenschäden, Herz- und Kreislauferkrankungen, Kopfschmerzen, kalte Füße, Blutdruckkrankheiten, beginnende Arterienverkalkung, Konzentrationsschwäche, Erkrankungen der Verdauungsorgane, Nervenerkrankungen, Hautkrankheiten, Atemleiden, Augen- und Ohrenkrankheiten, Erkrankungen der Harn- und Geschlechtsorgane, Frauenleiden und ständiges Unwohlsein.

Auskünfte: Schroth'sche Kuranstalt, A–9821 Obervellach, Telefon: 04782/2555.

Die „Fußreflexzonen-Massage" in Reisach

Von chinesischen Akupunktur- und Akupressurmethoden herleitend hat man eine Fußreflexzonen-Massage entwickelt, die seit kurzer Zeit auch bei uns in Europa anerkannt und praktiziert wird. Die menschliche Fußsohle wird von einer Vielzahl von Linien und Nervenpunkten überzogen, die in direkter Verbindung zu anderen Körperteilen und Organen stehen. Wenn nun ein gewisser Punkt an der Fußsohle fest massiert, also gereizt wird, so gibt er über eine direkte Leitung eine Information an ein bestimmtes Organ weiter, und löst damit günstigenfalls einen Selbstheilungsprozeß des Organismus aus. Die Kenntnis der richtigen Punkte an der Fußsohle und die korrekte Massage ist eine große Kunst und wird nur von wenigen Ärzten beherrscht. Die Ergebnisse der Massage können aber faszinieren: Es kann sogar der augenblickliche Stop unerträglicher Schmerzen bewirkt werden.

Man muß nicht nach China reisen, um in den Genuß einer „Fußreflexzonen-Massage" zu gelangen: Sie wird im Rahmen einer Behandlung des gesamten Körpers auch im Reisskofelbad in Reisach angeboten und dort von Experten durchgeführt. Die Fußreflexzonenmassage wirkt gegen eine Reihe von Leiden, etwa Migräne, Kopfschmerzen, Verdauungsstörungen, Nervenleiden und vieles andere mehr.

Auskünfte: Kuranstalt Reisskofelbad, A–9633 Reisach, Telefon: 04284/270.

Gesundheitsurlaub mit Darmmassage in Landskron

Es gibt Verdauungsleiden, die von keinem Medikament und keiner Ernährungsumstellung so ideal bekämpft oder sogar geheilt werden, wie von einer „tonisierenden Darmmassage", die den gesamten Verdauungstrakt stärkt und revitalisiert. Solch eine Gesundheits-Darmmassage, von Ärzten durchgeführt, ist ebenfalls in Kärnten erhältlich. Im Institut für Bewegungstherapie Dr. Anneliese Brantner in Landskron wird die tonisierende Darmmassage durchgeführt. Daneben werden Heilgymnastik, Gesundengymnastik, manuelle Massage des ganzen Körpers, Bindegewebsmassage, Lymphdrainage, Kreislauftraining und Bäder-Therapien angeboten.

Auskünfte: Institut für Bewegungstherapie, A–9523 Landskron, Telefon: 04242/23706 und 26641.

Psycho-Entspannung mit Kräutertherapien in Treffen am Ossiacher See

Wer depressiv ist, schwere Schicksalsschläge oder schwierige Lebensprobleme zu bewältigen hat, dem ist sehr oft nicht nach Urlaub und Ferien zu Mute. Am Kärntner Ossiacher See allerdings findet auch er das, was er braucht: eine moderne, medizinische Kur für Nerven und Seele. Man nennt sie Psycho- und Entspannungstherapie. Auch nervenberuhigende Kräuter in verschiedenen Variationen kommen zum Einsatz: in Bädern, Tees und Massageölen. Um den überlasteten Nerven des streßgeplagten Menschen Erholung zu bringen, kann man sich in der Gemeinde Treffen Leberwickel auflegen lassen, Schwitzbäder nehmen, sich Saug-, Unterwasserdruckstrahl- oder Handmassagen unterziehen. Auch Heilgymnastik und gezielte Bewegungstherapie im freien Gelände wirken beruhigend.

Auskünfte: Kurhaus Julienhöhe, A–9521 Treffen, Telefon: 04248/2290.

Gesunde Bauernarbeit mit „Heu-Diplom" in Irschen

Ganz ehrlich: So manchem Stadtmenschen, der tagaus tagein hinter dem Schreibtisch sein Brot verdient, fehlt zur Gesundheit mitunter bloß etwas Bewegung und manuelle Arbeit in frischer, gesunder Luft. Darum hatten die Bewohner der Kärntner Gemeinde Irschen im Oberen Drautal eine hervorragende Idee: Sie laden die Feriengäste aufs Land ein, um ihnen nicht nur das Leben auf dem Bauernhof zu zeigen, sondern um sie auch an der Bauernarbeit teilnehmen zu lassen. Und das hat schon manchem gesundheitlich sehr gut getan. Wer sich in den Ferientagen bei einem der Bauern, „einnistet", der bucht eine sogenannte „Heuwochen-Pauschale". Man wohnt beim Bauern und lernt von ihm das Brotbacken, die Sense zu „dengeln": das Schärfen der Sense mit gezielten Hammerschlägen. Man lernt aber auch, mit der scharfen Sense richtig umzugehen und das Gras zu mähen. Neben einer zünftigen „Heumahd" darf man auch Ställe ausmisten, Kühe melken und Schafe weiden. Und am Ende des urigen Gesundheitsurlaubes für Stubenhocker bekommt man ein „Heu-Diplom" für die geleistete landwirtschaftliche Arbeit überreicht. „Viele", so verrät Altbürgermeister Dionys Fasching aus Irschen, „hab'n sich nach einem Urlaub bei uns wieder sauwohl gefühlt . . .!"

Auskünfte: Fremdenverkehrsamt Irschen, A–9773 Irschen, Telefon: 04710/377.

2.
Gesundheitsführer durch die Steiermark

Steiermark-Gesundheits-Stenogramm:

Bereits zur Zeit des Barock wußten die Menschen sehr genau über die Wirkung von Gesundbrunnen Bescheid. Vornehme, reiche Reisende kamen schon damals aus allen Teilen der Welt in die Steiermark, um die Thermal- und Mineralquellen zu besuchen. Seit der ersten Hälfte des 19. Jahrhunderts aber schießen die Kurbetriebe in der Steiermark förmlich aus dem Boden. Damals wußte man zwar noch nicht, daß einmal eine Zeit kommen könnte, in der es Gesunde wie Kranke bitter notwendig hätten, zumindest für einen Urlaub lang, aus Streß und einer ungesunden, gefährlichen Umwelt in die reichbewaldeten und abgelegenen Kurorte der Steiermark zu flüchten . . .

Die Steiermark-Gesundheitskarte

1. In Aflenz schauen die Gemsen beim Fitnesstraining zu
2. Zum Sole-Bad und zur Kartoffelkur nach Bad Aussee
3. Einen Turn-Orden zur Urlaubsbelohnung in Stubenberg
4. Luftkur im jüngsten steirischen Naturpark bei Neumarkt
5. Die „Radler-Pfade“ von Kalwang
6. „Modernes Biedermeier“ im größten steirischen Heilbad Bad Gleichenberg
7. Das „Schaffelbad“ und die Bio-Ernährung von Loipersdorf
8. Thermalwasser und Heilmoor gegen Rheuma und Frauenleiden in Bad Mitterndorf
9. Die Eisen-Heilquelle von Gams
10. Heilkräuter-Wanderweg in Oberzeiring
11. Die Kneipp-Oase mit der Super-Fitness-Strecke in Laßnitzhöhe
12. Die Asthma-Behandlung im Bergwerkstollen von Oberzeiring
13. Das Bio-Gesundheitszentrum von Hartberg
14. Das Nierenheilwasser aus dem Ölbohrturm von Radkersburg
15. Die Schnitzer-Schlankheitskur von Mariazell
16. Das „Herz-Klima“ von St. Radegund
17. Ferien mit chinesischen Gesundheitsnadeln in Puch bei Weiz
18. Das Heilmoorbad im Kloster Schwanberg mit Verjüngungskur
19. Die Kur-Nonnen von Wildbad Einöd
20. Gesundes Schwimmen in Fürstenfeld
21. Die Anti-Raucher-Diät von St. Margarethen an der Raab
22. In der Schwefel-Wanne gegen Ischias in Wörschach

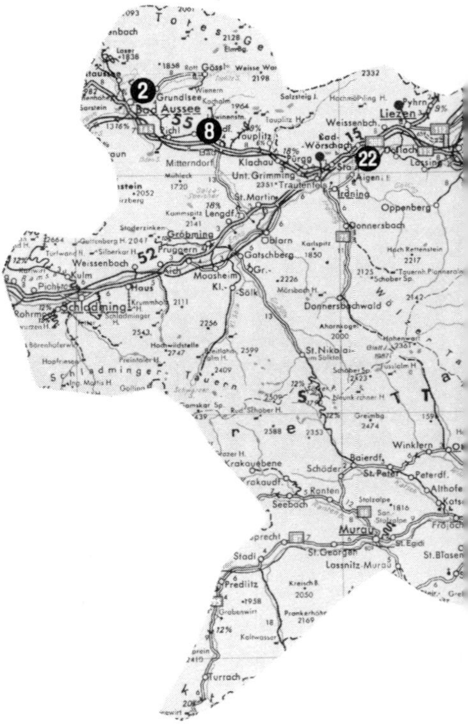

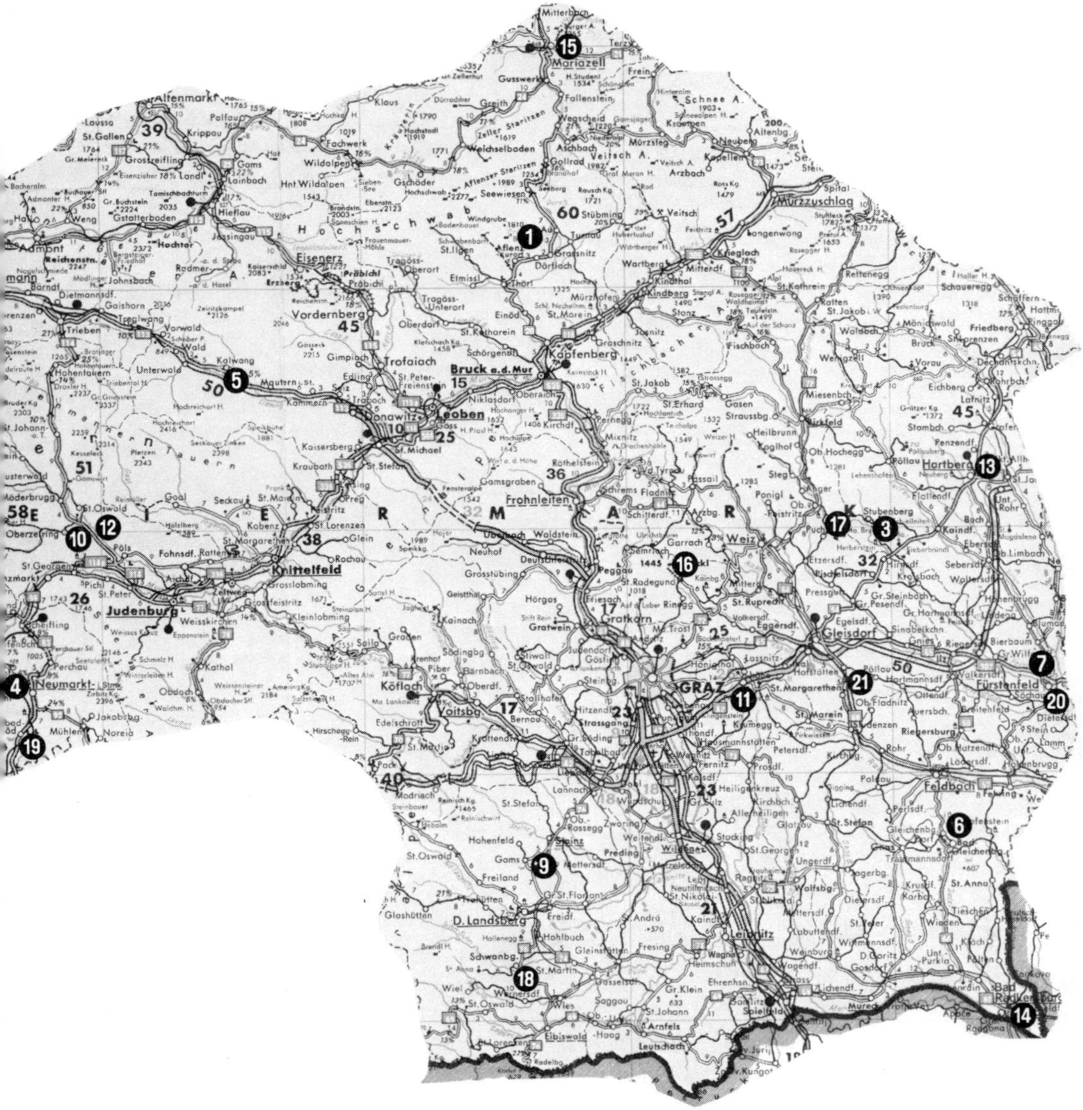
Mariazell
Gusswerk
Fallenstein
Weichselboden
Wildalpen
Altenmarkt
St.Gallen
Krippau
Gams
Lainbach
Hieflau
Admont
Weng
Gstatterboden
Eisenerz
Präbichl
Vordernberg
Trofaiach
Leoben
Donawitz
St.Michael
Bruck a.d.Mur
Kapfenberg
Mürzzuschlag
Kindberg
Mitterdf.
Krieglach
Langenwang
Veitsch
Stübming
Seewiesen
Aflenz
Thörl
Tragöss
St.Ilgen
Hochschwab
Trieben
Gaishorn
Kalwang
Mautern
Kammern
Kraubath
Knittelfeld
Judenburg
Zeltweg
Fohnsdf.
St.Margarethen
St.Lorenzen
Seckau
Weisskirchen
Köflach
Voitsberg
Bärnbach
Frohnleiten
Peggau
Gratkorn
Gratwein
GRAZ
Strassgang
Hitzendf.
Weiz
Gleisdorf
St.Margarethen
Stubenberg
Pöllau
Hartberg
Vorau
Birkfeld
Fürstenfeld
Feldbach
Riegersburg
St.Anna
Radkersburg
Mureck
Leibnitz
Wildon
Stainz
Deutschlandsberg
D.Landsberg
Schwanbg.
Eibiswald
Arnfels
Leutschach
Spielfeld
Wies
Neumarkt
Murau
Oberzeiring
Pöls
Obdach
Scheifling
Perchau

In Aflenz schauen die Gemsen beim Fitnesstraining zu

In sehr sonniger und windgeschützter Lage liegt am Fuße des Hochschwabs der steirische Luftkurort Aflenz, der erst kürzlich zu einem der wichtigen Kneipp-Orte der Steiermark avanciert ist. Das hiesige Reizklima wirkt sich günstig auf Erholungsbedürftige und Rekonvaleszenten aus. Es beschleunigt die Heilung bei chronischer Bronchitis, bei Asthma bronchiale, bei funktionellen Herz-Kreislaufstörungen, streßbedingten psychischen Störungen, Herzinfarkten, Stoffwechselstörungen – insbesondere Diabetes – und Schilddrüsenüberfunktion.
In Aflenz wird sehr viel für eine aktive Förderung der Gesundheit getan. Es gibt Schwimmmöglichkeiten in einem modernen, beheizten Bad, Wandermöglichkeiten im Kurpark und der wildromantischen Natur ringsum sowie eine international bekannte Fitness-Strecke mit Trainingsmöglichkeiten für jede Altersstufe. Und da rund um Aflenz die meisten Gemsen der Steiermark umherklettern, kann es passieren, daß einem beim Fitness-Training die grazilen Gemsen von der Bürgeralm her zuschauen. Auf der Bürgeralm findet man übrigens auch heute noch viele wertvolle, wildwachsende Heilkräuter.
Außer dem Kneipp-Therapieprogramm kann der Kurgast medizinische Bäder, Güsse, Wickel, Massagen, Unterwassermassagen, Inhalationen und Sauna genießen. Und wer genug vom Wandern in der Fölzklamm, im Gesäuse und in Richtung Mariazell hat, der findet Abwechslung beim Pferdekutschenfahren oder beim Reiten.

Aflenz

Auskünfte: Kurverwaltung Aflenz, A–8623 Aflenz, Telefon: 03861/2265 und 2206.

Zum Sole-Bad und zur Kartoffelkur nach Bad Aussee

Im steirischen Salzkammergut liegt 657 Meter hoch der Kurort Bad Aussee inmitten einer Landschaft, die bereits vor Jahrhunderten berühmte Geister hierher zog: allen voran die Dichter Nikolaus Lenau und Adalbert Stifter. Die Felswände des Hochgebirges, die klaren Seen, die dunklen Wälder und das besonders gesunde Klima, das nachweisbar Erholungssuchende revitalisiert.
Eine besondere Attraktion des Kurortes aber stellt zweifelsohne die Ausseer Heilquelle dar, auch Scheibenstollenquelle oder Glaubersalzquelle genannt. Es handelt sich dabei um eine hypertonische Natrium-Chlorid-Sulfat-Quelle, die aber auch Sole und Soleschlamm für Heilzwecke spendet.
Seit dem Jahr 1868 ist man in Bad Aussee um die Gesundheit der Kurgäste bemüht. Und das, wie sich zeigt, mit großem Erfolg. Zur Heilquelle kommen Patienten mit chronisch entzündlichen Erkrankungen

Bad Aussee

der Gallenblase und der Gallenwege, mit Gallensteinen, mit Lebererkrankungen und mit leichten bis mittelschweren Diabetes-Beschwerden, mit katarrhalischen Magenerkrankungen, vor allem Magenübersäuerung, und bei chronischen Geschwüren, bei Dünndarm- und Dickdarmerkrankungen, Blähungen, Verstopfung, Hämorrhoiden, Übergewicht und Gicht. Der Soleschlamm und die Sole eignen sich zu Bädern und Packungen bei Frauenkrankheiten, funktionellen Kreislaufstörungen sowie rheumatischen Leiden. Mit großem Erfolg werden in Bad Aussee Sterilität und außerdem verschiedene Kinderkrankheiten behandelt. Auch Inhaltions-Therapien mit der Sole bei katarrhalischen Erkrankungen der Atmungsorgane werden in Aussee angeboten.

Die Heilquelle in Bad Aussee entspringt in einer Temperatur von nicht ganz 10 Grad Celsius. Sie wird, wie die heilkräftige Sole, aus dem fünf Kilometer entfernten Altausseer Salzbergwerk in Rohrleitungen herangeführt. Sole wirkt nicht nur positiv auf den gesamten menschlichen Organismus, sondern beeinflußt auch gezielt einzelne Organe und kräftigt sie. Mit Trinkkuren beispielsweise können Galle- und Leberleiden bekämpft werden aber auch Diabetes.

Die Kuranstalt in Bad Aussee ist vom 1. März bis 31. Oktober jedes Jahres in Betrieb. Das Kurgebäude verfügt über 16 Badekabinen, in denen Moorbäder und Moorschwebestoffbäder genommen werden können. Je fünf Kabinen sind auch den anregenden Luftperlbädern vorbehalten und natürlich den Solebädern. Das Haus besitzt 16 Inhalationsapparate. Es sind Räume zum Ausruhen, zum Inhalieren, aber auch für Trinkkuren, Atemgymnastik und Soleschlammpackungen vorhanden. Im neuen Kurzentrum erwartet die Gäste ein großes Sole-Hallenschwimmbad. Dessen dreiprozentiges Soleheilwasser hat eine Temperatur von 30 Grad, im Bewegungsbecken sogar 32 Grad.

Eine ideale Ergänzung zur Sole-Kur im neuen Kurzentrum stellt das Kneippen dar, das hier eifrigst betrieben wird. Vor allem hat sich eine Kneippkur für Kinder bewährt. Schon die Kleinsten werden mit dem Gesundheitsgedanken des Pfarrer Kneipp vertraut gemacht, vor allem, wenn sie bereits über erste gesundheitliche Beschwerden klagen. Für Kinder bietet sich auch in besonderen Maße therapeutisches Reiten an. Reiten wirkt bekanntlich schlechter Körperhaltung und Unsicherheit entgegen.

Im Privatsanatorium Kurhaus Dr. Freisleben werden Entschlackungskuren, Diät- und Schonkost sowie die Dr. Mayr-Kur mit Milch und Semmeln durchgeführt. Und die Diät-Pension „Haus Paradies“ bietet ein besonderes Gesundheitsrezept an: die gute alte österreichische Kartoffel-Kur, auch Erdäpfel-Kur genannt. Mit einer bestimmten Menge an Kartoffeln wird unter ärztlicher Aufsicht der Körper des Kurgastes entwässert, entschlackt und von Giftstoffen und Fettpölsterchen befreit. Denn – entgegen der weit verbreiteten Volksmeinung, Kartoffeln machen dick – beweisen hier die Ärzte, daß Kartoffeln, ohne Fett zubereitet, die ideale Schlankheits- und

Gesundheitsnahrung für den Menschen darstellen. Grundbedingung für diese Kur allerdings: Man muß Kartoffeln auch gerne essen.
Zusätzlich zu den Kurmöglichkeiten macht Bad Aussee vielfältige gesundheitsfördernde Freizeitangebote: Fahrrad-Touren, Spaziergänge, Wanderungen, Tennis, Angeln.
Man sollte wissen, daß jede Kur in Bad Aussee mindestens drei ärztliche Untersuchungen beinhaltet. Die Mediziner entscheiden auch über die sinnvolle Kombination der verschiedenen Anwendungen. Zur Standardkur A gehören 9 Sole-Wannenbäder, 9 Schlammpackungen, 21 Tage Trinkkur. Die Standardkur B umfaßt 18 Wannenbäder – Kohlensäure oder Sole – und 8 Inhalationen.

Auskünfte: Kurverwaltung Bad Aussee, A–8990 Bad Aussee, Telefon: 06152/2323 oder Steiermärkisches Landesreisebüro, A–8990 Bad Aussee, Telefon: 06152/2110 oder 3161.

Einen Turn-Orden zur Urlaubsbelohnung in Stubenberg

Mancher kommt aus seinem Urlaub, der durch Fitnessübungen, Aktivität und Bewegung gekennzeichnet war nach Hause, und keiner will einem glauben, daß man die ganze Zeit nur für die Gesundheit gelebt hat. Wer ins grüne, oststeirische Hügelland fährt und hier in Stubenberg am See Ferien macht oder auch nur ein Wochenende verbringt, dem wird das nicht passieren. Er bringt nämlich für seine Leistungen im Dienste der Gesundheit handfeste Beweise mit. Zur körperlichen und seelischen Ertüchtigung nimmt er an regelrechten Sport- und Turnkursen teil, in denen die Muskel trainiert und der Bauch abgespeckt werden. Die Gäste in Stubenberg können im staatlichen Sportinstitut in Schieleiten unter Anleitung von erfahrenen Sportlehrern trainieren und das begehrte Österreichische Sport- und Turnabzeichen erlangen, das sie dann voll berechtigtem Stolz mit nach Hause nehmen können. Die Bundessportschule Schieleiten ist vom Parkhotel in ein paar Minuten zu erreichen. Außerdem gibt es Tennisplätze, ein Hallenbad, Wanderwege, Surfkurse und Ausflüge in den Tierpark Herberstein.
Und wie gesagt: Zur Belohnung für den aktiven Urlaub gibt es einen Turn- und Sport-Orden.

Auskünfte: Parkhotel Stubenberg, A–8223 Stubenberg am See, Telefon: 03176/3310.

Luftkur im jüngsten steirischen Naturpark bei Neumarkt

Die wunderschöne Wald- und Seeregion Zirbitzkogel-Grebenzen in der Steiermark ist kürzlich durch die Bemühungen des Landwirtes und Forellenzüchters Johann Kölbl zum Naturschutzgebiet erklärt worden und stellt somit den jüngsten Naturpark der Steiermark dar. Die angrenzenden Gemeinden Neumarkt, St. Lambrecht, Mariahof, St. Marein, Zeutschach, St. Blasien und Perchau sind damit zu Luftkurorten aufgewertet worden, wenn auch die Orte noch nicht offiziell diesen Titel tragen. Hier ist die Welt noch im wahrsten Sinne des Wortes heil und reich an botanischen und zoologischen Raritäten. Am Furtner Teich brüten 237 Vogelarten oder machen dort auf ihren Flügen vom Norden in den Süden und zurück Rast. In 1000 Meter Höhe breitet sich das Dürnberger Moor aus. Das Wandern macht hier, im Hügelland zwischen den Bergstöcken des Zirbitzkogels und der Grebenzen nicht nur Spaß, sondern es füllt belastete, strapazierte Großstadtlungen mit einer wertvollen und bekömmlichen Mischung von Wasser-, Wald- und Moorluft. Man findet hier keine

Naturpark Neumarkt

großen Hotels, keinen Massentourismus, nur saubere kleine Gasthöfe mit erfreulich niedrigen Preisen.

Auskünfte: Fremdenverkehrsverband Neumarkt, A–8820 Neumarkt, Hauptplatz, Telefon: 03584/2107.

Die „Radler-Pfade" von Kalwang

Immer wieder weisen Ärzte darauf hin, wie gesund das Radfahren für Herz, Magen und den gesamten Bewegungsapparat ist. Das brachte die Fremdenverkehrsexperten von Kalwang in der Steiermark auf die Idee, ihren Gästen eine besondere Attraktion zu bieten: Um das steirische St. Michael-Liezen wurden wunderschöne, abwechslungsreiche Radfahrwege angelegt, die im Volksmund „Radler-Pfade" heißen und zu kilometerlangen Touren einladen, ohne daß man sich dabei allzusehr anstrengen muß. Und damit der Körper nicht einseitig belastet wird, kann man zwischendurch den „Drahtesel" abstellen und zu einem modernen Fitness-Parcours überwechseln, der andere Muskeln fordert.

Für nervlich überlastete Gäste, die Ruhe, nichts als Ruhe brauchen, ist Kalwang erst recht ideal: Mineraliensammeln beruhigt enorm, wenn man stundenlang geduldig und interessiert auf den Halden des ehemaligen Kupferbergwerks Prachtstücke für die Hobbykollektion sucht. Auch der Angelsport, der sich sehr positiv auf nervöse Menschen und gestreßte Urlauber auswirkt, kann hier betrieben werden. In dem etwa fünf Kilometer langen Fischgewässer „Kurzteichen" gibt es kapitale Forellen und Saiblinge.

Auskünfte: Fremdenverkehrsverein Kalwang, A–8775 Kalwang, Telefon: 03846/226.

Gesundheits-Radfahren in Kalwang

„Modernes Biedermeier" im größten steirischen Heilbad Bad Gleichenberg

Bad Gleichenberg im Oststeirischen ist das größte Heilbad der Steiermark. Es liegt in einem ehemals vulkanischen Gebiet, das zur pannonischen Tiefebene überleitet. Die Heilquellen, die schon den Römern bekannt waren, haben seit der ersten Hälfte des 19. Jahrhunderts ständig an Wertschätzung gewonnen. Insgesamt entspringen in Bad Gleichenberg sieben Heilquellen: die Konstantinquelle, die Emmaquelle, die Marie-Theresien-Quelle, die Werlequelle, die Römerquelle, die Sophienquelle und die Johannisbrunnen-Quelle, die zum ersten Mal im Jahr 1678 auf einer Steiermarkkarte erwähnt wurde. Alle Quellen sind Natrium-Hydrogencarbonat-Chlorid-Säuerlinge.

Man hat sich in Bad Gleichenberg zur Hauptaufgabe gemacht, den im Berufsleben überforderten Menschen wieder zur Regeneration zu verhelfen. Es wird größter Wert auf Ruhe, Erholsamkeit und Naturverbundenheit gelegt – Lebensmaximen der Biedermeierzeit –. Daher wird Bad Gleichenberg das „Biedermeier unserer Zeit" genannt. Am Fuße des „Gleichen Berges", nur 60 Kilometer südöstlich von Graz, liegt das Kurzentrum inmitten einer großzügigen Naturparkanlage. Aufgrund ausgedehnter Nadel- und Laubwälder und dem Fehlen jeglicher Industrie ist die Luft rein. In Verbindung mit dem relativ hohen Feuchtigkeitsgehalt, den geringen Temperaturschwankungen und viel Sonnenschein übt sie einen wohltuenden, die Heilung fördernden Einfluß auf den Menschen aus, vor allem bei Erkrankungen der Atmungsorgane und des Herzens. Die Kursaison dauert hier von März bis November.

Beachtliche Heilerfolge werden in Bad Gleichenberg erzielt bei: Katarrhen der oberen Luftwege, Nasen-, Rachen- und Kehlkopfkatarrh, Katarrhen der Luftröhre und Bronchien, chronischer Bronchitis, Folgeerscheinungen nach Grippe, Lungen- und Rippenfellentzündungen, Lungenblähung, Staublunge, Asthma und allen allergischen Erkrankungen der Atemwege, Erkrankungen des Herzens und der Gefäße, bei hohem oder niedrigem Blutdruck, Durchblutungsstörungen, nervösen Herz- und Gefäßleiden, außerdem Erkrankungen des Magens, zum Beispiel Übersäuerung, Gallen- und Bauchspeicheldrüsenleiden, Diabetes und Erkrankungen der ableitenden Harnwege.

Das Kurzentrum präsentiert sich den Gästen so: Ein weiträumiges Gebäude mit 620 Quadratmetern Aufenthaltsräumen und gedeckten Wandelgängen von 350 Quadratmetern, das über 34 Badekabinen für Luftperl-, Moor- und Moorschwebstoffbäder, 21 Badekabinen für natürliche Kohlensäurebäder und 101 Ruhekabinen verfügt. 72 Rauminhalationskabinen mit 59 Inhalationstischapparaten sowie 19 Respirationstischen und vier pneumatischen Kammern mit 60 Sitzen ergänzen die Einrichtungen für Atemgymnastik, für Trinkkuren, Ganzmassage, Unterwasserstrahlmassage, Bürstenbäder und elektrische Lichtbäder. Auch Fangopackungen können verabreicht werden. In dem Hallenbad gibt es ein 30 Grad warmes, 300 Quadratmeter großes Mineralthermalwasserbekken und ein Bewegungsbecken von 60 Quadratmetern, das 22 Grad warm ist. Selbst-

verständlich ist auch eine Sauna angeschlossen.
Das Kurprogramm umfaßt in Bad Gleichenberg Badekuren, Trinkkuren, Aerosolbehandlungen, Nasen- und Halsspülungen, Quellsoleinhalationen, Lungengymnastik, Atemgymnastik, Packungen und Schwimmübungen.
Die Kurbehandlung im Quellenhaus des Heilbades wird ab August durch eine „Traubenkur" ergänzt: Frisch gepreßter, naturreiner Traubensaft wirkt allen entzündlich-katarrhalischen Erkrankungen entgegen, er kann aber auch zur Unterstützung jeder Herzbehandlung sowie zur allgemeinen Kräftigung und Belebung, zur Entschlackung und Verdauungsregulierung eingesetzt werden.
Im Heilbad Bad Gleichenberg wird auf Einhaltung der Ruhe besonderes Augenmerk gerichtet. Eine Reihe von Umgehungsstraßen lenken den Durchgangsverkehr ab. In einem Großteil des Kur-Areals bestehen zusätzliche Vorschriften wie Hupverbot, Verbot für Motorräder und Mopeds, Geschwindigkeitsbeschränkungen bis zu 30 Stundenkilometer. Es besteht ferner ein Verbot, Kofferradios im Bereich der Kuranlagen, der Wege und Parks spielen zu lassen.

Kurpark Bad Gleichenberg

So ist allein der Aufenthalt im Kurpark ein Beitrag zur Gesundheit: Die Anlage ist mehr als hundert Jahre alt, ein Paradies für Singvögel und ein Hort vielerlei Bäume und Sträucher, von der exotischen Wellingtonia aus der Sierra Nevada bis zur oststeirischen Tanne, von den üppig blühenden Magnolien bis zur japanischen Paulownia. Wer nicht nur im Kurpark flanieren will, kann Wanderungen unternehmen und dabei unterwegs einen Kursus bei einer geschulten Atemgymnastiklehrerin absolvieren. Eines aber gibt dem Kurgast jederzeit besondere Sicherheit: Es stehen ihm fünf Ärzte und drei Fachärzte während seiner Kur in Bad Gleichenberg zur Verfügung.

Auskünfte: Kurkommission Bad Gleichenberg, A–8344 Bad Gleichenberg, Telefon: 03159/203 und 364.

Das „Schaffelbad" und die Bio-Ernährung von Loipersdorf

Im südoststeirischen Wald- und Weinland liegt auf 340 Meter Seehöhe inmitten grüner Hügel ein Gesundheitsbrunnen, der noch gar nicht alt ist: die Therme von Loipersdorf, nur fünf Kilometer von der Bezirkshauptstadt Fürstenfeld entfernt. Der Kurort ist von Mischwald und landwirtschaftlichen Kulturflächen umgeben. Ein idealer Ort zum gesunden Baden, aber auch zur biologischen Vollernährung. Es lag also auf der Hand, daß sich hier die Idee der Biotrainings-Aktion in Verbindung mit der österreichischen Naturküche ganz besonders rasch bei den Kurbetrieben und den Bauern in der Umgebung durchsetzte.
Es ist noch gar nicht so lange her, da gab's hier noch kein Kurzentrum. Eines Tages hatten ein paar Bauern der Gemeinde Loipersdorf ein recht ungewöhnliches Erlebnis. Beim Umgraben eines Ackers drangen sie mit Krampen und Schaufel tief ins Erdreich und stießen auf eine Quelle mit außerordentlich starkem Wasserdruck. Das

Wasser enthielt sehr viel Kohlensäure. Die Bauern waren sich vorerst des wertvollen Fundes gar nicht bewußt. Sie gruben ein tieferes Loch und ließen das Wasser dort hineinlaufen, um die Felder damit zu bewässern. Bei diesen weiteren Arbeiten glitt einer der Landwirte aus und stürzte ungewollt in das Wasserloch. Erstaunt und begeistert rief er aus: „Das Wasser ist ja warm!" Daraufhin begannen die Bauern aus Spaß darin zu baden. Das sprach sich in den nächsten Tagen in Windeseile im Ort umher. Und zwei der Bauern, die mitgebadet hatten und seit Jahren an schwerem Rheuma litten, fühlten sich ganz besonders gut und vor allem beschwerdefrei. Das gab den Leuten zu denken. Man sprach vom „Wunderwasser von Loipersdorf". Der Bürgermeister forderte Fachleute an und ließ das Wasser untersuchen. Und es stellte sich heraus, daß es sich um hochwertiges und stark mineralhaltiges Thermalwasser handelte. Es kommt aus einer Tiefe von 1100 Metern und tritt mit 61 Grad Celsius an die Erdoberfläche, wo es natürlich ziemlich rasch abkühlt. Mit 8100 mg Mineralienanteilen pro Liter Wasser zählt es zu den kräftigsten Thermalwassern in Österreich. Die Zusammensetzung des Wassers prädestiniert es zur Behandlung von rheumatischen Beschwerden, Verletzungsfolgen und Erkrankungen des Bewegungsapparates.

Die Gemeinde ließ die dampfende Quelle in Beton fassen. Die Bewohner durften vorerst gratis baden. Die Heilungserfolge

Schaffelbad von Loipersdorf

mehrten sich. Und das war der Anlaß, daß eine Thermalwassergesellschaft gegründet wurde, die mit dem Bau eines Kurheilbades begann. Vorerst aber wurden nur zwei Becken mit 36 und 38 Grad Wassertemperatur, mit Liegeräumen, Freiterasse und Massageraum geschaffen. Diese gemütliche Atmosphäre veranlaßte die Loipersdorfer, ihr neu entstandenes Kurbad „Schaffelbad" zu nennen: nach den mittelalterlichen Bädern, die das Wasser in kleinen Holzschaffeln anboten. Bis heute ist der Name „Schaffelbad Loipersdorf" geblieben.
Doch nicht mehr lange paßt der Name. Ein neues großes Kurzentrum steht unmittelbar vor der Vollendung. Heute schon gibt es zusätzlich zu Kuranwendungen gegen Rheumatismus, Durchblutungsstörungen und Unfallverletzungen Holzofen-Sauna, Massagen, Gratissolarien, Kneipp-Kuranwendungen in einer eigenen Bahn zum Wassertreten und Whirl-Pool-Einrichtungen.
Besonders attraktiv aber ist das Thermalbad Loipersdorf geworden, als sich Fremdenverkehrsbetriebe und Landwirte der Bio-Idee verschrieben. Seither umfaßt das Kurprogramm in Loipersdorf drei Bereiche: Da wäre zunächst eine Vielzahl von Freizeiteinrichtungen. Zum zweiten wären alle Voraussetzungen für einen aktiven Gesundheitsurlaub wie spezielle Laufwege, Reitmöglichkeiten, Tennisplätze, Bewegungsgymnastik, Atemtechnik, Kneipp-Therapien und neuerdings praktische Ernährungsberatung zu nennen. Und als dritter Bereich die Thermalkur in Form einer Physiotherapie. In Loipersdorf sind sämtliche Biotrainingseinrichtungen vorhanden. Man serviert den Kurgästen eine lacto-vegetabile Vollwertkost: also viele Salate und Obst, reichlich Gemüse, Vollkornbrot, keinen weißen Zucker, nur frisch vermahlene Vollkornprodukte, alles möglichst fettarm. Für eine natürliche, biologische Ernährung sorgen in Loipersdorf Biotrainer, ausgebildet von der Bundesanstalt für Leibeserziehung. So ein Biotrainer weiß, wie man Brot bäckt, wo man seltene Kräuter findet und wie man sie nutzbringend für sich selbst einsetzt.

Auskünfte: Thermalquelle Loipersdorf Ges. m.b.H., A–8282 Loipersdorf 46, Telefon: 03382/8291 oder 03383/8250 oder 8251.

Thermalwasser und Heilmoor gegen Rheuma und Frauenleiden in Bad Mitterndorf

Obwohl bei der Quelle von Heilbrunn bereits Münzen aus der Römerzeit gefunden wurden, ist der beliebte Sommerfrischen- und Wintersportort Bad Mitterndorf in der Steiermark doch erst in jüngster Zeit auch zu einem anerkannten Kur- und Badeort geworden. Die ungewöhnlich reizvolle Landschaft am Rand des Salzkammergutes, zwischen den mächtigen Kalkstöcken des Grimmings und des Toten Gebirges, bietet den Touristen zahlreiche Möglichkeiten für Bergwanderungen, aber auch für bequeme Gebirgsausflüge, wobei die gut ausgebaute Bergstraße auf die Tauplitz oder der lange Sessellift auf diese ausgedehnte Hochfläche für zusätzliche Erleichterung sorgen. Bad Mitterndorf selbst liegt in 812 Meter Seehöhe und verfügt nicht nur über ein gesundes, frisches Alpenklima, sondern auch über eine überdurchschnittliche Sonnenscheindauer von jährlich 800 Stunden. Von Mai bis November gibt es tagsüber überhaupt keinen Nebel.
Die Römerquelle Heilbrunn ist eine akratische Calcium-Magnesium-Sulfat-Hydrogencarbonat-Therme, die mit fast 25 Grad Celsius aus der Erde sprudelt. Doch nicht nur das Thermalwasser dieser Quelle, sondern auch das Rödschitzer Heilmoor wird im Rahmen der örtlichen Kurmaßnahmen eingesetzt. Außerdem bietet sich Bad Mitterndorf ideal für Luft- und Klimakuren an, vor allem wenn man über funktionelle Störungen mit entsprechenden Folgezuständen zu klagen hat, als Rekonvaleszent nach

Kurzentrum Bad Mitterndorf

schweren Erkrankungen und nach Operationen Erholung, bei Erkrankungen der Atemwege und bei einer Reihe von Hauterkrankungen Genesung sucht.
Die Thermalbäder wirken rheumatischen Erkrankungen entgegen und kräftigen den Organismus des Rekonvaleszenten. Moorbäder werden mit großem Erfolg gegen chronische Erkrankungen des rheumatischen Formenkreises eingesetzt, gegen Verletzungs- und Operationsfolgen, bei Frauenleiden wie chronischen Erkrankungen der Genitalorgane, Zyklusstörungen, Sterilität sowie Klimakteriumbeschwerden. Gerade auf dem Gebiet der Frauenleiden werden immer wieder beachtliche Heilerfolge aus Bad Mitterndorf vermeldet.
Die Kuranstalt Heilbrunn ist ganzjährig in Betrieb, auch an Sonn- und Feiertagen. In modern gestalteten Gebäuden sind fünf Badekabinen – auch für Luftperlbäder und Moorbäder – eingerichtet, außerdem 15 Ruhekabinen, ein Thermalwannenbad, Räume für Unterwasserbehandlung, für Massagen und Inhalationen, eine spezielle Mundduschanlage, Räume für Rotlicht- und Quarzlichtbestrahlungen und Unterkünfte für Elektroheilschlaf und Mikrowellentherapie. Sehr attraktiv ist das große Thermalhallenschwimmbad mit einem angeschlossenen Freibad. Das Mineralwasser hat hier eine Temperatur von 30 Grad Celsius, im separaten Bewegungsbecken 32 Grad. Eine Kneipp-Station trägt auch allen Wünschen der Wassertherapie Rechnung.
Der ganze Kurbetrieb befindet sich inmitten von ausgedehnten Wäldern, etwa drei Kilometer vom Ort entfernt. Und für weitere gesundheitliche Aktivitäten stehen hier etwa 60 Kilometer Wanderwege, Tennisplätze, Minigolfanlagen und Fischteiche zur Verfügung. Im Winter laden ausge-

dehnte Langlaufloipen ein. Für Familien ganz besonders wichtig: Bad Mitterndorf ist ein überaus kinderfreundlicher Kurbetrieb mit abwechslungsreichen Freizeitangeboten für die Kleinen, damit die Erwachsenen in Ruhe kuren können.

Auskünfte: Kurverwaltung Bad Mitterndorf, A–8983 Bad Mitterndorf, Telefon: 06153/2444 oder 2784.

Die Eisen-Heilquelle von Gams

Begrenzt vom waldreichen Voralpenzug im Westen, eingebettet in die Obst- und Weingärten der Weststeiermark, liegt die Gemeinde Gams oberhalb von Frauenthal, ein noch ziemlich junger Kurort dieses Bundeslandes. Hier, in einem überaus milden Klima, wo Edelkastanien und die Schilchertrauben reifen, entspringen zwei Heilquellen, die längst einen guten Ruf über Österreichs Grenzen hinaus haben: die Michelquelle und die Hubertusquelle. Die Michelquelle enthält außer einem hohen Eisenanteil die wichtigen Spurenelemente Mangan, Kupfer, Kobalt und Arsen. Die Hubertusquelle ist eine Eisenquelle akratischer Konzentration.

Gams bei Stainz

Man kommt zur Kur nach Gams bei Eisenmangelanämie, Kreislaufschwäche, akutem Eisenmangel während der Schwangerschaft, bei esentieller hypochromer Anämie, bei Chlorose, nach chirurgischen Eingriffen als Rekonvaleszent und bei allgemeinen Erschöpfungserscheinungen.
Und das sind die Kurmöglichkeiten, die den Gast in Gams erwarten: ein Hallenbad mit 30 Grad Celsius, Saunaeinrichtungen, 14 Badekabinen für Süßwasser-, Moor- und Moorschwebstoffbäder, 10 Ruhekabinen, Rauminhalationskabinen mit Inhalationsapparaturen. In den insgesamt acht Gebäuden der Kuranstalt werden Trinkkuren, Ganzmassagen, Unterwasserstrahlmassagen und Moorpackungen geboten.
Im fünf Hektar großen Kurpark gibt es 90 Kilometer lange Wanderwege zur Entspannung und viel Wald zum Spazierengehen.

Auskünfte: Kurbetrieb Dr. Kipper, A–8524 Bad Gams, Telefon: 03463/2266 oder Fremdenverkehrsverein Bad Gams, A–8524 Bad Gams, Telefon: 03463/2306.

Heilkräuter-Wanderweg in Oberzeiring

Jahr für Jahr interessieren sich immer mehr Menschen für Heilkräuter. Jeder will erlernen, woran man die Kräuter in der Natur erkennt, wie und wann man sie erntet und wie man sie dann daheim, meist als Tee zubereitet, gegen Krankheiten und zur Vorbeugung zu sich nehmen kann. Gerade der Urlaub in der Natur bietet die Möglichkeit, sich zum Kräuterexperten zu bilden. In der steirischen Gemeinde Oberzeiring wird dafür entsprechend gesorgt. Im Juli und August lädt Oberzeiring auf seinen Heilkräuter-Wanderweg ein, der gratis begangen werden darf. Es wird empfohlen, sich beim Gemeindeamt nach einer organi-

sierten Lehrpfadführung mit einem Kräuterexperten zu erkundigen, weil man mehr davon hat und eigentlich nur dann entsprechendes Wissen mit nach Hause bringt.
Weitere Lehrwanderungen zum Kennenlernen einheimischer Kräuter und Pflanzen werden im Sommer in den Hohen Tauern und um den Ranninger Berg in Pöls organisiert. Der Lehrpfad in den Hohen Tauern ist 3 Kilometer lang und weist Höhenunterschiede bis zu 1260 Metern auf. Der Pfad selbst darf kostenlos begangen werden. Es gibt dazu einen schriftlichen Lehrpfadführer. Der 4 Kilometer lange Naturpfad um den Ranninger Berg in Pöls präsentiert Pflanzen auf 50 Lehrtafeln. Man kann ihn ganzjährig und kostenlos begehen.

Auskünfte: Fremdenverkehrsverein Oberzeiring, A-8762 Oberzeiring, Telefon: 03571/387. Oder Landesfremdenverkehrsabteilung Steiermark, A-8010 Graz, Herrengasse 16, Telefon: 0316/831-2287.

Oberzeiring

Die Kneipp-Oase mit der Super-Fitness-Strecke in Laßnitzhöhe

Bloß 14 Kilometer östlich der steirischen Landeshauptstadt Graz liegt auf einem waldreichen Höhenrücken in einer Seehöhe von 600 Metern der heilklimatische Luftkurort Laßnitzhöhe. Allein die Luft ist hier schon heilsam und gesundheitsfördernd. Ursache dafür ist eine sogenannte „Klima-Schaukel", die sich aus dem Ausgleich zwischen den kühlen Nordströmungen und den warmen südlichen Winden ergibt. Dadurch sind die Winter mild und die Sommer angenehm kühl. Drückende Hitze wäre einem Kurgast sicherlich nicht allzu angenehm.
Laßnitzhöhe hat sich in den letzten Jahren zu einer klassischen Kneipp-Oase gemausert. In dem bekannten Sanatorium werden alle Arten der Wasserheilverfahren angeboten, wobei auch die Kneipp-Wiesen-Therapie nicht vergessen wurde, die vor allem am Morgen Gymnastik und Barfußlaufen vorschreibt. Neben den Kneipp-Kuren werden Diät- und Entschlackungsbehandlungen durchgeführt. Die Kuranstalt ist ganzjährig geöffnet und verfügt über Badekabinen für Luftperlbäder, Moorbäder, Moorschwefelstoffbäder und Solebäder. Zusätzlich gibt es Ruhekabinen, Inhalationskabinen und Inhalationsapparate, alle Arten von Massagen, Bürstenbäder, elektrische Lichtbäder und die erfolgreichen, uralten Heublumen-, Schlamm- und Kräuterpackungen nach Pfarrer Kneipp.
Nach Laßnitzhöhe kommt der Kurgast, wenn er etwas gegen Herz- und Kreislaufstörungen, gegen Herzmuskelinfarkte, Übergewicht, Stoffwechselerkrankungen, gegen chronische Bronchialerkrankungen und Diabetes unternehmen möchte.
Auf Grund der klimatischen Verhältnisse eignet sich Laßnitzhöhe aber auch ideal für einen vorbeugenden Gesundheitsurlaub für gestreßte, berufstätige Leute. Dafür wurde ein breites Aktiv-Programm geschaffen. In Laßnitzhöhe gibt es eine Super-Fitness-Strecke, die mitten durch sau-

Fitness-Strecke Laßnitzhöhe

erstoffreiche Wälder führt und auf alle notwendigen körperlichen Bewegungsabläufe Bedacht nimmt. Neben der Wald-Fitnessstrecke, die internationalen Ruf besitzt, gibt es Gesundheitsturnen für Frauen, eine Kleingolfanlage und viele Wandermöglichkeiten. Ja, und wer sogar auf die Idee kommt, abends oder nachts dem Tennisspiel zu fröhnen, dem steht dafür eine beleuchtete Anlage zur Verfügung.

Auskünfte: Fremdenverkehrsverein und Kurkommission Laßnitzhöhe, A–8301 Laßnitzhöhe, Telefon: 03133/204 und 275.

Die Asthma-Behandlung im Bergwerkstollen von Oberzeiring

Eines der wohl ungewöhnlichsten Heilzentren in Österreich ist die Ortschaft Oberzeiring in der Steiermark. Der Name Oberzeiring ist keltischen Ursprungs und entwickelte sich aus dem Ortsnamen Thurich oder Zyrich. Frühgeschichtlichen Funden kann man aber entnehmen, daß die Gegend um Oberzeiring schon wesentlich früher besiedelt war. 1958 entdeckte man bei Ausgrabungsarbeiten mitten im Ort ein Urnengrab aus dem Jahr 1000 vor Christi. Der Haupterwerb der damaligen Bewohner der Gegend war zweifelsohne der Bergbau, denn Zeiring besaß das größte Silberbergwerk der Ostalpen. Im 13. und 14. Jahrhundert n. Chr. stand dieser Silberbergbau in seiner Blüte. Zu dieser Zeit besaß Oberzeiring bereits das Münzrecht und stellte selbst die Zeiringer Pfennige her. Durch die Bergordnung 1339 erhielt Zeiring das Stadtrecht. Das älteste bekannte Siegel stammt aus dem Jahr 1284. Es zeigt einen Bergknappen in knieender Arbeitsstellung, der mit einem spitzen Beil gegen das Gestein schlägt. Dieses Siegel bildet heute das Gemeindewappen.
Allerdings ist vom Silberbergbau heute kei-

ne Rede mehr. Der Bergbausegen in Zeiring währte nicht über das Mittelalter hinaus. Im Jahr 1361 wurden die Arbeiten durch plötzliche Wassereinbrüche lahmgelegt. Nach der Überlieferung kamen bei der Katastrophe 1400 Knappen ums Leben. Vom Untergang dieses riesigen Silberbergwerks wird in einer Sage berichtet, die dem Übermut der Zeiringer Knappen und deren Verfluchung zum Inhalt hat. 1365 wurde aus Sühne die heutige Pfarrkirche St. Nikolaus erbaut. Von Kaiser Maximilian I. bis Kaiserin Maria Theresia versuchten die jeweiligen Herrscher immer wieder mit gewaltigen Anstrengungen und entsprechendem Geldaufwand, den Berg von Zeiring zu entwässern und in dem überfluteten Silberstollen wieder das alte Bergwerksleben einziehen zu lassen. Der Berg aber trotzte allen Versuchen. Bis heute sind die tiefen Stollen mit Wasser gefüllt und unzugänglich.

Von nun ab sollte sich Zeiring zu einem Ort der Gesundheit entwickeln. Die höher gelegenen, wasserfreien Stollen des ehemaligen Bergwerks sind eine Heilstätte für Asthmakranke geworden. Doch dazu kam es aus reinem Zufall. Als die Gemeinde Zeiring Teile des Bergwerks zu einem historischen Schaubergwerk ausbaute und einige der mittelalterlichen Silberstollen zugänglich machte, stellten Besucher nach Führungen im Berg fest, daß ihre Atmung freier wurde, daß sich bei Bronchial- und Asthmabeschwerden Schleim löste und eine merkliche Besserung eintrat. Das machte die Oberzeiringer aufmerksam. Ein Team von Ärzten und Wissenschaftlern reiste an und untersuchte die Gegebenheiten unter der Erde. Siehe da: Es stellte sich heraus, daß die Luft im ehemaligen Silberbergwerksstollen Heilqualitäten von unschätzbarem Wert besitzt, die sich vor allem günstig auf Asthma bronchiale, chronische, asthmoide und spastische Bronchitis, auf Emphyseme und verschiedene Allergien auswirkt. So wurde der Silberstollen von Oberzeiring zur internationalen Asthma-Therapie-Station.

Viele Kranke kommen täglich in den Stollen. Der für Therapiezwecke genutzte Raum liegt 20 bis 25 Meter unter dem Grubeneingang in der Erde. Die Patienten müssen hundert Stufen in die Tiefe steigen, wobei auffallend ist, daß das Wiederaufsteigen bereits weniger Beschwerden bereitet. Immer noch nehmen die mündlichen und schriftlichen Erfolgsberichte über Heilungen im Stollen zu. Vor allem hilft die Luft, die rund 9 Grad Celsius und eine relative Feuchtigkeit von 95 bis 100 Prozent aufweist, allergisches Lungenasthma und allergische Nebenhöhlenerkrankungen zu lindern und sogar zu heilen.

Kurgäste können im Stollen von Oberzeiring einwöchige, zwei- oder dreiwöchige Kuraufenthalte absolvieren. Zu Beginn und am Ende der Kur wird eine genaue ärztliche Untersuchung vorgenommen. Der Zutritt des Stollens ist nur mit Erlaubnis der untersuchenden Ärzte möglich. Die Saison dauert in Oberzeiring das ganze Jahr. Jeder, der in den Stollen steigt, muß – auch im Sommer – warme Kleidung anziehen, da sich die Temperatur, wie schon erwähnt, um 8 Grad Celsius bewegt.

Außer einer Kur im Heilstollen gibt es in Oberzeiring die Möglichkeit, weite Wanderungen zu unternehmen, an Gesundheitsturn-Kursen teilzunehmen und auch kursmäßige Skiwanderungen zu genießen, die im Terrain auf die Kondition des Patienten abgestimmt sind.

Auskünfte: Marktgemeindeamt und Fremdenverkehrsverein Oberzeiring, A–8762 Oberzeiring, Telefon: 03571/308.

Kneippen in der Steiermark

Neben dem Kneipp-Zentrum in Laßnitzhöhe, der Kuranstalt Dr. Miglitz, in A–8301 Laßnitzhöhe, wartet die Steiermark noch mit einer Reihe von weiteren Kneipp-Kuranstalten auf unter denen man wählen kann: Das Kneippbad im Kurmittelhaus

Privatsanatorium Dr. Freisleben in A–8990 Bad Aussee, das Kneippzentrum im Kurhaus Bad Mitterndorf in A-8983 Bad Mitterndorf, die Kneippabteilung im Kurhaus Laßnitzhöhe in A–8301 Laßnitzhöhe, das Kurhotel Loipersdorf in A–8282 Loipersdorf, die Kneippabteilung im Hallenbad Mariazell in A–8630 Mariazell, der Kneipp-Kurbetrieb in A–8061 St. Radegund und das Kneipp-Zentrum im Moorbad Schwanberg in A–8541 Schwanberg.

Auskünfte: Landesfremdenverkehrsabteilung im Amt der steirischen Landesregierung, Herrengasse 16, Landhaus, A–8010 Graz, Telefon: 0316/8312287.

Das Bio-Gesundheitszentrum von Hartberg

Die Steiermark startet in naher Zukunft eine großangelegte Bio-Aktion für alle, die gesund leben und essen wollen. Der steirische Heilbäder- und Kurorteverband hat dafür bereits alle Vorbereitungen getroffen. Mit der Bio-Aktion soll in einer Reihe von Fremdenverkehrsorten dem Gast ein optimales Urlaubsmilieu und schadstoffarme und naturbelassene Ernährung geboten werden. Dazu muß es in dem Ort gastronomische Betriebe geben, die biologisch-reine Nahrung und sachgemäße Zubereitung gewährleisten. Es sollen Informationsbroschüren gedruckt werden. Den Bio-Gästen werden ausgebildete Bio-Trainer zur Verfügung stehen, die nicht nur Wanderungen und Kräuterlehrgänge organisieren, sondern auch den gestreßten und verdauungsgestörten Menschen mit der biologischen Vollwertkost vertraut machen.
Das Ring-Gesundheitszentrum Dr. Glehr in der steirischen Stadt Hartberg geht diesem Bio-Plan mit gutem Beispiel voran. Hier werden schon seit einigen Jahren – aufbauend auf Erfahrungen von Ärzten – biologische Vollwertkost, Rohkost und Diätkuren wie etwa die Dr. Mayr-Kur an-

Hartberg

geboten. Darüberhinaus wird der Kurgast eingeladen, sich einer gesunden Bewegungstherapie zu unterziehen. Er kann auch – egal ob Mann oder Frau – die Schönheitsfarm im Haus besuchen, wo ebenfalls nur mit naturreinen Mitteln und Kräutern gearbeitet wird.

Auskünfte: Ring-Gesundheitszentrum Dr. Glehr, A–8230 Hartberg, oder Fremdenverkehrsverein Hartberg, A–8230 Hartberg, Telefon: 03332/261819.

Das Nierenheilwasser aus dem Ölbohrturm von Radkersburg

Im südlichsten Teil der Steiermark an der Mur liegt, umgeben von den Ausläufern des oststeirischen Hügellandes, das Städtchen Radkersburg mit rund 2000 Einwohnern. In den zwanziger Jahren glaubte man fest daran, daß hier Erdöl vorkäme. Man begann also mit intensiven Bohrungen. Die Probebohrtürme schossen aus den Wiesen. Doch es kam kein Erdöl, sondern es sprudelte ein ganz besonderes Wasser hervor, ein Mineral-Säuerling, den der österreichische Heilbadexperte Prof. Dr. Scheminzky als „hervorragendes Nierenheilwasser" empfiehlt. Von da an bohrte man an verschiedenen Stellen, bis man dann im Jahr 1978 einen großartigen Fund machte: Mitten im Winter schoß 80 Grad heißes Wasser in einem dicken Strahl aus 1900 Metern Tiefe gegen den Himmel. Damit war die Zukunft Radkersburgs als richtiger Badekurort gesichert.

Seither speit die Erde täglich an die 300000 Liter heißen Heilwassers aus, das Natrium-Hydrogen-Karbonat-haltig ist und auf 36 Grad abgekühlt im Thermalfreibad und in den Kurbetrieben zur Anwendung kommt. Mit der Überwärme der Heilquelle heizen die Kurexperten von Radkersburg das Wasser des großen Schwimmbassins.

Die Radkersburger Therme wird für Trink- und für Badekuren eingesetzt. Die Trinkkuren wirken sich heilend auf Magenübersäuerung, auf entzündliche Erkrankungen des Darmtraktes und auf entzündliche Prozesse in den ableitenden Harnwegen und auf Niereninfekte aus. Als Bad genommen, wirkt das Wasser von Radkersburg gegen Kreislaufbeschwerden, Rheumaerkrankungen, Herzleiden und Schmerzen am Bewegungsapparat. Zusätzlich werden Schlammpackungen und Massagen verabreicht.

Rund um das Kurzentrum liegen Parks, eine Trinkkur-Wandelhalle und weitläufige Freibadeanlagen. Zur Kur kann man seit 1981 ganzjährig kommen. Neben dem heilenden Wasser legt man in Radkersburg zum Wohl des Kurgastes großen Wert auf gesundes Radfahren, Wandern und

Bad Radkersburg

Schwimmen. Wanderwege über 30 Kilometer Länge und ein eigener Fahrradverleih bieten genügend Möglichkeiten für Bewegung in guter Luft. Und wer aus gesundheitlichen Gründen auch biologisch reinen Wein haben möchte, der bekommt ihn in den Weinkellern von Radkersburg. Denn die hiesigen Weinberge, auf ehemaligem Vulkanboden gelegen, haben noch nie Kunstdünger gesehen.

Auskünfte: Fremdenverkehrsverein und Kurverwaltung Bad Radkersburg, A–8490 Bad Radkersburg, Telefon: 03476/2545, oder Fremdenverkehrsverband Bezirk Radkersburg, A–8490 Bad Radkersburg, Telefon: 03476/2106.

Die Schnitzer-Schlankheitskur von Mariazell

Der steirische Wallfahrtsort Mariazell – der größte Wallfahrtsort Mitteleuropas – ist in den letzten Jahren zu einem Zentrum der vieldiskutierten und erfolgreichen Schnitzer-Schlankheitskur geworden. Viele kommen aus ganz Europa hierher ins Hotel Goldene Krone, um sich einer ein-, zwei- oder dreiwöchigen Schnitzerkur zu unterziehen.

Was hat es eigentlich für eine Bewandnis mit dieser Schnitzer-Kur? Bei der Schnitzer-Kost, die zur Gewichtsabnahme unter strenger ärztlicher Aufsicht führen soll, handelt es sich um eine vitalstoffreiche Vollwert-Ernährung besonderer Art. Sie wurde von dem Arzt Dr. J. G. Schnitzer mit dem Ziel zusammengestellt, auch die Zähne und das Zahnfleisch zu pflegen. Denn sie sind ja die empfindlichsten Gradmesser der allgemeinen Gesundheit des Menschen und für eine gesunde Ernährung. Schon die erste kariöse Stelle an einem Zahn, die ersten Anzeichen von Zahnfleischentzündung, Zahnfleischbluten und Zahnstein müssen als Warnsignal und als Hinweis darauf gedeutet werden, daß wichtige Vitalstoffe in der Ernährung fehlen oder daß schädliche Nahrungsmittel genossen werden. Und wenn nicht sofort Abhilfe geschaffen wird, dann können sich daraus schwerste Leiden, Schädigungen und Krankheiten entwickeln.

Vitalstoffe bilden die Grundlage der neuen Ernährungslehre. Als Vitalstoffe bezeichnet man: Vitamine, Mineralstoffe, Spurenelemente, Enzyme, hoch ungesättigte Fettsäuren und Aromastoffe. Dr. Schnitzer sagt, daß jede Nahrung durch Erhitzen oder Kochen so entscheidend umgewandelt werden kann, daß sie krank macht, anstatt gesund zu erhalten. Kriterium jeder gesunden Kost ist ihre Natürlichkeit und ihre biologische Vollwertigkeit, die an ihrem Gehalt an Vollkorn und Frischwaren gemessen werden kann. Denn lebendiges, keimfähiges Getreide enthält solche Vitalstoffe, wie sie für gesunde Ernährung notwendig sind. Im unbeschädigten Getreidekorn beispielsweise bleiben Vitalstoffe monate- und jahrelang erhalten. Nach dem Mahlen verflüchtigen sich die Aromastoffe jedoch sofort.

Die große Zahl der Kranken, die in Mariazell Besserung oder sogar Heilung feststellen konnten, nachdem sie sich von biologisch vollwertiger Kost ernährten, ist ein beredtes Zeugnis für die Richtungkeit der Schnitzer-Kur. Es handelt sich um eine Ernährung ganz ohne Fleisch. Die Schnitzer-Kost stoppt den Alterungsprozeß des menschlichen Organismus, hält den Körper vital und leistungsfähig, regeneriert die Zähne, die Knochen und Knorpel, steigert die Konzentrationsfähigkeit, regelt die Verdauung und den Stoffwechsel und erhält eine stabile Konstitution bis ins hohe Alter.

Ein besonderes Erlebnis bei erstmaligem Kontakt mit der Schnitzer-Kost ist der ungewohnt delikate Geschmack eines Brotes aus frisch gemahlenem Vollkornmehl. Dagegen schmecken die Backwaren aus lange gelagerten Auszugsmehlen armselig.

Zur Schnitzer-Kur in Mariazell gehören das tägliche Schnitzer-Müsli, Vollkornbrot, Vollkorngericht, Rohgemüsesalate, Nüsse alle Art sowie Sonnenblumenkerne, naturbelassene Pflanzenfette, kaltgepreßte Pflanzenöle, unpasteurisierte Butter, frisches Obst, frische Vorzugsmilch, Biojoghurt.

Auskünfte: Hotel Goldene Krone, A–8630 Mariazell oder Fremdenverkehrsverein Mariazell, A–8630 Mariazell, Telefon: 02727/2366.

Das „Herz-Klima" von St. Radegund

Aufgrund seiner Lage in 800 Metern Seehöhe auf dem sich gegen Süden und Südosten erstreckenden Hang des Schöckls verfügt St. Radegund in der Steiermark über ein subalpines Klima mit besonderen Reizfaktoren und zeitweise ein Schonklima, das von Ärzten als „Herz-Klima" bezeichnet wird: also ein idealer Ort zur Vorbeugung gegen Herzkrankheiten, zur Besserung und Heilung von Herzkrankheiten aller Art, aber auch von Parallel- und Folgeleiden.
Der einst weltberühmte Kurort ist wieder auf dem besten Weg, an seine seinerzeitige Bedeutung und Tradition anzuknüpfen. Am Ende der Biedermeierzeit hatte St. Radegund als erste steirische Kaltwasser-Heilanstalt einen weit über die Grenzen reichenden Ruhm erlangt. Ausschlaggebend war schon damals das außerordentlich günstige „Herz-Klima" und die hervorragende Qualität der Quellwässer auf dem Südhang des Schöckels. Schon in der Vorzeit dürften die Menschen die Qualitäten der Gegend geschätzt haben. Nicht von ungefähr knüpft sich an die Eremitenquelle am Fuß des Kalvarienberges eine Legende von der Wunderkraft des dort sprudelnden Wassers. Den ältesten Besiedlungsnachweis liefert der Grabstein eines norischen Ehepaares an der Außenmauer der Pfarrkirche, während etliche Flurnamen an slawische Behausungen erinnern. In das Jahr 1403 reicht die erste urkundliche Ortsnennung zurück: Radigundtstarff.
Erst 1850 wurde St. Radegund eine selbständige Gemeinde. Schon 20 Jahre vorher hatte sich hier der als Homöopath geschätzte und auch mit der Kaltwasser-Heilkunde vertraute Bezirkswundarzt August Demelius niedergelassen. Er gründete eine Kaltwasser-Heilanstalt und legte den Grundstein für den heutigen Kurort. 1854 wurde eine „kalte und warme Badeanstalt" eröffnet, 1874 bereits eine Kurgesellschaft gegründet. Die Kurgäste kamen von April bis Oktober aus allen Ländern der Erde, sogar aus Ägypten und Amerika. 1896 führte der Kurarzt Dr. Gustav Ruprich neue Heilmethoden ein, wobei er insbesondere die neuentdeckte Radioaktivität mehrerer Quellen berücksichtigte. Die beiden Weltkriege beeinträchtigen den Kurbetrieb stark. Nach 1945 entwickelte sich St. Radegund zunehmend als Höhenluftkurort und Sommerfrische. Seit 1958 verzeichnet man große Erfolge bei der Behandlung von Herz- und Kreislauferkrankungen. Und zwar in der Kuranstalt und der Herz-Kreislauf-Heilstätte der Pensionsversicherungsanstalt der Arbeiter.
Ärzte empfehlen den Kuraufenthalt in St. Radegund vor allem bei vegetativer Dystonie, Überfunktion der Schilddrüse, bei nervösen Erschöpfungen, bei Rekonvaleszenz, nach Herzinfarkten, bei Herzschwäche, bei Drüsenstörungen und allen Alterskrankheiten.
Das Kurhaus ist vom Mai bis Oktober geöffnet. Es werden Süßwasserbäder mit Radioaktivstoffen der Natur, Kohlensäurebäder und Sauna-Therapien verabreicht, des weiteren Bewegungstherapien in einem 19 Grad Becken, Kräuterheilbäder, Moorbäder, Kleie- und Eichenrindebäder sowie Überwärmungsbäder, die bekanntlich auch krebsvorbeugend wirken. Dazu gibt es Abmagerungsdiäten, Diätkuren und Verdauungsregelungen sowie Elektrotherapie. Ein Fitness-Parcours, ein Schwimmbad, Wanderwege und weitläufige Kneippanwendungen sorgen für eine komplette

Kur auch für Gesunde, die fit bleiben wollen.

Auskünfte: Kurkommission St. Radegund, A–8061 St. Radegund, Telefon: 03132/2334, oder Fremdenverkehrsverein St. Radegund, A–8061 St. Radegund, Telefon: 03132/301.

Ferien mit chinesischen Gesundheitsnadeln in Puch bei Weiz

Die chinesische Heillehre der Akupunktur hat sich längst bei uns durchgesetzt, und es gibt viele Menschen, die durch die chinesischen Nadeln endlich von Schmerzen und von lästigen Leiden befreit werden konnten. Ganz zu schweigen von den hervorragenden Erfolgen, welche die Akupunktur im Kampf gegen Rauchersucht und Übergewicht sowie Impotenz erzielen konnte. Wer nun eine sachgemäße Akupunkturbehandlung über sich ergehen lassen und dennoch nicht auf seine Ferien verzichten möchte, der kann jetzt beides in der Steiermark vereinen. Im Gästehaus Eitljörg in Puch bei Weiz bieten Experten Akupunktur-Behandlungen gegen nahezu alle Leiden an. Nach einer Aussprache und einer eingehenden Untersuchung werden die Metallnadeln gezielt in die Haut eingestochen. Bekanntlich geht die Theorie der Akupunktur davon aus, daß der menschliche Körper von einer Vielzahl von Meridianlinien mit daraufliegenden Meridianpunkten überzogen ist, die jeweils direkt mit einem bestimmten Organ oder Körperteil in Verbindung stehen. Wird nun ein bestimmter Punkt mit der Nadel gereizt, so löst er beim jeweiligen Zielorgan eine heilende Reaktion aus.
Neben der Akupunktur kann man in Puch bei Weiz auch noch die moderne Sauerstoff- und Mehrschritt-Therapie zur Erholung und Entschlackung genießen, kann sich medizinischen Massagen unterziehen und sich von einer Reduktionskost oder speziellen Diäten ernähren. Die besonderen Attraktionen aber sind und bleiben Akupunktur-Sitzungen und eine herrliche Erholungslandschaft. Zur körperlichen Betätigung gibt es weite Radfahrwege, eine Fitness-Strecke, organisierte Gesundheits-Ausflüge, Schwimmmöglichkeiten und zur Erholung der Nerven Angelpartien.

Auskünfte: Gästehaus Eitljörg, A–8182 Puch bei Weiz oder Fremdenverkehrsverein Puch bei Weiz, A–8182 Puch bei Weiz, Telefon: 03177/2222.

Das Heilmoorbad im Kloster Schwanberg mit Verjüngungskuren

Am Fuße der steirischen Koralpe liegt das ehemalige Kloster Schwanberg in 431 Meter Seehöhe. Es diente lange Jahre dem Kapuzinerorden als Noviziatskloster, bis es 1968 aufgegeben wurde. In den darauf folgenden Jahren wurde Kloster Schwanberg zu einem der modernsten Moorbäder Österreichs umgebaut und als solches 1973 wieder eröffnet. Der Kontrast zwischen dem modernen Bäderbetrieb und der ruhigen, vom Alltag losgelösten Atmosphäre eines alten Klosters ist nicht nur ein äußerlicher Anreiz, er bildet vielmehr einen wertvollen Beitrag zu der heilmedizinisch unerläßlichen „Nachruhe" bei Moorbädern. Denn nur auf einem ausgewogenen Zusammenwirken von Schönheit der Umgebung, Ruhe in der Natur und dem Moorbad beruht das Geheimnis eines naturheilkundlichen Erfolges.
Die Kuranstalt im Kloster ist ganzjährig in Betrieb, mit Ausnahme der Weihnachtsfeiertage und dem Neujahrstag. Sämtliche Kurmittel werden im Kloster selbst verabreicht. Gehbehinderten Kurgästen steht ein Aufzug zur Verfügung.
Bei dem hochwertigen heilenden Moor in Schwanberg handelt es sich aus medizinischer Sicht um Alpinflora-Heilpeloid mit überdurchschnittlich thermophysikalischen Eigenschaften und mit zahlreichen gelösten organischen Substanzen, die wie

ein äußerliches Medikament wirken. Das Torf für die Moorbäder und Moorpackungen wird im Hochmoor von Garanas in 1300 Meter Seehöhe gefördert und direkt von dort in die Kuranstalt gebracht.
Die Moorkuren werden gegen Erkrankungen des rheumatischen Formenkreises an Gelenken, Muskeln, Sehnen, Nerven, gegen Arthrosen und Spondylosen, gegen Frauenleiden, als Nachbehandlung nach Operationen und Verletzungen, bei Entzündungsresten in Brust- und Bauchraum und einer Anzahl von Hautkrankheiten eingesetzt. Das Moor wird hauptsächlich in Bädern oder Packungen angewendet, aber auch kombiniert mit Bürstenmassage, Handmassage, kosmetischer Behandlung und Luftperlbädern. Die Kuren stehen unter der Überwachung von drei namhaften Kurärzten.
Ganz neu im Programm von Kloster Schwanberg sind zusätzlich zur Moor-Behandlung angebotenen Verjüngungskuren nach dem Rezept der berühmten rumänischen Geriatriespezialistin Ana Aslan. Eine Kur zur Regeneration des gesamten Organismus und zur Verhinderung von Alterungserscheinungen des Körpers und Geistes beinhaltet 12 Injektionen mit KH 3, sämtliche notwendige Untersuchungen sowie 12 dazugehörige physikalische Behandlungen. Untersuchungen haben ergeben, daß gerade die Kombination von Heilmoor-Kuren mit der Aslan-Verjüngungskur besondere Erfolge zeitigt und die Geriatrie damit eventuell Ziele erreichen kann, die im Augenblick noch gar nicht absehbar sind.

Auskünfte: Moorbad Schwanberg, A–8541 Schwanberg, Telefon: 03467/217 oder Fremdenbüro Schwanberg, A–8541 Schwanberg, Telefon: 03467/655.

Die Kur-Nonnen von Wildbad Einöd

Nahe der Kärntner Grenze in der Weststeiermark liegt der romantische Ort Wildbad Einöd, in dem Deutsch-Ordens-Schwestern einen angesehenen Kurbetrieb führen. Hier im subalpinen Klima entspringen gleich vier Heilquellen, bei denen es sich um Thermalsäuerlinge auf der Basis von Calcium-Hydrogencarbonat-Sulfat-Verbindungen handelt: Die Ignaz-Quelle, die Georgs-Quelle, die Michael-Quelle und die Hallenbad-Quelle, alle mit einer Temperatur zwischen 21 und 23 Grad Celsius. Aus der Hallenbad-Quelle sprudeln pro Stunde über 42000 Liter Heilwasser. Zu den Trinkkuren werden die Ignaz- und die Georgs-Quelle verwendet. Für die Badekuren kommt das Wasser der Ignaz-, Georgs- und Michael-Quelle zum Einsatz, während die Hallenbad-Quelle nur das große Hallenbad speist. Zusätzlich zu den Trink- und Badekuren wenden die Nonnen an den Gästen Heilgymnastik, Heilmassagen, Unterwasserstrahlmassagen, Inhalationen, galvanische Bäder und Diät-Therapie an. Außerdem gibt es eine Fitness-Strecke, ein Hallenschwimmbad mit 30 Grad Wassertemperatur, einen Kurpark und Wanderwege.
Die Heilquellen von Wildbad Einöd helfen gegen Herzleiden, rheumatische Erkrankungen, Frauenleiden, Gefäßerkrankungen, Streß- sowie Ermüdungserscheinungen, gegen Erkrankungen des Magen- und Darmtraktes, insbesondere Gastritis, sowie gegen Steinbildung in den ableitenden Harnwegen.

Auskünfte: Deutsch-Ordens-Schwestern in Wildbad Einöd, A–9323 Wildbad Einöd, Telefon: 04268/41603.

Gesundes Schwimmen in Fürstenfeld

Seit es in der steirischen Stadt Fürstenfeld das modernste und größte Schwimmbad des Bundeslandes gibt, es verfügt über eine Wasserfläche von 20000 Quadratmetern, haben Gesundheitsenthusiasten, die sich fithalten wollen und ausgleichende Bewegung zur vorwiegend sitzend ausgeübten Berufstätigkeit suchen, die Gelegenheit, sich während eines Urlaubs in Fürstenfeld richtig gesund und schlank zu schwimmen. In einem auch international bekannten Schwimmsportzentrum hat man die Chance, unter Anleitung von ausgebildeten Schwimmlehrern mit richtiger Atemtechnik lange Strecken im Wasser zurückzulegen. Ideal für Menschen, die viel am Schreibtisch sitzen und etwas für Wirbelsäule und Gelenke tun wollen. Dazu gibt es eine Fitness-Strecke, Radfahr-Touren und 70 Kilometer Wanderwege sowie Reitkurse.

Auskünfte: Fremdenverkehrsverein Fürstenfeld, A–8280 Fürstenfeld, Telefon: 03382/2144 oder 2757.

Die Anti-Raucher-Diät von St. Margarethen an der Raab

Wer das Zigarettenrauchen oder anderen Nikotin-Konsum aufgeben möchte und möglichst keinen Rückfall erleiden will, für den gibt es in der Steiermark eine ganz besonders interessante Entzugskur. Im Fremdenverkehrsort St. Margarethen an der Raab wurde in der Pension Hierzerhof eine ganz spezielle Nichtraucher-Diät entwickelt. Gleichzeitig wird zur allgemeinen Regeneration eine Entschlackungskur angeboten, die mit einer biologischen Diätnahrung durchgeführt wird. Auf diese Weise wird man einem ganz besonderen Bio-Training unterzogen. Die Nichtraucher-Diät von St. Margarethen hat sogar das Interesse amerikanischer Ärzte geweckt und soll in den USA Nachahmung finden, weil sie entgegen allen anderen bisher be-

Schwimmzentrum Fürstenfeld

kannten Arten der Raucherentwöhnung besonders heilsam und erfolgreich ist.

Auskünfte: Nichtraucher-Diät-Pension Hierzenhof, A–8321 St. Margarethen an der Raab oder Gemeindeamt St. Margareten an der Raab, A–8321 St. Margarethen an der Raab, Telefon: 03115/2294.

In der Schwefel-Wanne gegen Ischias in Wörschach

An der Bahnlinie Selzthal-Bischofshofen liegt in einer landschaftlich besonders harmonischen Umgebung der steirische Kurort Wörschach im Bezirk Liezen. Das Kurhaus Bad Wörschach befindet sich in einem nach Süden offenen, idyllischen Talbecken in vollkommen windgeschützter, sonniger und absolut ruhiger Lage, sechs Minuten vom Ort entfernt. Von Juni bis September dauert hier die Kurzeit. Während einer Kur müssen binnen 20 Tagen insgesamt 18 Bäder absolviert werden.

In Wörschach werden vorwiegend Heilschwefelbäder angeboten, die die Kurgäste in eigenen Wannen in Einzelkabinen genießen. Dazu sind noch Schlammpackungen, Heilmassagen und Bewegungstherapie möglich.

Das Wasser aus der Schwefelquelle von Wörschach wirkt gegen rheumatische Erkrankungen der Muskeln und Gelenke, bei Gelenksversteifungen jeder Art, vor allem aber bei Ischias und Gicht. Im Volksmund spricht man auch vom „Gichtbad“ in Wörschach. Es wurden aber auch schon Frauenleiden, Hautkrankheiten und starke Erschöpfungszustände stark gebessert oder ausgeheilt.

Vom Schwefelbad Wörschach aus gibt es zur nahegelegenen Burgruine Wolkenstein wunderschöne Spazierwege, Wanderwege zur wildromantischen Wörschacher Klamm, zum Putterersee, zum Kloster Admont und in die Ennsauen.

Auskünfte: Kurhausverwaltung Wörschach-Schwefelbad, A–8942 Wörschach, Telefon: 03682/2328.

3. Gesundheitsführer durch Tirol

Tirol-Gesundheits-Stenogramm:

Was wäre Tirol ohne seine Berge und Wälder! Und damit sind wichtige Elemente für einen gesunden Urlaub gegeben: Die Berge garantieren saubere Luft, eine direkte Sonneneinstrahlung, die Wälder ein ideales Klima. Zu alledem kommt noch eine Reihe von Heilquellen. Man sagt: In Tirol ist die Umwelt noch in Ordnung und stellt diesem Bundesland damit das beste Zeugnis aus. Es ist das einzige Land, das ganz innerhalb der Alpen liegt. Die bilden eine natürliche Festung gegen Lärm, Gestank und verpestete Luft. Nirgendwo gibt es so viele Waldwanderwege und stille Dörfer wie in Tirol. Nirgendwo gibt es so viele Fitness-Strecken, die durch unberührte Natur führen. Nirgendwo gibt es so viele wunderschöne Kinderspielplätze inmitten von Waldregionen. Tirol bietet Gesundheit und Erholung für die ganze Familie . . .

Die Tirol-Gesundheitskarte:

1. Die „Wirbelsäulen-Quelle“ von Bad Häring
2. Das wunderbare Steinöl aus dem Stinkstein in Maurach
3. Die Heilquelle auf der Sonnenterasse Tirols in Ladis
4. Gesundheitsscheck für das „Schwalbennest“ bei Telfs
5. Bio-Kosmetik auf der „Gesundheits-Alm“ in Kitzbühel
6. Die heilenden Moorpackungen im Ski-Paradies Kitzbühel
7. Nerven-Kur und Ischiasbäder mit Babysitter in Stumm im Zillertal
8. Das „Gicht- und Leberbad“ in „Klein-Meran“ – Brixlegg
9. Schlank durch Schlemmen in Imst
10. Elektroakupunktur gegen Beinleiden in Walchsee
11. Original-Kneippzentrum im Ötztaler Kurbad Ötz
12. Die Bio-Spannkraft-Kuren von Seefeld
13. Die Ruhe-Insel für nervöse Städter in Spiss
14. Die „Winterspeck-Kur“ von Obsteig
15. „Lungen-Service“ mit einem Bergführer von Kitzbühel aus
16. Meditationskurse im Zisterzienserstift Stams
17. Heilkräuter-Kurs in Österreichs saubersten Luft in Sölden
18. Das „Stoffwechsel-Dorf“ Sölden im Ötztal
19. Das „Wadel-Bad“ von Hintertux im Tuxertal
20. Wo die Höhensonne vom Himmel strahlt: Obergurgl
21. Die Bandscheiben-Bäder von Rinn bei Innsbruck
22. Das radioaktive Heilwasser von Seefeld
23. Die Kreislauf-Therapie auf dem „Draht-Esel“

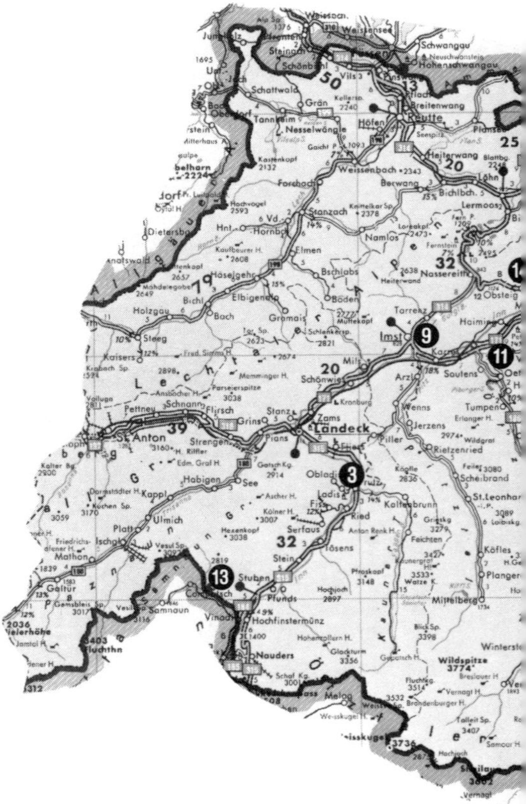

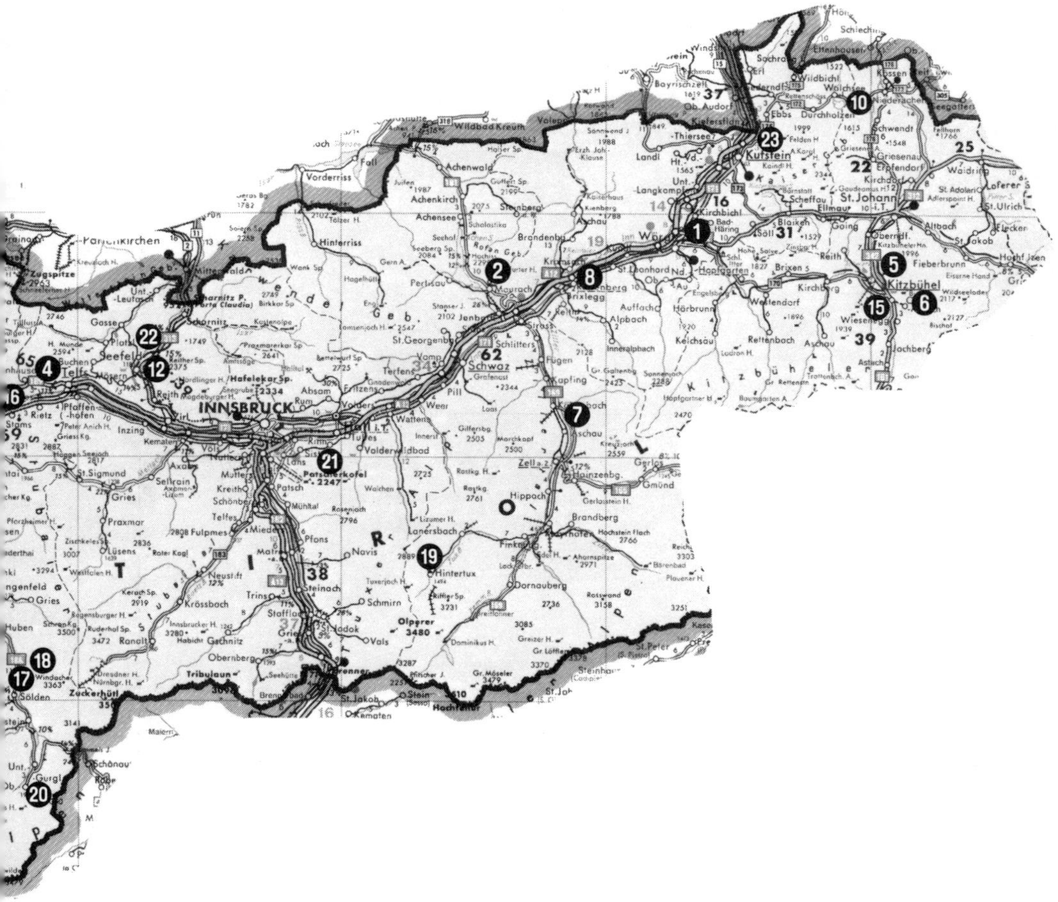
INNSBRUCK
Kufstein
Kitzbühel
St.Johann
Schwaz
Wörgl
Hopfgarten
Kirchbichl
Brixlegg
Jenbach
Maurach
Achenkirch
Achensee
Achenwald
Pertisau
Hinterriss
Vorderriss
Fall
Wildbad Kreuth
Bayrischzell
Ob. Audorf
Kiefersfelden
Thiersee
Landl
Langkampfen
Ebbs
Durchholzen
Walchsee
Niederachen
Kössen
Schwendt
Griesenau
Erpfendorf
Kirchdorf
Ellmau
Scheffau
Söll
Going
Oberndf.
Fieberbrunn
Waidring
St.Ulrich
St.Jakob
Reith
Brixen
Kirchberg
Westendorf
Hörbrunn
Kelchsau
Rettenbach
Aschau
Jochberg
Auffach
Alpbach
Inneralpbach
Strass
Schlitters
Fügen
Kapfing
Zell a.Z.
Hainzenbg.
Gerlos
Gmünd
Hippach
Brandberg
Finkenbg.
Mayrhofen
Dornauberg
Lanersbach
Hintertux
Vomp
Terfens
St.Georgenberg
Pill
Weer
Wattens
Volders
Fritzens
Absam
Rum
Hall i.T.
Tulfes
Rinn
Volderwildbad
Sistrans
Lans
Patscherkofel 2247
Igls
Patsch
Mutters
Natters
Völs
Kematen
Zirl
Inzing
Telfs
Pfaffenhofen
Rietz
Stams
Seefeld
Scharnitz
Leutasch
Mittenwald
Zugspitze
Garmisch-Partenkirchen
Hafelekar Sp. 2334
Reith
Gries
Praxmar
Lüsens
Sellrain
Kreith
Schönberg
Telfes
Mieders
Fulpmes
Neustift
Krössbach
Ranalt
Mühltal
Pfons
Matrei
Navis
Steinach
Trins
Stafflach
Gschnitz
Obernberg
Gries
St.Jodok
Schmirn
Vals
Olperer 3480
Brenner
Tribulaun
Zuckerhütl
Sölden
Windacher
Unt.-Gurgl
Ob.-Gurgl
Schönau
St.Jakob
Stein
Kematen
Hochfeiler
St.Peter
Steinhaus
T I R O L
Kitzbüheler Alpen

Die „Wirbelsäulen-Quelle" von Bad Häring

Wirbelsäulenleiden verschiedenster Art stehen in der Statistik der Zivilisationskrankheiten ganz vorn. Vor allem die entzündlichen Erkrankungen der Wirbelsäule kommen in den letzten Jahrzehnten häufiger vor. Für all jene, die an der Wirbelsäule, den Bandscheiben, an rheumatischen Erkrankungen von Gelenken, Muskeln und Nerven zu leiden haben, ist seit 1951 der Tiroler Ort Bad Häring eine Zuflucht geworden. Man hat hier erst spät eine Heilquelle entdeckt. Es handelt sich um eine Natrium-Calcium-Chlorid-Hydrogencarbonatverbindungen haltige Schwefelquelle, die pro Minute 50 Liter Wasser mit einer Temperatur von etwas über 16 Grad Celsius ausstößt.

In der Kuranstalt, die in waldreicher Umgebung gelegen, werden von dem Schwefelwasser Trinkkuren und Bäder bereitet.

Bad Häring

Zusätzlich versteht man sich in Bad Häring auf Wirbelsäulen-Massagen, Unterwasserstrahlmassagen, Physikalische Therapien, Voll-, Teil-, Bindegewebs- und Sprudelmassagen und Kneippanwendungen.

Im Kurmittelhaus und im Rehabilitationszentrum der Allgemeinen Unfallversicherungsanstalt Wien hat man mit Schwefelwasserbädern in den letzten Jahren auch hervorragende Erfolge bei der quälenden Hautkrankheit Psoriasis und bei juckenden Ekzemen erreicht. Die Trinkkuren helfen vor allem gegen chronische Metallvergiftungen mit Arsen, Blei, Quecksilber und Wismut – also bei Berufserkrankungen –, gegen Verstopfung, allergische Darmkrankheiten und leichte bis mittelschwere Fälle der Zuckerkrankheit.

Für die Entspannung des Kurgastes in dem milden subalpinen Schonklima bietet Bad Häring zahlreiche Spazier- und Wandermöglichkeiten, leichte Bergwanderungen mit Bergführern, Freibadeanlagen, Minigolf- und Tennisplätze sowie Reitkurse mit Geländeritten auf Haflingerpferden an.

Auskünfte: Fremdenverkehrsverband Bad Häring, A–6323 Bad Häring, Telefon: 05332/7280.

Das wunderbare Steinöl aus dem Stink-Stein in Maurach

Tirol wartet auf dem Gebiet der Naturheilkunde mit einer Besonderheit auf: In der Gemeinde Maurach-Eben am Achensee gibt es die einzige Therapiestation der Welt, in der die Kurgäste mit einem „Tiroler Wunderöl" behandelt werden, nämlich mit dem geheimnisvollen Steinöl. Es handelt sich dabei um ein Jahrhunderte altes Naturheilmittel, das vor allem im frühen Mittelalter in Landwirtskreisen verwendet wurde. Ärztliche Untersuchungen in den letzten Jahren haben ergeben, daß man mit dem Steinöl hervorragende Ergebnisse in der Bekämpfung von Rheuma, Bandscheibenschäden, Hautleiden, Venenkrankheiten und des Alterszipperleins – der Altersschwäche – erzielen kann. Sportler bedienen sich des Kurmittels Steinöl, um Muskelkater verschwinden zu lassen und die müden Glieder wieder auf Trab zu bringen.

Im Rundhallenbad Maurach gibt es eine eigene Therapiestation. Hier werden Steinöl-Bäder und Steinöl-Massagen verabreicht. Woher kommt nun dieses sagenhafte Steinöl? Entgegen der Herkunft aller anderen Naturheilöle, die aus Pflanzen gewonnen werden, stellen die Tiroler ihr Steinöl aus einem ganz besonderen Stein her. Man nennt ihn „Stinkstein". Das sind jene Steinbrocken im Berginneren oder an Berghängen bei Pertisau, die aus gepreßten und versteinerten urzeitlichen Fischen, Schnecken, Muscheln und Farnen bestehen. Für die Kur in Maurach wird der Stinkstein von den drei Gebrüdern Albrecht im sogenannten Bächental von Pertisau abgebaut und angeliefert. Vor der Verwendung kommt das frische Steinöl in die Destillerie, denn das Steinöl wirkt nur, wenn es in einem Brenntiegel ganz speziell zubereitet und destilliert wurde.

„Steinöl"-Kurort Maurach

Wer zur Steinöl-Kur nach Maurach kommt, der hat auch noch viele andere Möglichkeiten, etwas für die Gesundheit zu tun. Das benachbarte Pertisau ist zu einer Langlauf-Hochburg geworden mit herrlichen Loipen in einer Gesamtlänge von 50 Kilometern. Und Langlaufen ist ja für Herz und Kreislauf sehr bekömmlich. Den Langlauf-Fremden unter den Gesundheits- und Sportenthusiasten stehen in einem eigenen Sportzentrum Umkleidekabinen, Duschräume und eine Servicestation zur Verfügung. Für Anfänger gibt es eine Trainingsanlage mit 24 Parallel-Loipen, genannt das „Schwedengitter", dann erst schließt sich die 24-Kilometer-Tour an. Als Krönung trägt man sich mit Perltusche ins originellste Hüttenbuch Österreichs ein. Das Buch besteht nämlich nicht aus Papierseiten. Die Seiten sind aus Fichtenholzbretteln, mit Lederbändern zusammengehalten. Der Spruch darauf ist allerdings ganz und gar nicht gesundheitsfördernd: „Iß und trink, solang dir's schmeckt, eh dir wieder's Geld verreckt!"

Im Sommer bieten sich Spazierwege rund um den Achensee an, und dann wird im Aktiv-Urlaub regelmäßig preisgekegelt im Almgasthof Huber. Weil hier keine Industrie angesiedelt ist, und daher die Luft so sauber und sauerstoffreich ist, nennt man das Gebiet um den Achensee die „Perle Tirols". Übrigens bietet der Kurort eine besondere Attraktion für Gigli-Anhänger. In Pertisau erschallt nämlich jeden Mittag nach dem Zwölf-Uhr-Läuten über die Landschaft das „Ave Maria", gesungen von Benjamino Gigli. Ein ungewöhnlicher, aber reizvoller Einfall des Pfarrers Karl Mitterstieler, der seit vielen Jahren ein Gigli-Verehrer ist und sein Tonband für alle über eine Lautsprecheranlage erschallen läßt.

Auskünfte: Fremdenverkehrsverband Achensee, A–6213 Pertisau in Tirol, Telefon: 05243/5260.

Die Heilquelle auf der Sonnenterasse Tirols in Ladis

Der Höhenluftkurort Ladis ist nicht nur weltbekannt, sondern wird auch die „Sonnenterasse Tirols“ genannt. Das hat seinen guten Grund. Nirgendwo im ganzen Bundesland scheint die Sonne so intensiv, so häufig und so ungetrübt. Das hat der Ort seiner bevorzugten Lage und dem mildalpinen Schonklima zu verdanken. Man erzählt, daß sich für kurze Zeit der bekannte Schweizer Naturheiler Arnold Rikli (1823–1906) hier aufgehalten habe. Er soll nach zwei Tagen in Ladis ausgerufen haben: „Wie schade, daß ich meine Kuranstalt schon anderswo gebaut habe. Soviel Sonne wie hier scheint es nirgend anderswo zu geben!“ Arnold Rikli ist bekanntlich als „Sonnendoktor“ in die Geschichte der Naturheilkunde eingegangen, weil er der erste war, der für die Anerkennung der Sonne als Heilmittel für verschiedene Krankheiten kämpfte. Heute bestätigen viele Ärzte seine Ansichten und raten Patienten zur Linderung verschiedener Leiden, sich den Strahlen der Sonne auszusetzen.

Man weiß beispielsweise, daß allein der Aufenthalt im sonnigen Ladis zur „atmosphärischen Kur“ gerät und positiv den Heilprozeß von Erschöpfungszuständen, von mangelnder Immunität, bei Stoffwechsel und Entwicklungsstörungen, bei chronisch infizierten Wunden, bei Fisteln, bei Schuppenflechte und Gelenksbeschwerden beeinflußt. Mancher Hautarzt hat seinen Patienten schon nach Ladis geschickt.

Dabei liegt die Bedeutung der „Sonnenterasse Tirols“ heute ganz wo anders. Ladis verfügt über eine Heilquelle, die verhältnismäßig jung ist. Es handelt sich dabei um einen Säuerling, der als „Obladis Mineral-

Ladis

wasser" bekanntgeworden ist. Im Hotel Bad Ladis werden mit diesem Heilwasser Trink- und Badekuren durchgeführt. Es gibt aber auch unter Ausnutzung des bevorzugten Klimas eine ganz spezielle Trink-, Luft- und Badekur. Kombiniert werden die Anwendungen mit einer entsprechenden Diät, mit Schwefelbädern, mit Teil- und Vollmassagen. Alles wird selbstverständlich ständig ärztlich kontrolliert.

Nach Ladis kommen die Kurgäste, wenn sie sich nach Operationen oder Verletzungen erholen wollen, wenn sie Opfer der Managerkrankheit geworden sind, an Magenübersäuerung leiden, chronische Katarrhe mit sich herumschleppen oder an einer Erkrankung der Atemwege laborieren. Besonders auf Asthma und Bronchitis spricht das Obladis Mineralwasser sehr gut an.

Auskünfte: Hotel Bad Ladis, A–6522 Ladis, oder Fremdenverkehrsverband Ladis-Obladis, A–6531 Obladis, Telefon: 05472/6601 oder 6612.

Gesundheitsscheck für das „Schwalbennest" bei Telfs

Im Tiroler Fremdenverkehrsort Telfs hat man sich für die Feriengäste etwas ganz Besonderes ausgedacht. Man will Gesundheit in individueller Vollendung präsentieren und hatte dazu eine höchst eigentümliche und erfolgreiche Idee. Wer einen einwöchigen Aufenthalt in Telfs bucht, bekommt damit einen „Gesundheits-Scheck" in die Hand, den er für eine körperliche Aktivität eigener Wahl einlösen kann. Er hat die Möglichkeit, unter Reiten, Tennis, Schwimmen, Sauna, Solarium, Minigolf

Blick vom Schwalbennest Mösern ins Inntal

und Massage zu wählen. Eine besondere Trumpfkarte dieses Angebots aber ist ein Aufenthalt im sogenannten Tiroler „Schwalbennest". Es handelt sich bei dem „Schwalbennest" um das 1250 Meter hoch gelegene Bauerndorf Mösern, wo der Gast am Leben des Bergbauern teilhaben kann und Einblick in einfachste, aber gesunde Lebensweisen erhält. Und wenn man will, kann man auch selbst das uralte, noch in Betrieb befindliche Butterfaß bedienen. Das hat den Vorteil, daß man die überschüssigen Kalorien, die man durch den Genuß frischer Landbutter zu sich nimmt, schon im voraus abbauen kann.
Für gesunde Bewegung bietet Telfs zusätzlich zu dem „Schwalbennest"-Angebot romantische Wanderwege um einen kleinen Waldsee mit Namen Lottensee. Das Klima tut Herzleidenden nachweislich sehr gut.

Auskünfte: Fremdenverkehrsverband Telfs, A–6410 Telfs in Tirol, Telefon: 05262/2245.

Gesundheitsalm Kitzbühel

Bio-Kosmetik auf der „Gesundheits-Alm" in Kitzbühel

Wer möchte heutzutage nicht da Urlaub machen, wo er gleich zwei Ziele auf einmal verfolgen kann: nämlich erstens seine Gesundheit und zweitens seine Schönheit pflegen? In Tirol gibt es seit kurzem diese Möglichkeit in dem Fremdenverkehrszentrum Kitzbühel. Unweit des wunderschönen Schwarzsees wurde im Hotel Lutzenburg eine sogenannte „Gesundheits-Alm" eingerichtet, wo ganzjährig gleichermaßen Männern wie Frauen ein Gesundheits- und Schönheitsprogramm geboten wird. Bekanntlich hat ja durchaus auch das starke Geschlecht so seine Kosmetik-Probleme. International anerkannte Kosmetikfachleute bieten den Damen und Herren eine ausgewogene Bio-Kosmetikkur ohne jegliche chemische Zusätze und ebenso ein Ganzkörper-Schönheits- und Fitness-Programm auf biologischer Basis bei dem meist Kräuter zum Einsatz kommen. Was die Gesundheit anbelangt, so gibt es zu deren Förderung Bäder, Massagen, Gymnastik-Kurse und Gruppen-Therapien.

Auskünfte: Gesundheits-Alm Hotel Lutzenburg, A–6370 Kitzbühel, Telefon: 05356/3279 oder 4732.

Die heilenden Moorpackungen im Ski-Paradies Kitzbühel

Kitzbühel ist einer der bekanntesten Wintersport-Zentren Österreichs und gilt als extravagantes Ski-Paradies. Der Ruf der Fremdenverkehrsgemeinde ist international. Viele Leute nehmen daher gar nicht wahr, daß Kitzbühel auch als Kurort überaus empfehlenswert ist und in die Reihe der anerkannten österreichischen Heilbäder gehört. Ausschlaggebend dafür ist ein alpines Klima mit leichten Reizfaktoren und

ein eigenartiges Heilmoor, das aus dem Lutzenbergmoor und dem Paradieswiesenmoor im Gebiet des Schwarzsees geborgen wird.
Dieses heilsame Moor wird den Kurgästen in Form von Moorbädern und Moorpakkungen verabreicht. Zusätzlich gibt es Möglichkeiten für medizinische Massagen, Unterwasserstrahlmassagen, Heil- und Bindegewebsmassagen, für Kohlensäure-, Sauerstoff- und Luftperlbäder.
Man kommt zur Kur nach Kitzbühel, wenn man an subakuten und chronischen Rheumaerkrankungen, an Arthrosen und chronischen Nervenentzündungen, an Frauenkrankheiten und Verletzungsfolgen leidet. Entzündungsherde an den Gelenken, im Brust- und Bauchraum werden sehr schnell ausgeheilt.
Das Kurhaus Kitzbühel befindet sich bloß zwei Gehminuten vom Stadtzentrum entfernt, inmitten des prächtigen Kurparks. Ein Hallenschwimmbad und die nach modernsten Gesichtspunkten eingerichteten Kur- und Bäderanlagen bilden – unter Hinzuziehung der wissenschaftlich fundierten Moortherapien – eine ideale Stätte der Erholung und der Gesundheit. Das neue Kitzbüheler Kurzentrum ermöglicht dem Gast, den normalen Sommer- oder Winterurlaub gleichzeitg auch zur Verbesserung der Gesundheit, Kondition und zur Steigerung des allgemeinen Wohlbefindens zu nutzen. Die Kureinrichtungen bestehen aus einem großen Hallenschwimmbad mit einem 25-Meter-Becken für Schwimmer, mit einem Becken für Nichtschwimmer, einer Moorbadeabteilung und Behandlungsräumen für Moorpackungen sowie zwei finnischen Saunabädern, für Damen und Herren getrennt, aber gleichzeitig in Betrieb.
Wer außerdem noch etwas für seine Gesundheit tun möchte, der hat Gelegenheit, Spaziergänge in der würzigen Luft der

Schwarzsee in Kitzbühel

Schwarzseeanlagen, der Flußpromenade und in den Wäldern zu unternehmen. Golf, Bootfahren, Langlaufskimöglichkeiten ergänzen dieses Angebot zum Fitness-Urlaub.

Auskünfte: Fremdenverkehrsverband Kitzbühel, A–6370 Kitzbühel, Telefon: 05356/2155 oder 2272.

Nerven-Kur und Ischiasbäder mit Babysitter in Stumm im Zillertal

Nicht immer gehen nur die Senioren auf Kur. Auch junge Leute, die Kinder haben, spüren es mitunter „im Kreuz“ und haben einen Gesundheitsurlaub nötig. Manchmal wollen auch die Großeltern einmal ihre Enkelkinder mit in die Ferien nehmen. In dem kleinen Tiroler Dorf Stumm ist das überhaupt kein Problem. Hier ist man für eine „Kur mit Babysitter“ gerüstet. Wer hier eine Heilkur absolvieren will, der kann ruhig die Kinder mitbringen. Sie werden inzwischen von Fräulein Elisabeth im Ferienhaus „Höllwarth“ betreut.
Was aber hat nun das Dorf Stumm an Gesundheitsförderlichem zu bieten? Da wäre vorerst einmal eine Nerven-Kur. Sie wird von der Natur beigesteuert, denn – nomen est omen – in Stumm, da ist es wirklich noch „stumm“, im Gegensatz zu vielen anderen Fremdenverkehrszentren. Hier gibt es noch eine ruhige Ferienumgebung. Und die Devise in Stumm lautet mit Recht: „klein – fein – freundlich“. Man will auch den Fremdenverkehr nicht ausbauen und volle Touristenbusse sehen. Hierher sollen immer nur jene kommen, die auf der Suche nach Erholung sind, die gerne wandern und sich eher bei ursprünglichem einfachen Dorf- und Bergleben regenerieren. Die Rast auf einer einsamen Alm hilft häufig mehr als der Aufenthalt in manchem Nervensanatorium. Ganz abgesehen von der klaren und reinen Luft, die dabei den Lungen zugeführt wird. Man wandert, wobei man sich selbst verpflegt, kann unter erfahrener Leitung Gesundheitsritte durchs Zillertal unternehmen und hat die Möglichkeit, sich in dem beheizten Freischwimmbad zu entspannen.
Stumm verfügt aber auch über ein reguläres Kurzentrum, das der Arzt des Dorfes mit viel Idealismus aufgebaut hat. Hier kann man sich speziellen Ischias- und Rheumabädern unterziehen, wie sie im ganzen Zillertal seit Jahrzehnten von den Bauern geschätzt und durchgeführt werden. Die Kräuter, die dazu verwendet werden, sind noch ein Geheimnis der Bevölkerung von Stumm. Und sie sind stolz darauf, daß sie schon viele in ihrem Dorf von Ischias kurieren konnten.

Auskünfte: Fremdenverkehrsverein Stumm in Tirol, A–6272 Stumm, Telefon: 05283/2229.

Das „Gicht- und Leberbad“ in „Klein-Meran“ – Brixlegg

Das uralte Mineral-Heilbad Mehrn bei Brixlegg liegt sehr romantisch an einem der schönsten Punkte des Unterinntales, am Eingang des Alpbach-Tales. Mehrn zählt zu den ältesten Heilbädern Tirols und wird wegen seines ausgezeichnet bekömmlichen Klimas seit jeher „Klein-Meran“ genannt. Die milden Luftströmungen, die wohltuende Ruhe in der Kuranstalt nahe des Ortes, das Plätschern des Alpbaches mit seinem kleinen Wasserfall, die Berge, Wälder und Almen ringsum bieten beste Voraussetzungen für Erholung, Entspannung und Regenerierung.
Im Mittelpunkt des Kurzentrums entspringt eine Calcium-Magnesium-Sulfat-Hydrogencarbonat-Quelle, die mit einer Temperatur von 10 Grad und 28 Litern pro Minute aus der Erde kommt. Dieses Wasser eignet sich ideal für Bade- und Trinkkuren. In Mehrn ergänzt man die Behandlungen mit Massagen und Packungen.
Die Therapien helfen im Kampf gegen Gicht und Leberleiden, weshalb im Volks-

mund Mehrn auch das „Gicht- und Leberbad“ genannt wird. Die Quelle fördert aber auch den Heilprozeß rheumatischer Erkrankungen, bei Rekonvaleszenz, bei Schwächeanfällen und allgemeiner Erholungsbedürftigkeit und bei leichten Fällen von Zuckerkrankheit. Schon vor mehr als 100 Jahren war die Quelle von Mehrn ein beliebtes und sagenumwobendes Heilwasser. In alten Büchern kann man von überraschenden, wunderbaren Heilungen und Krankheitslinderungen lesen. Später geriet die Quelle zu unrecht in Vergessenheit und wurde eigentlich erst wieder durch wissenschaftliche Untersuchungen und Analysen des Heilwassers im Jahr 1966 für den internationalen Kurbetrieb entdeckt. Sie erfreut sich seither immer größerer Beliebtheit im In- und Ausland.
Die Kuranstalt bietet abseits vom Touristenlärm einen idealen Gesundheitsaufenthalt mit regelmäßigen Calcium-Sulfat-Bädern, des weiteren Moorbädern und Moorpackungen. Gelegenheit zum Wandern, Tennisspielen und Schwimmen ist ebenfalls gegeben.

Auskünfte: Heilbad Mehrn, A–6230 Brixlegg oder Fremdenverkehrsverband Brixlegg-Tirol, A–6230 Brixlegg, Telefon: 05337/2581.

Schlank durch Schlemmen in Imst

Das Schlimme am Schlankwerden ist doch die Tatsache, daß auf das genußreiche Essen verzichtet werden muß. Hungern ist für viele Menschen eben sehr schwer. Nicht aber in Imst in Tirol. Hier haben Ärzte eine außergewöhnliche Schlankheitskur erfunden: Schlank durch Schlemmen. Der übergewichtige Kurgast bekommt die köstlichsten Spezialitäten serviert und – verliert dabei Kilos. Wie das funktioniert? Ganz einfach: Erfahrene Ernährungswissenschaftler wissen, daß eine bestimmte Anzahl von Nahrungsmitteln einfach nicht dick macht und daß es sogar Speisen gibt,

Schlank durch Schlemmen in Imst

die beim Vorgang des Verdauens mehr Kalorien verbrauchen als sie selbst enthalten. Man muß natürlich nur genau wissen, welche Delikatessen das sind, wann und wie man sie genießen darf. Das aber muß den Kurgast in Imst wenig kümmern. Er wird mit dem Besten vom Besten verwöhnt und nimmt dabei ab.
Parallel zu diesem Schlank-Schlemmen werden allerdings auch Fitness-Kurse abgehalten, damit der Körper wieder entschlackt wird.

Auskünfte: Hotel Stern, A–6460 Imst in Tirol oder Fremdenverkehrsverein Imst, A–6460 Imst, Telefon: 5412/2419.

Elektroakupunktur gegen Beinleiden in Walchsee

Es gibt eine Menge Leute in Mitteleuropa, die zwar von der chinesischen Heilmethode der Akupunktur überzeugt sind, sie an sich selbst aber nicht praktizieren lassen können, weil sie bei der Behandlung mit den Metallnadeln Allergien bekommen. Das kann sehr unangenehme Folgen haben. Darum war es eine hervorragende Erfindung, daß westliche Ärzte in idealer Ergän-

Walchsee

zung und Fortentwicklung der Akupunktur die Elektroakupunktur erarbeiteten. Die Aufgabe der Nadeln übernimmt hier ein Elektrogerät, das einen ebenso gezielten, aber schonenden Druck auf bestimmte Meridianpunkte der Körperoberfläche ausübt. Ein Zentrum für Elektroakupunktur hat sich in den letzten Jahren im Tiroler Fremdenverkehrsort Walchsee gebildet. Nach Walchsee kommen Patienten, die sich ihre Beinleiden behandeln lassen, insbesondere Krampfadern. Doch bietet Walchsee auch eine Kur gegen Über- und Untergewicht, gegen allgemeine Erschöpfungszustände, gegen rheumatische Beschwerden und Verdauungsstörungen. Interessant ist, daß man hier gerade mit der Elektroakupunktur schon viele Übergewichtige auf Normalgewicht gebracht hat und auch Verdauungsstörungen mit Elektroakupunktur behoben werden konnten.
Zur Kur gehört Schwimmen im Hallenbad, alle Arten von Massagen, eine eigene Diätküche, Kneipp-Therapien, dies alles mit ständiger ärztlicher Betreuung.

Auskünfte: Kurhotel Schick, A–6344 Walchsee oder Fremdenverkehrsverein Walchsee, A–6344 Walchsee, Telefon: 05374/5223.

Original-Kneippzentrum im Ötztaler Kurbad Ötz

Kneippen ist wieder sehr modern geworden. Kneipp-Liebhaber ziehen allerdings jene Kneippzentren vor, in denen die Original-Anwendungen Pfarrer Sebastian Kneipps gepflegt werden, die nur in kleinsten Abweichungen den modernen Voraussetzungen der Medizin angepaßt wurden. Alle Güsse, Bäder, Massagen, Wickel, Diäten und Wassertrinkkuren gehören dazu. Im Ötztaler Kurbad – dem Haus Mini Weiß – hat man sich der Original-Kneipp-Kur verschrieben und ist damit weltberühmt geworden. Die Bäderanwendungen werden streng nach den ursprünglichen Kneippregeln gehandhabt. Man kann das sogar in den alten Kneipp-Büchern des Ortes nachkontrollieren.
Für die Kneipp-Therapien stehen den Kurgästen die unentbehrlichen Tretbecken, Duschkatheder, Kabinen für Fuß- Arm- und Sitzbäder zur Verfügung. Es werden

Kurgasthof in Ötz

darüber hinaus Unterwasserhandmassagen, Schwachstrombäder, Kohlensäure- und Luftperlbäder angeboten.

Auskünfte: Ötztaler Kurhaus, A–6433 Ötz in Tirol oder Fremdenverkehrsverein Ötztal, A–6433 Ötztal, Telefon: 05252/6280.

Weitere Kneipp-Kuranstalten in Tirol gibt es im Sporthotel Igls in A–6080 Igls, im Kneippbad am Sonnenhang in A–6460 Imst, im Kurhotel Bellevue in A–6370 Kitzbühel, im Kurhotel Neuhaus in A–6290 Mayrhofen und im Kurhotel Schneeweiß in A–6100 Seefeld in Tirol.

Die Bio-Spannkraft-Kuren von Seefeld

Das Seefelder Hochplateau ist eines der schönsten der österreichischen Alpenlandschaft. Und mitten auf diesem Plateau liegt auf 1180 Meter Seehöhe der fast schon legendäre Tiroler Ferienort Seefeld mit seinem Kurhotel. Um das Kurzentrum hat sich nun in den letzten Jahren ein Biotrainingszentrum gebildet. Das bedeutet: In Seefeld ist man immer bestrebt, dem Gast zu Aktivität und zu Gesundheit zu verhelfen. Seefeld steht mit seinen Angeboten an der Spitze der österreichischen Bio-Trainingsorte.
Den bio-interessierten Gast erwarten in Seefeld sogenannte Bio-Spannkraft-Kuren: Dazu gehören Aufbau-Waldläufe, Wanderkurse, Autogenes Training, Yoga-Kurse und im Winter ein Langlauf-Aufbautraining. Ausgebildete Hochleistungssportler fungieren hier als Biotrainer. Sie müssen wissen, was man alles tun muß, um gesund zu leben und gesund zu essen.
Während der Biotrainingskurse werden die Kurgäste ständig medizinischen Spezialtests unterzogen. Sie werden nach der österreichischen Naturküche ernährt, denn die richtige Ernährung ist ja die Grundlage des Urlaubs-Biotrainings. Wer so eine Gesundheitswoche verbracht hat, der dürfte fast ein Bio-Profi sein und alle notwendigen Tätigkeiten und Fachbegriffe des Programmes kennen. Hier ein kleiner Vorgeschmack:
Zum Bio-Training im Urlaub gehört das „Aktive Erwachen“: Man muß gleich nach dem Erwachen Dehnübungen im Bett machen und dann auf einer Matte neben dem Bett etwa 5 Minuten Laufbewegungen absolvieren. Dann folgt ein 3-Kilometer-Morgenlauf.
Das „Autogene Training“ wird in Seefeld nach vorgeschriebenen, leicht erlernbaren Grundsätzen gelehrt, sodaß auch jeder die Entspannungstechnik anwenden kann.
Beim „Cooper-Test“ muß der Urlaubsgast in einem umfangreichen Programm in verschiedenen Sportarten seine Kondition messen.
Beim „Ergometer-Test“ werden die wichtigsten Körperfunktionen – Herz, Kreislauf, Atmung usw. – unter Belastung auf einem Standfahrrad gemessen und notiert. Sie geben darüber Auskunft, was sich der Kurgast beim bevorstehenden Biotraining zumuten darf.
„Gruppengespräche“ gehören zur seelischen Gesundung des Menschen: Die Teilnehmer am Bio-Lehrgang stellen in zwanglosen Gesprächen ihre Lebensprobleme einer Gruppe von Gleichgesinnten dar. Das Ziel ist, daß alle Probleme gemeinsam gelöst werden.
Auch der „Havard-Test“ ist in Seefeld obligat, wie in allen anderen Bio-Trainingsorten: Es handelt sich um ein schnelles und einfaches Testverfahren, mit dem die Kondition des Kurgastes überprüft wird. Gemessen wird die Differenz zwischen Ruhe- und Erholungspuls, die man nach einer kurzen körperlichen Belastung festgestellt.
Bei einem Bio-Trainingsurlaub fällt sehr häufig der Terminus der notwendigen „lacto-vegetabilen“ Ernährung. Dabei handelt es sich um eine Küche, die auf Milchprodukten, Gemüse, Getreide und Obst aufgebaut ist. Dazu gehört natürlich auch das

Bio-Landschaft Seefeld

Vollkorn, das ungeschälte Getreidekorn mit dem wertvollen Keimling. Das Vollkornmehl, mit dem beim Seefelder Bio-Training gekocht wird, ist ungebleicht und chemisch völlig unbehandelt. Es sollte möglichst frisch gemahlen sein.
Die Vollwertkost, die der Biotrainings-Kurgast erhält ist reich an Vitaminen, Mineralien und Spurenelementen, die dem Körper durch frische Verarbeitung und schonende Zubereitung möglichst vollständig zugeführt werden.

Auskünfte: Biotrainings-Zentrum Seefeld, A–6100 Seefeld, Telefon: 05212/2313 oder 2316.

Die Ruhe-Insel für nervöse Städter in Spiss

Psychologen predigen es immer wieder: Gegen die Folgen der ständigen Lärmbelästigung in der Großstadt hilft ein Urlaub in ruhigen und entlegenen Gegenden. Nur wer in den Ferien die Nerven schont, hat wieder Kraft, die nächsten Monate ohne seelischen und körperlichen Schaden durchzuhalten. Natürlich werden die Inseln der Ruhe immer weniger, weil alle ruhigen Plätzchen mehr und mehr vom Fremdenverkehr entdeckt und von zu vielen Menschen überschwemmt werden. Darum ist es heutzutage bereits ein „heißer Tip“, wenn man von Orten erfährt, die noch nicht so erschlossen und daher eine Wohltat für Nerven und Gemüt sind. Das Bundesland Tirol ist vollkommen für den Fremdenverkehr erschlossen. Keine der

270 Gemeinden liegt abseits vom Touristenstrom. Nur ein Ort hält noch einen „Dornröschenschlaf", der allerdings nicht mehr lange anhalten dürfte. Fremdenverkehrsexperten glauben nämlich zu wissen, daß die heilige Ruhe im Dornröschen-Dorf Spiss nur noch einige Jahre anhalten wird. Der Ort Spiss liegt im südwestlichen Teil Tirols, unmittelbar an der Grenze zum Schweizerischen Engadin und zum Zollausschlußgebiet Samnaun. Es erklärt auch, warum dieses Dorf bisher nicht von Touristen überrollt wurde. Der traditionelle Zugang zum Samnaun führte auf Tiroler Gebiet jahrhundertlang von der Kajetansbrücke über Spiss. Erst in unserer Zeit legten die Schweizer auf ihrem Staatsgebiet eine kurvenreiche, mit vielen Tunnels versehene Straße an. Zwischen Spiss und dem Inntal liegen die Weiler Noggels und Gstalders. Diese Weiler wurden nun durch eine sechs Meter breite Straße erschlossen. Zur Fortsetzung der Straße nach Spiss muß noch ein 50 Meter langer Tunnel, der sogenannten „Gstalder-Tunnel", gebaut werden. Er wurde im Sommer 1980 angeschlagen. Wenn er einmal fertig ist, dann ist es vermutlich mit der Ruhe in Spiss vorbei. Darum nützen viele Ärzte jetzt noch die Gelegenheit und schicken Patienten mit schwachen Nerven und ruhebedürftige Menschen auf Erholungsurlaub nach Spiss.

Auskünfte: Landesfremdenverkehrsamt für Tirol, A–6020 Innsbruck, Bozener Platz, Telefon: 05222/20777/59.

Die „Winterspeck-Kur" von Obsteig

In der Tiroler Gemeinde Obsteig hat man sich für die Gesundheit der Feriengäste etwas Besonderes einfallen lassen. Man will, daß sich die Leute erholen, bietet ihnen aber auch die Chance, nach der Wintersaison jedes Jahr vom Frühling bis tief in den Sommer hinein eine Fitness- und Schlankheitskur zu machen, damit der lästige, überflüssige Winterspeck, der sich

Gesundheitswandern in Obsteig

bei vielen von uns angesetzt hat, verschwindet.

Das medizinisch aufgebaute Programm zum Abnehmen und zum Entschlacken ist von Fachleuten – Ärzten und Sportlern – getestet und bereits erfolgreich angewendet worden. Was muß man also im Ferienort Obsteig tun, um den Winterspeck loszuwerden? Zuerst muß man auf eigens angelegten Rundwanderwegen, die immer wieder zum Ausgangspunkt zurückführen, die Beine in Schwung bringen und Herz und Kreislauf an die Bewegung in frischer Luft gewöhnen. Dem ist so mancher Großstadtbewohner anfangs ganz und gar nicht gewachsen. Für eine zweite Art der „Anti-Winterspeck"-Kur stehen Fahrräder zur Verfügung. Man radelt in Obsteig auf Wegen, wenn man besonders sattelfest ist, querfeldein über Wiesen und abgeerntete Felder. Und wer während der Schlankheitskur im Frühling auch noch Skifahren möchte, der kann es tun. Wenn im Tal nämlich längst der Schnee geschmolzen ist, können die Urlauber hier oben noch die Bretteln anschnallen und in 2000 Metern Höhe auf den Firnfeldern gleiten und dabei zusätzlich Kalorien abbauen. Man nennt diese eigene Art des Skifahrens nicht nur Firngleiten, sondern auch „Figln". Dazu muß man nicht einmal ein sehr guter Skifahrer sein. Und wenn man keine entsprechenden Skier dabei hat, so bekommt man am Ort etwa 50 Zentimeter langen Bretteln – Kurgleiter genannt – ausgeliehen. Was immer man aber in Obsteig tut: es soll den überflüssigen Körperspeck abtragen helfen.

Auskünfte: Fremdenverkehrsverband Obsteig, A–6416 Obsteig, Telefon: 05264/8106.

Lungen-Service in den Bergen

„Lungen-Service" mit einem Bergführer von Kitzbühel aus

Haben Sie schon einmal überlegt, daß den besten und wirkungsvollsten „Lungen-Service" nicht ein Arzt in einer Klinik, sondern ein Bergführer in den Tiroler Bergen durchführen kann? Das ist keine Übertreibung, denn erst vor wenigen Jahren haben wissenschaftliche Untersuchungen ergeben, daß Urlaub in den Bergen zum gesündesten gehört was heute den Menschen geboten werden kann. Dies geht auch aus einer Analyse von Univ. Prof. Dr. H. Prokopp hervor. Er schreibt darin: „Während als wirksame Faktoren des Hochgebirgsklimas – über 800 Meter – geringer Luftdruck, geringer Wasserdampfdruck, verminderter Sauerstoffdruck, intensive Strahlung und starke Tag-Nacht-Schwankungen gelten, wird die Wirksamkeit des Mittelgebirgsklimas – 500 bis 800 Meter – besonders auf den Temperaturausgleich und auf die Waldluft zurückgeführt. Nicht nur für den übermüdeten und erschöpften, wenn auch noch gesunden Urlaubsbedürftigen bieten Hochgebirgsklima und Mittelgebirgsklima ideale Erholungsmöglichkeiten. Die medizinische Forschung hat darüber hinaus durch umfangreiche Untersuchungen bewiesen, daß für einen nicht unbeträchtlichen Teil von Herz- und Kreislaufkranken erholungsförderliche Bedingungen vorliegen. So wurde durch die Untersuchung von Halhuber und Mitarbeitern recht überraschend bestätigt, daß Patienten mit leichtem Hochdruck ohne Herz- und Nierenbeteiligung noch Monate nach der Rückkehr von einem vierwöchigem Aufenthalt mit Bewegungstherapie in 2000 Metern Höhe einen normalen Blutdruck aufwiesen und erst nach einem halben Jahr wieder die gewohnten Medikamente benötigten.

Organisch Kreislaufgestörte vertragen das Hochgebirgsklima also besser, als nach landläufigen Anschauungen erwartet wird. Natürlich müssen die Akklimatisationsvorgänge gebührende Berücksichtigung finden. Dazu gehören auch Ratschläge vom Hausarzt oder vom Arzt im Urlaubsort für körperliche Belastungen, die der individuellen Leistungsfähigkeit entsprechen.

Das Mittelgebirgsklima bietet wieder eine besondere Eignung für Schlafstörungen,

Überarbeitung und für die Nachbehandlung von Herzinfarkten. Dieses Klima liefert – so stellt die Urlaubsmedizin fest – gerade für den älteren Menschen und in der präventiven Geriatrie ideale Voraussetzungen für eine länger anhaltende Kräftigung und Erholung.
Das Hochgebirgsklima verfügt nicht nur wegen der Sonnenbestrahlung und der reinen Luft über Heilkraft, sondern auch Wind und Regen wirken erregend, anregend, erfrischend und animierend. Das Schönwetter mit hohen Luftdruckwerten vermittelt wieder das Gesamtgefühl von Leichtigkeit, Frische und Gelöstheit. Dosierte Terrainkuren unter ärztlicher Kontrolle im Mittel- und Hochgebirge erwiesen sich gerade bei Kreislaufgestörten von größtem Wert.
Wird auf diese sinnvolle Weise der Urlaubsort richtig gewählt, wird als Lohn nicht nur eine echte, lange anhaltende Erholung geerntet, sondern es gelingt auch, Abstand von der unheilvollen und krankmachenden Hektik des technischen Zeitalters zu gewinnen und die eigene Persönlichkeit wieder zu entdecken. So wird es auch überflüssig, sich dann daheim wieder von der physischen Belastung einer endlosen Rückreise von einem all zu weit entfernten Urlaubsziel, von den Strapazen einer tagelangen Fahrt, die den Wert des Urlaubs ernstlich in Frage stellt, erholen zu müssen."
Diese Feststellungen von wissenschaftlicher Seite werten auch den Urlaub in Tirol zu einer Kur auf. Und die Tiroler tragen dem selbstverständlich Rechnung. So wird ein Bergführer, der das gleiche Ansehen wie ein guter Skilehrer genießt, zum medizinischen Berater. Seit der Slogan „wanderbares Österreich" um die Welt geht und immer mehr Menschen zum Wandern und Klettern in die Tiroler Berge lockt, hat sich gezeigt, daß vor allem die Großstädter großen Wert auf einen erfahrenen Bergführer legen. Sie lernen bei ihm, dosiert zu gehen und zu klettern, sodaß der Körper nicht überanstrengt wird, sie lernen bei ihm ökonomisch zu atmen und sie wissen, daß sie auch wieder sicher heimgeleitet werden.
Kitzbühel hat sich in den letzten Jahren zu einem Zentrum für gesundes Wandern entwickelt. Hier werden den Sommergästen unter der Führung von Experten kostenlose Fitness-Wanderungen zu nahegelegenen Almen geboten. Diese Fachleute sind ausgebildete Wanderführer, richtige Originale, was schon ihre Namen beweisen. Da gibt es den Toni, den Ferdl, den Simon und den Seppl. Sie führen ein spezielles Kitzbühler Gesundheits-Almwanderprogramm mit vier bis sechs Wanderungen pro Woche durch. Auch ein besonderes Gesundheits-Wanderprogramm für Senioren wurde erarbeitet, ebenfalls mit vier bis sechs Wanderungen pro Woche.

Auskünfte: Fremdenverkehrszentrum Kitzbühel, Hinterstadt 18, Telefon: 05356/2272 oder 2155.

Meditationskurse im Zisterzienserstift Stams

Mancher ist körperlich vollkommen gesund, hat es aber trotzdem nötig, endlich einmal „abzuschalten", Seele und Geist Entspannung gewähren. Das Schlagwort heißt dafür in vielen Fällen: Meditation. Sie sollte allerdings von Fachkräften gelehrt werden, wenn sie sinnvoll und wirkungsvoll sein soll. Es ist jedoch nicht unbedingt notwendig, daß man sich den Strapazen und Gefahren einer sündhaft teuren Reise zu einem Guru nach Indien aussetzt. Auch Österreich wartet mit erstklassigen Meditationskursen auf, damit man im Urlaub etwas für seine seelische Ausgeglichenheit tun kann. Eine dieser Meditationsschulen hat sich mit Fachkräften aus der ganzen Welt im Zisterzienserstift Stams etabliert. Dieser Stift wurde 1273 von Graf Meinhard II. von Tirol und von seiner Gemahlin Elisabeth von Bayern gegründet und entwickelte sich in der Folgezeit zu einem kulturellen Zentrum des mittleren

Stift Stams

Oberinntales. Seit 1972 werden hier auch regelmäßig Sommerkonzerte abgehalten. Der Barocksaal des Stiftes verfügt über eine ausgezeichnete Akustik. Hier finden auch die Meditationskurse statt.

Auskünfte: Stift Stams, A–6422 Stams, Telefon: 05263/6242 oder Fremdenverkehrsamt Innsbruck, A–6020 Innsbruck, Telefon: 05222/25715.

Heilkräuter – Akademie in Österreichs saubersten Luft in Sölden

Man sagt, daß in den Tiroler Gemeinden Sölden, Hochsölden und Zwieselstein im Inneröztal die sauberste und gesündeste Luft von ganz Österreich zu finden ist. Darum raten viele Mediziner gerade hier zu Wanderungen, damit die Lungen der Großstädter wieder einmal kräftig „gereinigt" werden. In Sölden wartet man für den Fremden mit einem speziellen Gesundheitsprogramm auf. Das Angebot heißt „Ötztaler Rucksack". Unter diesem „Rucksack" versteht man ein Arrangement aus Unterkunft, Frühstück, Halbpension, Informationsstunde, einer Wanderkarte, einem Gesundwanderprogramm mit Führer, zwei Marschverpflegungen, Eintritt zu einem Folkloreabend und einem Wanderspaß mit einem Ötztaler Jausenbrett. Wer die gute Luft aber auch dazu benützen möchte, sich über Gesundheit und Naturheilkunde weiterzubilden, der kann in der Ötztaler Landakademie an naturheilkundlichen Wanderungen teilnehmen, bei denen er mit dem Aussehen, dem Wachstum und der Verwertung von Heilkräutern vertraut gemacht wird. Zum Abschluß dieser Kräuter-Akadmie gibt es sogar eine lustige „Landmatura in Naturheilkunde", die mit einem „Ötztaler Kräuterabitur" – einem

Sölden

nicht ganz ernst zu nehmenden Ferienzeugnis – belohnt wird. Aber es ist hübsch: Man hat den Besuch des Heilkräuterkurses dann schwarz auf weiß.

Auskünfte: Fremdenverkehrszentrale Innerötztal, A–6450 Sölden, Telefon: 05254/2212 oder 2628 oder Ötztaler Reisebüro Sölden, A–6450 Sölden, Telefon: 05254/2248.

Das „Stoffwechsel-Dorf" Sölden im Ötztal

Haben Sie gewußt, daß es in Österreich ein Dorf mit solch idealen Klimaverhältnissen gibt, so daß Stoffwechselkranke allein durch einen Aufenthalt hier gesund werden können? Ärzte haben den Beweis dafür erbracht, daß es sich, was die Ortschaft Zwieselstein im Ötztal in einer Seehöhe von 1472 Metern betrifft, so verhält. Zwieselstein liegt inmitten von Hochwäldern des Ötztals und bietet zahlreiche romantische Wanderpfade. Das Reizklima der Landschaft sorgt dafür, daß der Stoffwechsel des Menschen rascher abläuft und dadurch Stoffwechselstörungen abgebaut und reguliert werden. In der Folge davon werden aber auch Körperschlacken rascher ausgeschieden.

Auskünfte: Fremdenverkehrsverband Innerötztal, A–6450 Sölden, Telefon: 05254/2212 oder 2628.

Das „Wadelbad" von Hintertux

Die Ortschaft Hintertux im Tiroler Tuxertal ist ein begehrtes Ziel des Fremdenverkehrs. Im Winter treffen hier viele Skifahrer ein, weil es Abfahrten für Anfänger und

Könner gibt. Im Sommer locken viele Wandertouren, die von erfahrenen Führern geleitet werden. Ob Winter oder Sommer: Jemand, der das ganze Jahr über viel zu wenig Bewegung hat, spürt diese gesunde sportliche Betätigung sehr, vor allem in den Beinen und ganz besonders in den „Wadeln". In Hintertux kann man Ermüdungserscheinungen sofort wieder beheben und sich wieder „fitbaden". Hintertux verfügt über ein Thermalfreischwimmbad und ein Thermalhallenbad. In dem Thermalwasser des höchstgelegenen Ortes im Tuxertal werden Muskelverkrampfungen und Muskelüberbeanspruchungen rasch wieder abgebaut. Viele Sportler kommen nach Hintertux, um sich hier zu kurieren. Im Volksmund spricht man daher vom Thermalbad als dem „Wadelbad". Sicher: Auch Wandern muß gelernt sein. Man sollte nicht einfach drauflosmarschieren. Man muß die Natur und ihre Tücken kennen, muß die richtige Atemtechnik beherrschen

Wandern im Tuxertal

und die richtige Kleidung tragen. Das alles kann man in einem eigenen Kurs im nahen Lanersbach erlernen. Dort gibt es eine eigene Wanderschule für gesundes Wandern unter der Leitung des Toni Tormann.

Auskünfte: Fremdenverkehrsverband Tux, A–6293 Lanersbach im Zillertal, Telefon: 05287/207 oder 374 sowie Wanderschule Tuxertal, A–6273 Lanersbach, Telefon: 05287/372.

Wo die Höhensonne vom Himmel strahlt: Obergurgl

Wir sind bereits derart der Natur entfremdet, daß wir beim Wort Höhensonne automatisch an jenes elektrisch betriebene Bestrahlungsgerät denken, das in Solarien, Fitness-Centern oder daheim für die Durchblutung der Haut, für Hautbräunung oder vielleicht auch nur Hautrötung benutzt wird. Die Höhensonne aus der „Retorte" wird meist zur Bekämpfung und Linderung diverser Hautkrankheiten eingesetzt. In besonderen Fällen aber wird der Arzt seinen Patienten mit Hautsorgen unter die Höhensonne schicken, die vom Himmel herabscheint, vielleicht in der Tiroler Fremdenverkehrsgemeinde Obergurgl, Untergurgl oder in Hochgurgl. Hier gibt es nämlich noch eine Höhensonne, die intensiver und heilsamer wirkt als jedes Bestrahlungsgerät, (die sind der Tiroler Höhensonne im Grunde nur nachgemacht). Obergurgl, Hochgurgl und Untergurgl gelten als Österreichs Gletscherdörfer. Für den Fremdenverkehr entdeckt wurden sie am 28. Mai 1931, als Professor Piccard nach seinem weltberühmten Höhenflug-Rekordversuch mit einem Wasserstoffballon auf den Gurgler Gletscher landete. Seit damals entwickelte sich in den drei Orten kontinuierlich der Fremdenverkehr. Und es wurde daraus ein Höhenkurort-Trio von internationalem Rang. Hier ist die Umwelt auch heute noch nahezu unangetastet. Es gibt keinen Industrierauch, keine Abgase, keinen Staub. Nichts filtert also das Licht der Sonne vor ihrem Auftreffen auf die Erdoberfläche. Darum gibt es hier noch eine hundertprozentige Höhensonnen-Einstrahlung mit deutlicher Wirkung auf Hautkrankheiten. Zur Heilung trägt natürlich auch die duftige Waldluft und das starke Reizklima bei, das durch die 700 Jahre alten Zirbenwälder noch bekömmlicher wird. Ärzte, die auf Erfolge bei ihren Patienten verweisen, nennen Obergurgl, Untergurgl und Hochgurgl die „heile Welt der Gesundheit, wo die Luft noch rein und klar wie am ersten Tag der Schöpfung ist."

Auskünfte: Fremdenverkehrsbüro Obergurgl, A–6456 Obergurgl, Telefon: 05256/258.

Die Bandscheiben-Bäder von Rinn bei Innsbruck

So mancher von uns hat es „an den Bandscheiben", weil diese eben durch einseitige Belastung oder durch Überbelastung unserer Wirbelsäule – meist im Beruf – geschädigt, degeneriert oder verschoben sind. Überaus gute Heilerfolge bei Bandscheibenleiden werden in den letzten Jahren im Lavierenbad in Rinn bei Innsbruck erzielt. Das Heilbad bietet Bädermassagen und Unterwassermassagen, Kneipp-Behandlungen, Diäten – unter anderen auch die Atkins-Diät – und Mineralbäder an. Hauptsächlich kommen Kurgäste mit Bandscheibenleiden, Erschöpfungszuständen und mit rheumatischen Beschwerden hierher.

Auskünfte: Lavierenbad Rinn, A–6074 Rinn bei Innsbruck oder Fremdenverkehrsverband Rinn, A–6074 Rinn bei Innsbruck, Telefon: 05223/8173.

Das radioaktive Heilwasser von Seefeld

Der internationale Sommerkurort und Wintersportplatz Seefeld in Tirol liegt auf einem sonnigen Hochplateau zwischen Karwendel- und Wettersteingebirge. Obwohl er zu den führenden Ski-Sportplätzen Österreichs zählt, ist er in den letzten Jahren auch als Heil- und Kurort bekannt geworden. Den Mittelpunkt des Kurzentrums Seefeld, einem nebel- und föhnfreien Gebiet, bildet eine akratische Calcium-Magnesium-Sulfat-Hydrogencarbonat-Quelle, die in 1200 Meter Seehöhe entspringt und vielen anderen österreichischen Heilquellen vor allem eines voraus hat. Sie ist so stark radioaktiv, daß dies als wesentlicher Faktor bei der Heilung von bestimmten Krankheiten angesehen werden kann. Mit einem Gehalt von 20 bis 24 Mach-Einheiten an Radiumemanation handelt es sich in Seefeld um die zweitstärkste Radiumquelle Österreichs. Beste Heilerfolge werden hier im Kampf gegen rheumatische Beschwerden, rheumatische Erkrankungen der Muskeln, Nervenerkrankungen, Kreislaufstörungen, Alters-, Abnutzungserscheinungen und schwer beeinflußbaren Fällen von Anämie erzielt. Auch Ischias konnte sehr erfolgreich behandelt werden.
Für diese Kurbehandlungen benutzt man das Heilwasser von Seefeld zu Bädern. Unter medizinischer Aufsicht werden radioaktive Heil- und Wannenbäder angeboten, aber auch Massagen aller Art, Bäder mit Parafangoschlamm-Packungen, Kneipp-Therapien und Gymnastik. Eine echte Bereicherung Seefelds in Tirol ist das neu errichtete Kurzentrum mit angeschlossenem Kurhotel. Das radioaktive Heilwasser im Hallenbad des Zentrums ist 28 Grad warm und bietet die Möglichkeit zur gezielten Unterwasser-Bewegungstherapie. Besondere Attraktion: Das Hallenschwimmbad ist als eine Insellandschaft gestaltet und über eine Schleuse kann man auch im Winter ins Freie schwimmen. Darüber hinaus wurde im Freien eine Wildbachströmung

mit einem 36° warmen Heißwassersprudelbecken geschaffen.
In Seefeld gibt es aber auch für viele andere gesunde Aktivitäten Gelegenheit: Wandern, Skiwandern, Bio-Trainingskurse.

Auskünfte: Fremdenverkehrsverband Seefeld in Tirol, A–6100 Seefeld, Telefon: 05212/2313 und 2316 oder Kurzentrum Seefeld mit Heilquelle, A–6100 Seefeld, Telefon: 05212/2671.

Die Kreislauf-Therapie auf dem „Draht-Esel"

Radfahren ist sehr gesund, und wie aus medizinischen Aufsätzen eindeutig hervorgeht, deshalb, weil es den Kreislauf sehr fördert und stabilisiert. Diese Tatsache nahm man in Tirol zum Anlaß für einen neuartigen Gesundheitsplan. In Kufstein wurde für Therapie- und Erholungszwecke ein langer Radwanderweg angelegt. Er hat nur geringe Steigungen und kreuzt keine öffentlichen Verkehrswege. Dem Radfahrer ist es deshalb möglich, ungestört in freier Natur und bester, sauerstoffreicher Luft auf seinem „Draht-Esel" dahinzurollen. Dieser Radfahr-Gedanke war von solchem Erfolg begleitet, daß auch in verschiedenen anderen Regionen in Tirol Gesundheits-Radwanderwege eingerichtet wurden: nämlich im Raum Innsbruck-Schwaz, im unteren Lechtal und am Draufer in Lienz. Das Tiroler Radfahrnetz wird weiter ausgebaut. Fernziel ist ein großes Radparcours-Netz, der das ganze und oder zumindest weite Teile des Landes durchzieht.

Auskünfte: Fremdenverkehrsverein Kufstein, A–6330 Kufstein, Telefon: 05372/2207 oder Tiroler Fremdenverkehrswerbung, A–6010 Innsbruck, Telefon: 05222/20777/59.

4.
Gesundheitsführer durch Salzburg

Salzburg-Gesundheits-Stenogramm:

Mit den Begriffen Kur und Gesundheit verbindet sich im Bundesland Salzburg eine lange und vielfältige Tradition. Sie reicht zurück bis ins Mittelalter, als der bekannte Naturforscher und Arzt Paracelsus, alias Theophrastus Bombastus von Hohenheim (1494–1541), von Salzburg aus im Dienste der Volksgesundheit wirkte und in ganz Europa Berühmtheit erlangte. An sein Wohnhaus in der Salzburger Pfeifergasse erinnert heute noch eine Gedenktafel. Das große Kurhaus der Landeshauptstadt trägt seinen Namen.
Viele Heilquellen im Landesinneren wurden schon sehr früh genützt, und man kurierte sich in sogenannten „Bauernbadln" und „Padstubn", die Ende des 18. Jahrhunderts wie Pilze aus dem Boden schossen. Sie dienten in erster Linie dazu, den müden Reisenden wieder auf die Beine zu helfen.
Im 19. Jahrhundert begann der Kurgedanke zur Erhaltung und Wiedererlangung der Gesundheit seinen Siegeszug anzutreten. Kursalons, Kurhotels und Kurbäder leiteten eine neue Ära des Fremdenverkehrs in Salzburg ein . . .

Die Salzburg-Gesundheitskarte:

1. Anti-Rheuma-Ferien in der Schwefelwanne von Stuhlfelden
2. Diät-Urlaub für dicke Kinder in Salzburg
3. Sauerstofftherapie im jüngsten Salzburger Heilbad Vigaun
4. Gesundheits-Höhenlauf mit „Wadeltest" in Saalfelden
5. Das Nostalgie-Moorbad in Goldegg
6. Fitness-Wandern mit dem Herrn Bürgermeister in Seeham
7. Das Heilbad mit dem „Wunderstollen" in Bad Gastein
8. Das Diät-Paradies von Badgastein
9. Von Salzburg aus zur Kur ins Ausland
10. Das Kneipp-Paradies in der Schönheitsfarm in Großgmain
11. Das Gesundheits-Seminar von Bad Hofgastein
12. Die Buchinger-Diät von Puch-Thurnberg
13. Vom Operationstisch ins Moorbad St. Felix in Lamprechtshausen
14. Gesundes Wandern im Herbst in Rauris
15. Die Bittersalz-Heilquelle von Dürnberg
16. Der Müsli-Urlaub von St. Koloman
17. „Herz-Wandern" von Alm zu Alm in Großarl
18. Die heilenden Moor-Kräuter-Bäder von Mattsee
19. Thermal-Kur mit dem Tennis-Racket in Badgastein
20. Die Nerven- und Lungen-Erholung in Leogang
21. Gesundes Wandern für Rekonvaleszenten in Fuschl am See
22. Fitness für die Kleinsten in Rauris
23. Das „Nachwuchs-Heilbad" im Schloß Strobl
24. Die Kräutertee-Kurse von Tamsweg
25. Kuren zwischen „Zauberflöte" und „Jedermann" in Salzburg
26. Das Moorbad gegen kalte Füße in St. Martin bei Lofer
27. „Reduktionswandern" und Naturküche in Zell am See

Wildshut
Michaelbeuern
Lamprechtshsn.
Arnsdf.
Oberndf.
Seeham
Mattsee
Strasswalchen
Schleedf.
Weitwörth
Seekchn.
Hankham
Henndf.
Freilassing
Bergheim
Strass
SALZBURG
Guggenthal
Hof
Fuschl
Scharfling
Ebenau
Glasenbach
Elsbethen
Fastenau
St. Gilgen
Zwölfer Hn.
Zinkenbach
Gschwendt
Grödig
Grossgmain
Adnet
Hallein
St. Koloman
Golling
Scheffau
Russbachsaag
Rettenegg
Abtenau
Annaberg
Lungötz
Hagen Geb.
Sulzau
Werfen
Pfarrwerfen
Werfenweng
Filzmoos
St. Martin
Radstadt
Mandling
Unken
Reit
St. Martin
Weissbach
Steinernes Meer
Brandlhof
Saalfelden
Leogang
Maria Alm
Hochkönig
2938
Bischofshofen
Mühlbach
Dienten
St. Johann i. P.
Wagrain
Altenmarkt
Flachau
Untertauern
Obertauern
Radstädter Tauernpass
Viehofen
Maishofen
Zell a. S.
Thumersbach
Taxenbach
Schwarzach
Goldegg
St. Veit
Lend
Embach
Kaprun
Fusch
Rauris
Mayerhofen
Grossarl
Kleinarl
Harbach
Wörth
Bad Fusch
Ferleiten
Bad-Hofgastein
Hüttschlag
Karteis
Badgastein
Böckstein
Hochtor
2575
Zederhaus
Mauterndorf
Weissburg
St. Michael
Tamsweg
Mariapfarr
Lessach
Ramingstein
Katschberg
Muhr
Thomatal

Anti-Rheuma-Ferien in der Schwefelwanne von Stuhlfelden

Sehr bedeutende Heilerfolge werden in den letzten Jahren aus Bad Burgwies im Bundesland Salzburg gemeldet. Bad Burgwies gehört geografisch zu dem bekannten Ferienort Stuhlfelden und liegt unweit der Oberpinzgauer Fremdenverkehrsgemeinde Mittersill. Hier gehen vorwiegend Rheumakranke zur Kur. Man verbringt in Bad Burgwies seine Ferien in der „Schwefelwanne", denn das Heilwasser kommt aus einer Schwefelquelle, genauer gesagt, aus einer akratischen Calcium-Magnesium-Natrium-Hydrogencarbonat-Schwefel-Quelle.

Außer Rheuma werden auch neurologische Erkrankungen und Frauenleiden behandelt. Dennoch nennt man Bad Burgwies in erster Linie Heilbad für „Anti-Rheuma-Ferien". Im benachbarten Mittersill gibt es viele zusätzliche Erholungsmöglichkeiten: Wandern, Schwimmen, Solarien, Minigolf. Besonders interessant sind das beheizte Freibad und das große Ozon-Hallenbad, Massagen, Sauna und ein eigenes Heilbäderprogramm miteingeschlossen.

Auskünfte: Bad Burgwies, A–5724 Stuhlfelden, Telefon: 06562/226 und Fremdenverkehrsverein Mittersill am Paß Thurn, A–5730 Mittersill, Telefon: 06562/369.

Diät-Urlaub für dicke Kinder in Salzburg

Viele unserer Kinder sind übergewichtig, weil sie sich zu wenig bewegen und häufig falsch ernährt werden. Zuviele Süßigkeiten beeinträchtigen zusätzlich eine schlanke Fi-

Stuhlfelden

gur bei Mädchen und Buben. Ärzte predigen es den Eltern und Großeltern immer wieder: Das Übergewicht im Kindesalter kann später zu verhängnisvollen Leiden und organischen Störungen führen. Daher hat sich das Österreichische Jugendferienwerk „Young Austria" ein sinnvolles Ziel gesetzt. Jetzt gilt es, während des Urlaubes den überschüssigen Kilos der Kleinen den Kampf anzusagen. In Zusammenarbeit mit dem Vorstand des Salzburger Kinderspitals werden im Sommer in der Fremdenverkehrsgemeinde Obertauern dreiwöchige Diät-Ferien für Kinder abgehalten. Der sportlich betonte und auf gesunder Ernährung aufgebaute Schlankheitskurs für die Kleinen wird in zwei Gruppen durchgeführt: für 7- bis 14jährige sowie für 15- bis 17jährige.

Auskünfte: Österreichisches Jugendferienwerk „Young Austria", A–5020 Salzburg, Alpenstraße 108a, Telefon: 06222/257580.

Sauerstofftherapie im jüngsten Salzburger Heilbad Vigaun

Schon heute kommen viele Leute nach Vigaun, um sich gesund und fit zu halten. Dabei wird erst ab 1983 hier ein Heilbad zur Verfügung stehen. Denn Vigaun ist eben erst im Begriffe, zu „Bad Vigaun" und damit zum jüngsten Kurzentrum Salzburgs

Bad Vigaun

zu werden. Auf der Suche nach Erdölvorkommen im Urgestein des Salzburger Tennengaues stießen die Energiefachleute auf Wasser. Die „Barbaraquelle" schießt seither mit einer Temperatur von 32 Grad aus der Erde. Forscher loben: „Es ist eine hochwertige Heilquelle mit starken Mineral- und Sulfatgehalt."

Das hat die Verantwortlichen in der Gemeinde Vigaun angespornt. Man begann mit dem Bau eines Kurzentrums, das 1983 fertig sein soll.

Man wird nicht allzusehr um Besucher werben müssen, denn schon heute ist Vigaun ein ausgesprochener Kurort. Hier wird eine erfolgreiche Sauerstoff-Therapie und eine Sauerstoffzusatzbehandlung vor allem gegen Altersleiden und Altersschwäche praktiziert. Mit dieser Methode versucht hier Prof. Dr. Ardenne aus Dresden körperliche Alterungsprozesse zu bremsen. Es ist bekannt, mit fortschreitendem Alter nimmt der menschliche Organismus immer weniger Sauerstoff auf. Dadurch bauen sich manche Körperfunktionen rasch ab. Der Körper muß daher aktiviert werden, wieder mehr Sauerstoff aufzunehmen. Das bietet die Gewähr für einen Verjüngungsprozeß. Zumindest kann der Alterungsprozeß merklich gebremst werden. Deshalb inhaliert und injeziert man zusätzlichen Sauerstoff.

Aber allein das Einatmen der herrlichen Luft von Vigaun ist gesundheitsfördernd. Das wird jeder bestätigen können, der einmal von Wien hierherfuhr; keine Abgase, keine Gifte durch Müllverbrennung, keine chemischen Gerüche vergällen einem das Dasein. Nur frische, würzige Luft, die besonders angenehm ist, wenn die „erste Mahd" des Jahres war, wenn die Bauern die Wiesenhänge mit der Sense gemäht haben.

In Vigaun kann man auch Diät-Wochen, Fasten- und Entschlackungskuren absolvieren. Später einmal werden unterstützende Trinkkuren aus der Heilquelle angeboten werden können.

Wer etwas für seine Kondition tun möchte,

der kann in Vigaun und Umgebung wandern, reiten, radfahren und im Hallenbad Kuchl schwimmen. Selbstverständlich sind auch moderne Tennisplätze vorhanden.

Auskünfte: Fremdenverkehrsverband Tennengau, Telefon: 06245/4259.

Gesundheits-Höhenlauf mit „Wadeltest“ in Saalfelden

Die Bewegung in Höhenluft bedeutet für den Städter eine radikale Umstellung seines gesamten Organismus. Wer sich selbst fordern will und dazu auch grünes Licht von seinem Arzt signalisiert bekommt, der kann ein ganz besonderes Fitness-Programm im Salzburger Land mitmachen. Die Fremdenverkehrsgemeinde Saalfelden veranstaltet für Gesundheitsenthusiasten und solche, die nur ihre Lunge einmal richtig mit Bergluft vollpumpen wollen, sogenannte „Gesundheits-Höhenläufe“. Zu Beginn werden unter fachkundiger Führung die Höhen erwandert. An bestimmten Tagen treffen sich dann bereits trainierte Urlauber zum Höhenlauf. Der Sieger erhält einen Erinnerungspreis. Wer die Wanderung und den Höhenlauf mitgemacht hat, der hat den Saalfeldner „Wadeltest“ bestanden. Das heißt: Er hat bewiesen, daß seine Waden durch das Ferientraining tüchtig und kräftig genug zum Gesundheitswandern sind.

Auskünfte: Fremdenverkehrsverband Saalfelden, A–5760 Saalfelden oder Landesfremdenverkehrsamt Salzburg, A–5010 Salzburg, Mozartplatz 1. Telefon: 06222/41561–2605.

Wanderzentrum Saalfelden

Das Nostalgie-Moorbad von Österreich in Goldegg

Wer einmal Lust hat, auf ganz besonders romantische Art und Weise eine Kur in Österreich zu absolvieren, der hat dazu die beste Gelegenheit in dem kleinen Pongauer Ort Goldegg. Er gilt als einer der schönsten Flecken Salzburgs und hat eine Menge zu bieten. Hier findet der Kurgast ein romantisches Heilbad ganz besonderer Art. Da schenkt zuerst Mutter Natur den kleinen, wunderschönen Moorsee, der nicht nur ein beliebtes Ausflugs- und Wanderziel ist. Der Moorsee hat im Sommer eine Wassertemperatur von 26 Grad und enthält wertvolle Moorsubstanzen. Dadurch kann man nur durch Schwimmen in diesem Gewässer schon etwas für die Gesundheit tun. Man sagt, daß der Badesport im Moorsee gegen Rheuma, Arthritis und Frauenleiden hilft.

Wer diese Krankheiten aber konsequent und fachlich-gezielt bekämpfen möchte, der bucht besser einen Kururlaub in den modernen Goldegger Badeanlagen des Hotels Post. Hier kann man unter ärztlicher Aufsicht und Anleitung die Moorbäder in üblicher Weise genießen.

Nostalgie-Freunde aber kehren lieber zur Kur direkt am See in der Anstalt des Josef Gisinger ein. Sein Moorbad erinnert an gute alte Zeiten oder sogar an einen Wildwestfilm. Der Gast, der hier auf recht ungewöhnliche Weise seine Leiden kurieren möchte, hat nur Badeeinrichtung von anno dazumal zur Verfügung. Die Moorkuren werden in mittelalterlichen Holzwannen genommen. Das Moorwasser fließt aus glänzenden, verzierten Messinghähnen direkt aus dem See, wird aber auf dem Weg zwischen See und Wanne in einem großen Eisenofen aufgeheizt, der wiederum nur mit gut getrocknetem Holz befeuert wird.

Moorbad Goldegg

Romantischer kann man keine Heilkur in Österreich machen. Und wenn man nach einer halben Stunde aus der dampfenden Wanne klettert, dann merkt man, wie wohl man sich fühlt und wie intensiv diese alte Kur auch heute noch auf den gesamten Körper wirkt.
Für den gesundheitsfreudigen Gast gibt es noch eine Menge anderer Möglichkeiten in Goldegg: Wanderungen rund um das Schloß Goldegg, Malkurse zur Beruhigung der Nerven, Fitness-Märsche zum Böndlsee, Minigolfanlagen, Tennishallen, 100 Kilometer Spazierwege rund um den Moorsee.
Doch beim Josef Gesinger gibt es nicht nur das Nostalgie-Wannebad gegen Rheuma, Arthritis und Frauenleiden. Er bietet auch zwei- und dreiwöchige Regenerationskuren und Kneipp-Programme an, die sich größter Beliebtheit erfreuen.

Auskünfte: Fremdenverkehrsverein Goldegg, A–5622 Goldegg, Telefon: 06415/8131, oder Hotel Gesinger „Zur Post", A–5622 Goldegg.

Fitness-Wandern mit dem Herrn Bürgermeister in Seeham

Gesundes Wandern ganz besonderer Art bieten die Salzburger Gemeinden Obertrum am See, Perwang am Grabensee, Seeham und Straßwalchen im Sommer. Die Bürgermeister dieser Gemeinden legen nicht nur großen Wert auf persönlichen Kontakt mit den Urlaubsgästen, sie wollen den Leuten, die hierherkommen, beweisen, wie gesund und fit hier auch die Gemeindevorsteher sind. Die Bürgermeister wollen mit gutem Beispiel vorangehen und laden zum Fitness-Wandern ein, bei dem sie selbst mitmachen. Die gleichmäßig hügelige, aber trotzdem abwechslungsreiche Landschaft des Salzburger Alpenvorlandes bietet dem wanderfreudigen Gast eine reiche Auswahl an Wandermöglichkeiten. Es stellt für viele Gäste einen besonderen Reiz

Seeham

dar, wenn sie mit dem Bürgermeister höchstpersönlich auf Kur-Wanderschaft gehen dürfen. Daheim angekommen können sie dann mit vollem Ernst berichten: „Mein Kurbetreuer war der Bürgermeister selbst!" Auf den speziellen Fitness-Pfaden wird besonders darauf geachtet, daß man durch sauerstoffreiches, dichtbewaldetes Gebiet kommt und Höhenlagen anpeilt, die Herz und Kreislauf wohltun und den Organismus richtig regenerieren.

Auskünfte: Gebietsfremdenverkehrsverband Salzburger Alpenvorland, A–5164 Seeham, Telefon: 06217/476.

Das Heilbad mit dem „Wunderstollen" in Badgastein

Badgastein, der weltberühmte Kurort mit rund 7000 Einwohnern im Gasteiner Tal, liegt inmitten der Hohen Tauern. Hier herrscht in windgeschützter Lage ein sehr bekömmliches Reizklima. Badgastein ist ganz sicher so populär geworden, weil hier viele heilende Faktoren zusammentreffen: das Klima, die Heilquellen und der radioaktive Thermalstollen, im Volksmund auch der „Wunderstollen" genannt. Erst vor ein

Kurzentrum Badgastein

paar Jahren ist man dahinter gekommen, daß auch die Luft Gasteins ein Heilmittel ist, weil sie in einer Höhenlage von 1000 Metern eine eigenartige elektrisch-negative Überladung aufweist. Dazu kommen als weitere Heilfaktoren die Höhensonnenstrahlung, Nebelfreiheit und eine herb – frische Luft.

Für die besondere Attraktivität des Kurortes aber sorgen zweifelsohne die Thermen und der Heilstollen.

Das heilende Wasser von Badgastein ist radonhaltig, 47 Grad warm und entspringt gleich mitten im Ort in 18 Quellen. Pro Tag sprudeln 5 Millionen Liter dieser Kostbarkeit hervor. Das Wasser wird von allen 18 Quellen gesammelt und durch eine nach neuerstem Stand der Erkenntnisse gebaute Behälter- und Leitungsanlage, ohne jeglichen Verlust an Radon und Wärme, in die einzelnen Kurhäuser geleitet. Das Thermalwasser in Badgastein ist vollkommen klar, geruch- und geschmacklos. Das heilkräftige Edelgas Radon entweicht dem Wasser sehr rasch und reichert die Luft geschlossener Räume an. Das kommt den Gästen in den Kur-Badekabinen zugute. Jede Badekabine ist deshalb gleichzeitig auch ein Inhalationsraum.

Das Forschungsinstitut der Österreichischen Akademie der Wissenschaften hat die Heilwirkung der Badgasteiner Thermen in hunderten von Studien und Publikationen nachgewiesen. Auch die Medizinische Universitätsklinik Innsbruck arbeitet mit einer Außenstation im Badehospiz Prof. Dr. Günther in Badgastein.

Ein Teil des Thermalheilwassers wird unter Luftabschluß abgekühlt, und durch eine geeignete Mischung von naturwarmem und gekühltem Thermalwasser wird die jeweils verordnete Badetemperatur ohne Zusatz von gewöhnlichem Wasser erzielt. Daher können die Bäder in Badgastein mit gleicher Wirkung bei Temperaturen verabreicht werden, die auch von sehr alten Kurgästen und Kranken mit Sklerose des Gefäßsystems vertragen werden.

Außer den über 200 Hotels und Pensionen mit eigenen Thermalbädern stehen dem Kurgast ein öffentliches Kurhaus und das Kurbadehaus in Badbruck zur Verfügung.

Das Thermalwasser aus den 18 Badgasteiner Quellen wirkt gegen alle rheumatischen Erkrankungen wie Gelenksrheuma, Nervenentzündungen, Ischias, Bechterew'sche Krankheit, Arthrosen, Wirbelsäulensyndrome, Kreislaufstörungen, vegetative Dystonie, zur Vorbeugung und Nachbehandlung von Herzinfarkten, Drüsenstörungen, bei Impotenz und Unfruchtbarkeit, Wechselbeschwerden, vorzeitigem Altern, Gicht und Nierensteinen, Nachbehandlung von Knochenbrüchen, Muskel- und Sehnenzerrungen sowie Lähmungen, aber auch Bewegungsbehinderungen und Stoffwechselstörungen.

Gegen Asthma und Bronchitis werden Inhalationen, bei Parodontose Mundbadebehandlungen durchgeführt.

Im radioaktiven Heil-Thermalstollen werden primär chronische Polyarthritis, degenerative rheumatische Erkrankungen, periphere Gefäßstörungen, Neuritiden und Neuralgien behandelt. Kuren im Heilstollen werden vom 15. Februar bis 15. Oktober durchgeführt. Dieser Gasteiner Thermalstollen ist durch das heilkräftige Edelgas Radon charakterisiert, dessen Konzentration auf den Therapiestationen einzigartig in der Welt ist. Die Temperatur steigt auf 37,2 Grad in der ersten Therapiestation und auf 41,6 Grad Celsius in der heißesten Therapiestation. Die relative Luftfeuchtigkeit beträgt zwischen 90 und 97 Prozent. Es handelt sich mit den gigantischen Ausmaßen von 20000 Kubikmeter Rauminhalt um das ungewöhnlichste und sensationellste natürliche Heißluftsanatorium auf unserer Erde. In diesem Inhalatorium inmitten des Berges werden unter ärztlicher Aufsicht dosierte Überwärmungsbehandlungen bei jenen Krankheiten durchgeführt, für die eine günstige Wirkung der Kombination von Wärme und Radon festgestellt worden ist. Radon ist ein Edelgas, das bereits nach einigen Stunden den Körper wieder restlos verlassen hat. Eine Strahlenschädigung infolge Radioaktivität ist deshalb bei dieser Therapie ausgeschlossen.

Während sich die Thermalquellen und die damit gespeisten Kurbäder direkt in Badgastein befinden, liegt der Zugang zum Thermalheilstollen in der Fremdenverkehrsgemeinde Böckstein.

Interessant ist, wie man überhaupt die heilende Wirkung des Radongas-Stollens feststellte. Seine Entstehung dankt Badgastein dem Wunsch, den in alten Zeiten so regen Goldbergbau im Gasteiner Tal wieder aufleben zu lassen. Eine neue Stollenführung in 1280 Meter Seehöhe sollte in dem 2600 Meter hohen Radhausberg ein vermutetes, reiches Erzlager erschließen. Doch anstelle des erhofften Goldes traf man in einem bestimmten Bereich außergewöhnliche klimatische und physikalische Verhältnisse an. Nach jahrelanger Erforschung des Stollens durch Ärzte konnte der Heilstollen im Jahr 1952 als ein wertvolles Kurmittel von außergewöhnlicher Wirkungskraft deklariert werden. Er ermöglicht erstmals in der Geschichte der Medizin die kombinierte Anwendung von Radon und Überwärmung. Im Vergleich zu den anderen bekannten balneologischen Behandlungsmethoden ergeben sich bei dieser kombinierten Behandlung vielfach raschere, intensivere und nachhaltigere Therapie-Effekte, als sie bei einer gesonderten Anwendung von Radon und Wärme der Fall wären.

Da die Behandlung im Heilstollen völlig ungefährlich ist, kann man auch Jugendlichen und Kindern diese Therapie angedeihen lassen. Auffallend wirksam aber hat sich die Thermalstollen-Kur bei älteren Menschen erwiesen. Selbst altersbedingte Herz- und Kreislaufschäden mäßigen Grades sind keine Ausschlußgründe, weil das Radon die Belastung des Organismus durch Wärme weitgehend mildert. Der alternde Mensch empfindet die gesamt-psycho-physische Aktivierung neben der Besserung seines eigentlichen Leidens als besonders wohltuend. Die Stollenkur in Badgastein stellt daher eine wesentliche Erweiterung des üblichen medizinischen Kurprogrammes dar.

Eine Heilstollenkur, während der die Patienten in vier verschiedenen Stollen-Stationen liegen, dauert drei bis vier Wochen. Die Patienten begeben sich im Badeanzug oder leichtem Frotteekleid zur Behandlung. Im neuen Stollenkurhaus gibt es Möglichkeiten zu Massagen, Gymnastik und ärztlichen Untersuchungen. Die Stollenkur kann auch mit einer Thermalbadekur kombiniert werden.

Kombiniert oder als Einzelbehandlung bietet Badgastein folgendes Behandlungsprogramm an: Unterwassertherapie bei Lähmungen, Gelenksverletzungen, Verschleißerscheinungen. Dann ein Naturdunstbad über der Badgasteiner Elisabeth-Quelle; hier werden die von der Quelle aufsteigenden Dämpfe zu Inhalationen und Dunstbädern genutzt. Trinkkuren helfen gegen Magen und Darmerkrankungen; das Gasteiner Bitterwasser wird gegen Fettsucht, Verstopfung, Leber- und Gallenleiden eingesetzt. Außerdem hat der Kurgast die Möglichkeit Sauna, Fangoschlammpakkungen, Medizinalbäder, Moorpackungen und Schwebstoffbäder, Hochfrequenz- und

Elektrotherapie, Heilgymnastik und Autogenes Training zu nutzen.
Erfahrungsgemäß besteht eine Thermalbadekur in Badgastein aus 12 bis 21 Bädern. Nach den geltenden gesetzlichen Bestimmungen dürfen Thermalbäder in Badgastein nur bei ärztlicher Verordnung genommen werden. Ist eine Badekur von einem auswärtigen Arzt verschrieben worden, so muß sie von einem in Badgastein praktizierenden Arzt bestätigt werden.
Wer in Badgastein zur Kur geht, kann auch nebenher viel für seine Gesundheit tun. Besonders im attraktiven Felsenbad von Gastein, ein Thermal- Hallen- und Freischwimmbad für die aktive Erholung. Drei Schwimmbecken, ein Hallenbad mit Massagestrahlen, 32 Grad warm, ein Sprudel-Bewegungsbecken mit 34 Grad warmem Wasser und ein Sportbecken mit 24 Grad lassen keine Wünsche mehr offen. Das Thermalschwimmbad ist ganzjährig geöffnet. Es sind noch weitere Thermal-Hallenschwimmbäder in neun angesehenen Kur- und Sportbetrieben der Gemeinde zu finden. Für Sport- und Fitness-Begeisterte gibt es Golfanlagen, Tennisplätze, Reitmöglichkeiten, Wanderungen, Bergtouren und Spaziergänge. Böckstein, der Ort mit dem Heilstolleneingang, bietet dem Urlauber ozonreiche, saubere Luft, Ruhe sowie kristallklare Quellen entlang den Spazierwegen. Im Winter können Badgastein und Böckstein den Skifans verlockende Langlaufloipen und Abfahrten für jeden Geschmack anbieten. Gondelbahn und Sessellifte erleichtern den Weg zu den schönsten Pisten.
Und hier noch eine kleine Übersicht über die Namen der heilsamen Thermalquellen in Badgastein: Franz-Josef-Quelle, Rudolf-Quelle, Post-Quelle, Gruberhaus-Quelle, Wasserfall-Quelle, Alte Franzens-Quelle, Lainer-Quelle, Doktor-Quelle, Neue Franzens-Quelle, Speisesaalquelle, Wandelbahn-Quelle, Elisabeth-Quelle, Fledermaus-Quelle, Mitteregg-Quelle, Reissacher-Quelle, Kanal-Quelle, Grabenbäcker-Quelle, Brücken-Quelle, Sophien-Quelle, Mesnil-Quelle, Grabenwirt-Quelle und Strochner-Quelle.

Auskünfte: Kurverwaltung Badgastein, A–5640 Badgastein, Telefon: 06434/2531–63 oder Gasteiner Heilstollen-Betriebsgesellschaft m.b.H., A–5640 Badgastein, Telefon: 06434/2655 oder Verkehrsverein Böckstein, A–5645 Böckstein, Telefon: 06434/2297 und 2091.

Das Diät-Paradies von Badgastein

Meist ist es so, daß den Gästen in einer Kurgemeinde nur eine spezielle Diät als Gesundheitsattraktion angeboten wird. Ganz anders in Badgastein. Hier hat der Gast die Auswahl unter einer reichen Palette verschiedenster Schlankheitskuren, Gesundheitsdiäten und Reduktionskost angeboten. Im Sanatorium Dr. Schachinger schreibt man die Entschlackungskuren groß und hat insgesamt zehn verschiedene Diäten anzubieten. Im Haus Hirt spezialisiert man sich auf die Dr. Mayr-Semmel-Milch-Kur sowie auf Entschlackungskost. Im Hotel Gasteinerhof, im Hotel Salzburgerhof und in der Pension Lydia schwört man auf vegetarische Kost. Hier ehrt man tagtäglich das Andenken des Apothekers Theodor Hahn, der von 1824 bis 1883 lebte und seinen Mitmenschen immer wieder erklärte, wie gesund es sei, überwiegend von Gemüse und Obst zu leben. Wenn sich auch die vegetarische Kost nicht weltumspannend durchgesetzt hat, so gibt es doch viele Menschen, die danach leben. Etliche müssen sogar auf ärztlichen Rat hin zur vegetarischen Nahrung greifen. Die häufigste Zusammensetzung der vegetarischen Speisen in Badgastein besteht aus: Blattgemüse, Wurzelgemüse, Mehl, Obstfrüchte, vorwiegend in ungekochter Form und ohne Kochsalz zubereitet. Wenn das Gemüse gekocht wird, dann muß der Mineralien- und Vitamingehalt bewahrt bleiben. Das erreicht man durch Schmoren und Dämpfen statt Kochen. In Badgastein weiß man

aus Erfahrungen, daß mit vegetarischer Kurkost schwere Infekte, Stoffwechselstörungen und Kreislaufbeschwerden rascher eingedämmt werden können. Bei ernsten Erkrankungen sollte die vegetarische Kost Haupternährung sein. Der Heilwert beruht nach neusten Untersuchungen auf der starken Basenüberschüssigkeit dieser Ernährung. Bei schweren Krankheiten ist nachweislich immer ein Säureüberschuß im Körper vorhanden. Besonders bekannte vegetarische Kostformen sind die Ewerskost und die Waerlandkost. Dr. Ewers-Hachen legte den Schwerpunkt seiner Behandlung auf natürliche Rohkost. Und der schwedische Ernährungsforscher Are Waerland forderte streng vegetarische Ernährung ohne das geringste Tierprodukt. Beide Formen vegetarischer Diät sind in Badgastein zu finden.
Weitere Diät-Hotels in Badgastein sind Hotel Miramonte, Ullrichshaus, Kaiserhof, Elisabethpark, Bellevue, Eden, Germania, Grüner Baum, Habsburgerhof, Lindenhof, Mozarthof, Schillerhof, Söntgen, Hotel Straubinger, Hotel Weismayr und Kurhaus Wildbad.

Auskünfte: Fremdenverkehrsverband und Kurverwaltung Badgastein, A–5640 Badgastein, Telefon: 06434/2531–63.

Von Salzburg aus zur Kur ins Ausland

Salzburg selbst ist nicht nur eine Stadt mit Kurmöglichkeiten, sondern auch ein zentraler Ausgangspunkt für internationale Kurmöglichkeiten. In Salzburg hat die Reise- und Ferienorganisation „Terra International" ihren Sitz. Das Motto ihres Ferienprogramms lautet: Im Urlaub nicht sündigen, sondern gesund leben. In Kur

Großgmain

gehen, ehe der Arzt einen zum Auskurieren dorthin schicken muß. In erster Linie werden Kuraufenthalte für Gichtgeplagte, für Abmagerungswillige, für Gestreßte und für Erholungssuchende angeboten. Allerdings nur ins Ausland. Offeriert werden Kuren im italienischen Abano Terme, in Montegrotto, Salsomaggiore und Montecatini; Unterbringung in ausgewählt guten Hotels und individuelle Gesundheitsbetreuung.
„Älter werden ohne Krankheit – mit Freuden länger Leben" ist das Motto für Fitness- und Regenerationskuren in den Wiedemann-Gesundheitszentren in Ambach am Starnberger See, in Meersburg am Bodensee und im südtirolerischen Meran. Die Kuraufenthalte werden ausschließlich in Gesundbrunnen-Instituten durchgeführt, die mit Naturheilprodukten und biologischen Präparaten arbeiten. In Bayern kurt derjenige, der über Asthma, Rheuma, Vitalitäts- und Potenzschwäche zu klagen hat.

Auskünfte: Gesundheitsreisen Terra International, A–5024 Salzburg, Linzergasse 4.

Das Kneipp-Paradies in der Schönheitsfarm in Großgmain

Was kann es Besseres geben, als Schönheit und Gesundheit bei einer Kneippkur pflegen zu können? In der Salzburger Fremdenverkehrsgemeinde Großgmain hat man sich ein interessantes Angebot ausgedacht. Hier ist in der renommierten Schönheitsfarm Dorothy ein wahres Kneipp-Paradies mit allen Kureinrichtungen des „Wasserdoktors" entstanden. Damen können Kosmetik mit einem allgemeinen Fitness-Kurs verbinden. Kneipp-Anhänger unter den Herren der Schöpfung können ebenfalls einmal den Weg zur Kosmetikberaterin riskieren. Die Kneipp-Anlagen in Großgmain sind sehr modern, entsprechen aber in den Anforderungen dem Grundgedanken von Pfarrer Kneipp. Barfußlaufen, Wassertreten, Wassergüsse, Bäder, Wickel und Trinkkuren gehören zum täglichen Programm der eifrigen Kneipp-Jünger in Großgmain.

Auskünfte: Kneipp-Zentrum und Schönheitsfarm Dorothy, A–5084 Großgmain und Kneippkurhaus St. Rupert, Telefon: 06247/315.

Weitere Original-Kneippkurbäder im Bundesland Salzburg befinden sich in A–5422 Bad Dürnberg bei Hallein: Kur- und Erholungsheim St. Josef, Telefon: 06245/3508, Kurhaus Hochbichl, Telefon: 06245/3017, Kurhotel Kranzbichlhof, Telefon: 06245/288118, weitere in A–5640 Badgastein: Kursanatorium Dr. Schachinger, Telefon: 06434/25760, in A–5630 Bad Hofgastein: Kurzentrum, Telefon: 06432/82930, in A–5622 Goldegg im Pongau: Kneippkuranstalt, Telefon: 06415/8103, in A–Puch bei Hallein, Kneipphotel Vollererhof, Telefon: 06245/3232, in A–5020 Salzburg-Stadt: Paracelsus-Kurhaus, Telefon: 06222/73200, in A–5340 St. Gilgen: Kneippanstalt Pension Pichler, Telefon: 06227/7113 und in A–5423 St. Koloman: Pension Sommerau, Telefon: 06241/212.

Das Gesundheits-Seminar von Bad Hofgastein

Mitten in einer bezaubernden Bergwelt, wo das Gasteinertal am breitesten und am sonnigsten ist, liegt Bad Hofgastein. Ein Ort von mittlerer Größe, mit einem reizvollen Zentrum, gerade richtig zur Erbauung und Erholung. Bad Hofgastein empfiehlt sich durch seine günstigen klimatischen Bedingungen, seine landschaftlichen Voraussetzungen und sein wohldurchdachtes Erholungs- und Gesundheitsprogramm als idealer Aufenthaltsort für Kurgäste.
Das heilende Thermalwasser ist radioaktiv und stammt aus der Badgasteiner Elisabeth-Quelle. Täglich werden über eine Mil-

Thermalhallenbad Bad Hofgastein

lion Liter von dem radioaktiven Wasser, das eine Temperatur von etwa 46 Grad Celsius aufweist, aus der Gasteiner Therme nach Bad Hofgastein gepumpt. Davon werden 65 Kurhotels gespeist, die eigene Thermalbäder im Haus haben, aber auch ein modernes Kurzentrum mit Thermalwannenbädern sowie ein Thermalhallenbad mit einer Wasserfläche von rund 1000 Quadratmetern. In einem Thermal-Freibecken kann man im 34-Grad-Wasser bei jedem Wetter und zu jeder Jahreszeit unter freiem Himmel schwimmen und obendrein etwas Gesundes für den Organismus tun.

Während der Kurgast im radonhaltigen Thermalwasser badet, wird vom Körper Radon aufgenommen. Das regt den Stoffwechsel an und belebt.

Das heilende Wasser hat einen interessanten Weg hinter sich, wie Untersuchungen des Forschungsinstitutes Gastein ergeben haben. Es handelt sich um Regenwasser, das im Bereich des Graukogels und des Hüttenkogels in etwa 1800 Meter Seehöhe auf die Erde trifft und versickert. Es sinkt im Berg in eine Tiefe von 2000 Metern ab, erwärmt sich und tritt dann in einer Seehöhe von 1000 Metern am Badberg in verschiedenen Quellen aus. Für diesen Weg aber benötigt das Wasser 3500 Jahre (!). Während dieser Zeit wird das Thermalwasser mineralisiert, radonhaltig und erreicht diese hohen Temperaturen.

Klassische Anwendung findet das Thermalwasser in Bad Hofgastein als Thermalwannenbad, das bei Überempfindlichkeit auch als Teilbad angeboten werden kann. Darüber hinaus stehen Unterwasser-Therapie-Stationen, Fangoräume, Mundduschanlagen und Inhalationsgeräte für weitere Anwendungen zur Verfügung. Eine Kur in Bad Hofgastein soll nach Erfahrung der Kurärzte mindestens drei, besser vier Wochen dauern. Die genaue Anzahl der Bäder hängt vom Gesundheitszustand des Kurgastes ab und wird bei der Erstuntersuchung nach der Ankunft in Bad Hofgastein entschieden. Die Kur in Bad Hofgastein muß ununterbrochen unter ärztlicher Aufsicht erfolgen.

In rund 60 Kurhotels gibt es Behandlungsmöglichkeiten, und zwar für Erkrankungen des rheumatischen Formenkreises, Erkrankungen des Bewegungsapparates nicht rheumatischen Ursprungs, neurologische Erkrankungen, Nachbehandlung nach Verletzungen, Kreislauferkrankungen, Stoffwechselerkrankungen, Mundschleimhauterkrankungen und Altersbeschwerden.

Sehr empfehlenswert ist das Bad Hofgasteiner Angebot eines kompletten bewegungstherapeutischen Programmes: Unter der Beratung von Kurärzten kann der Kurgast bergsteigen, wandern, Gymnastik betreiben, Golf spielen, reiten und skilaufen. Schon der mühelose Aufstieg in verschiedene Höhenlagen der Berge mit Hilfe der beiden Seilbahnen bedeutet einen Beitrag zur Gesundung, da durch die „Klimaschaukel“ hervorragende therapeutische Effekte im Organismus hervorgerufen werden. Der auf dem Areal des Kurzentrums angelegte 80000 Quadratmeter große Kurpark liegt mitten im Kurort und bildet eine wirkliche Ruhe- und Erholungszone des Ortes. Ein Teich, herrliche Gletscherausblicke sowie die duftende Alpenflora wirken nervenberuhigend.

Von Bad Hofgastein ist es auch nicht weit zum Thermalstollen nach Böckstein, wo sehr heilwirksame Radoninhaltionen und Überwärmungsbehandlungen stattfinden.

Ganz neu und schon überaus beliebt sind die Gesundheits-Seminare in Bad Hofgastein. Was gehört nun zu solch einem Gesundheitsseminar?

Zum Frühstück gibt es beispielsweise keinen starken Kaffee, sondern – Kamillentee. Nach der ersten Untersuchung kann die „Aufbau-Woche“ mit Sport, autogenem Training und gesunder Kost beginnen. So werden die ersten Streß-Schäden abgebaut. Die einwöchigen Gesundheitsseminare in Bad Hofgastein sind für all jene gedacht, die aus familiären Gründen im Haupturlaub dafür keine Zeit finden. Jetzt können sie „auf die Schnelle“ etwas für die Gesundheit tun. Vorgesehen sind in dieser Woche eine physikalische Untersuchung, eine Herz-Kreislauf-Belastungsmessung, eine Lungenfunktionsprüfung, Labortests für Herz, Leber, Stoffwechsel, Nieren, Blut und Harn.

Zum Abnehmen und Fithalten wird Radfahren am Testfahrrad, morgendliches Turnen, Schwimmen, Gymnastik, Bergwandern und Waldläufe verordnet. Im Winter werden die Waldläufe durch Skilanglauf ersetzt. Auf der Schloßalm werden im Sommer Sonnenkuren durchgeführt und zwischendurch gibt es für die Teilnehmer des Gesundheits-Seminars Vorträge, Diskussionen und Übungsstunden für Autogenes Training. Zur Gesundheitswoche gehört auch eine besondere Diät, Unterwasser- und Handmassagen.

Unterstützt wird das Gesundheits-Seminar von Aktionen des Reformhauses „Kräuterfritz“, das Vollwertkost und viele andere Reformwaren anbietet. Innerhalb von Spezialkursen kann der Gast die zahlreichen Heilkräuter in den Wäldern rund um Bad Hofgastein kennenlernen. Die Kurgäste sind auch immer wieder aufs neue von den frischen Milchprodukten, die direkt von den Almen angeliefert werden, begeistert.

Spezielle Schonkost- und Diätanstalten in Bad Hofgastein sind: das Grand-Park-Hotel, das Hotel Carinthia, das Hotel Gastein, das Hotel Germania, das Hotel Norica und das Kurhaus St. Georg.

Auskünfte: Kurverwaltung Bad Hofgastein, A–5630 Bad Hofgastein, Telefon: 06432/4820. Oder Hotel Palace Gastein, A–5630 Bad Hofgastein, Telefon: 06432/715.

Die Buchinger-Diät von Puch-Thurnberg

Auch der Ernährungsforscher Dr. Otto Buchinger entwickelte wie Dr. Franz Xaver Mayr, Schroth und Waerland eine Diät für Darm und Magen. Dr. Buchinger lehrte, daß der Organismus nur dann wieder in Ordnung gebracht werden kann, wenn Obst, Getreide und Gemüsesuppen im Mittelpunkt einer ärztlich kontrollierten Diät stehen. Mit der Dr. Buchinger-Diät können folgende Beschwerden stark verbessert werden: schlechtes Allgemeinbefinden, Mißmut, Gereiztheit, Arbeitsunlust, Erregbarkeit, Nervosität, übler Körper- und Mundgeruch, Kopfdruck und Kopfschmerzen, Beschwerden der Nieren, Zahnfleischbluten, Gelenkleiden, Gastritis, kalte Hände und Füße, Schlafstörungen und Depressionen. Die Dr. Buchinger-Diät versetzt die Verdauungsorgane des Menschen in eine Phase der Selbstgesundung und bietet die Voraussetzung für eine rasche Heilung. Es gibt nicht viele Kurzentren, die die mühevolle Zubereitung der Dr. Buchinger-Diät auf sich nehmen. Salzburg verfügt über solch ein Kurhaus: nämlich das Kurhotel Vollererhof. Es ist eine Farm für biologische Kosmetik, für Kneippkuren, Bewegungs- und Entspannungstherapie sowie für die Dr. Buchinger-Diät.

Auskünfte: Kurhotel Vollererhof, A–5412 Puch-Thurnberg, Telefon: 06345/3232.

Vom Operationstisch ins Moorbad St. Felix in Lamprechtshausen

Die Kuranstalt St. Felix in der Gemeinde Bruckenholz im Salzburger Land liegt inmitten einer Moorlandschaft im nördlichsten Teil des Bundeslandes. Es herrscht hier ein Schonklima mit leichten Reizfaktoren. Behandelt werden die Kurgäste mit Moorbädern und Moorpackungen. Das mi-

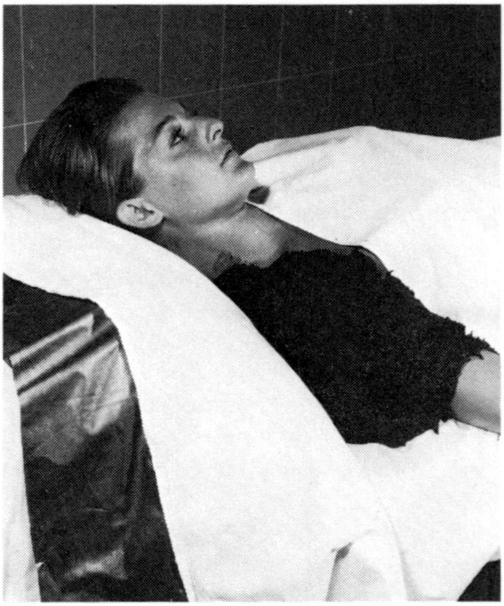

Moorkur in St. Felix

neralhaltige Moor wird unmittelbar am Ort gestochen und noch ganz frisch seiner Verwendung zugeführt. In den letzten Jahren ist das Kurzentrum hier zu einer Art Rehabilitations-Oase für nachoperative Behandlungen geworden. Viele Ärzte schikken ihre Patienten kurz nach einer Operation nach St. Felix, damit sich die geschwächten Menschen rasch wieder erholen und regenerieren können. Hauptaugenmerk wird deshalb bei den Bädern und Packungen auf die Nachbehandlung von chirurgischen Eingriffen und Verletzungen gelegt. Außerdem behandelt man Erkrankungen des rheumatischen Formenkreises, Entzündungsherde, gynäkologische Erkrankungen und allgemeine Schwächezustände. Zusätzlich zur Kur bietet sich die Möglichkeit zu Ausflügen und Wanderungen zum Obertrummer und Niedertrummer sowie zum Wallersee.

Auskünfte: Moorbad St. Felix in Bruckenholz, A–5112 Lamprechtshausen, Telefon: 06274/29114.

Gesundes Wandern im Herbst in Rauris

Mit speziellen Gesundheits-Wanderwochen lockt jeden Herbst der bekannte Salzburger Ferienort Rauris im Pinzgau fitnessfreudige Menschen an. Zum Auftakt der herbstlichen Wanderwochen sollte man das Rauriser Talmuseum besuchen, in dem die längst vergangene Epoche des Goldbergbaues in dieser Gegend vorgestellt wird. Es folgen Tage mit abwechslungsreichen Wandertouren: so etwa zum Rauriser Tauernhaus, zum Reißrachkopf und zum Grubereck. Bei allen Touren werden die Gäste von erfahrenen Wanderführern begleitet und auch in der Technik gesunden Atmens unterrichtet. Als Ausgleich gibt es Waldläufe, Minigolfspiele und Hallenbadbesuch mit Saunamöglichkeit. Und zur Belohnung erhält jeder Teilnehmer am Schluß die Rauriser Gesundheits-Wandernadel.

Auskünfte: Verkehrsverein Rauris, A–5561 Rauris, Telefon: 06544/237.

Die Bittersalz-Heilquelle von Dürnberg

Dürnberg bei Hallein hat sich in den letzten Jahren zu einem bedeutenden Heilbad entwickelt, so daß man fast vom österreichischen „Monte Catini“ oder vom „Salzburgischen Bad Mergentheim“ sprechen kann. Der Grund dafür ist die kristallklare Trinkquelle mit Glauber-Bittersalz-Gehalt, die in der Zusammensetzung dem Wasser in Monte Catini und Bad Mergentheim ähnlich ist. Die Kuranstalt selbst liegt am Nordostabhang des Dürrnberges. Hier herrscht alpines Klima mit leichten Reizfaktoren. Auf dem Weg von der Quelle zum Speicher kommt es bei dem Schwefelwasser zum Verlust von Schwefelwasserstoff, sodaß es sich dann im Endeffekt um ein Natrium-Calcium-Chlorid-Sulfatwasser handelt. In der Stunde sprudeln 180 Liter in einer Temperatur von 8 Grad Celsius aus der Erde.

Dürnberg

Zusätzlich zum Wasser wird auch Sole medizinisch eingesetzt.

Das Quellwasser wird für Trinkkuren, die Bergbausole für Badekuren und Inhalationen verwendet. Zusätzlich erhält der Kurgast in Dürnberg Massagen, Moorpackungen, Heublumenpackungen, Heilgymnastik und Kneippbehandlungen. Im Heilsole-Hallenbad hat das Wasser 32 Grad, inhaliert wird im sogenannten Gardierwerk unter freiem Himmel.

Welche Patienten kommen nun nach Dürnberg bei Hallein? Die Kuranwendungen haben sich bei rheumatischen Erkrankungen, Arthrosen, Spondylarthrosen, Bandscheibenschäden, Bronchitis, Asthma, Verdauungsleiden des Magens und des Darms, der Leber, Galle und Bauchspeicheldrüse, bei Stoffwechselerkrankungen, Übergewicht, Untergewicht, Diabetes, Gicht und Sklerose sowie Erschöpfungszuständen, Altersbeschwerden, Herz- und Kreislauferkrankungen bestens bewährt.

Neben der eigentlichen Kur hat man die Möglichkeit zu wandern, man kann skifahren und Skilanglauf betreiben.

Auskünfte: Kurverwaltung Bad Dürnberg, Rupertusplatz 3, A–5422 Bad Dürnberg, Telefon: 06245/314615.

Der Müsli-Urlaub von St. Koloman

Der Tennengauer Ferienort St. Koloman hat sich voll und ganz auf gesundheitsbewußte Urlaubsgäste eingestellt. Fachleute haben ein spezielles Angebot für einen Bio-Urlaub ausgearbeitet: Im Mittelpunkt der biologischen Ernährung steht eine reiche Palette an verschiedensten Müslis. Viele sprechen daher auch vom „Müsli-Urlaub" in St. Koloman. St. Koloman liegt auf der Idealhöhe von 800 Meter Seehöhe, etwa 20 Kilometer von der Festspielstadt Salzburg entfernt, inmitten einer ruhigen und ursprünglichen Gegend. Der Ort ist von Wiesen und dichten Wäldern umgeben und verfügt über ein reiches Netz von Wanderwegen. Den Trattberg, einer der schönsten Aussichtsberge im Salzburger Voralpenland, kann man auf einer staubfreien Straße leicht erreichen. In der Tauglschlucht und rund um den Seewaldsee im Landschaftsschutzgebiet genießt man eine besonders saubere und wertvolle Luft. Ärzte sprechen auch von einem „Lungen-Service" mit Sauerstoff in St. Koloman.
In der Hauptsache aber kommen die Kurgäste wegen des Biotrainings. So ein Bio-Urlaubstag beginnt mit ausgedehnter Morgengymnastik. Nach dem Müsli-Frühstück folgt ein Aufbautraining in Form von Gymnastik oder eines Laufes. Nach dem Mittagessen auf der Basis der österreichischen Naturküche werden abwechselnd Radtouren, Saunabesuche, Wanderungen und Schwimmübungen unternommen. Alles erfolgt selbstverständlich unter ärztlicher Betreuung und mit medizinischen Untersuchungen.
Den Kurspezialisten in St. Koloman ist es auch längst klar geworden: Die junge, dynamische und zeitgemäße Form des Bio-Trainings wäre ohne die Kneippidee gar nicht möglich. Darum werden in St. Koloman die traditionellen Behandlungsmethoden des Pfarrers Kneipp mit Aufbau-Trainingsmethoden und Bio-Küche kombiniert.
In St. Koloman ist es eine Selbstverständlichkeit, daß die Kurgäste frisches Vollwertbrot aus ungeschältem Getreidekorn ohne den geringsten künstlichen Zusatz vorgesetzt bekommen. Wer unter vielen möglichen Müslispeisen wählen muß, der kann sich kaum entscheiden. Am besten, man probiert während des Biotrainings-Kurses alles durch. Und noch eins: Es kommt nicht darauf an, irgendein Müsli zu essen, sondern das Müsli soll möglichst reich an erhaltenen Vollwertstoffen, Mineralien und Vitaminen sein. Das aber wird in idealer Weise erreicht, wenn man gerade in der Mühle gemahlenes Korn frisch „auf den Teller" bekommt. Keine Frage: In St. Koloman wird es so gemacht.

Auskünfte: Fremdenverkehrsverein St. Koloman, A–5423 St. Koloman, Telefon: 06241/222.

St. Koloman

„Herz-Wandern" von Alm zu Alm in Großarl

Wer selbst nicht rosten und sein Herz nicht rasten lassen, sondern in gesunder Tätigkeit bewahren will, der darf seinen Körper nicht zu viel ruhen lassen. Ärzte mahnen immer wieder zu mehr Bewegung. Der menschliche Körper soll nicht überfordert, aber zeitweise ein bißchen gefordert werden. Dies geschieht besonders gut beim Wandern, vor allem beim Bergwandern in

Alm in Großarl

unterschiedlichen Höhen. Darum hat man sich in Großarl etwas Besonderes für die Fitness der Urlaubsgäste ausgedacht. Es werden in der gesamten Urlaubsregion sogenannte Wanderungen „von Alm zu Alm" veranstaltet. Dabei können insgesamt zwei Dutzend Almen besucht werden, die heute noch bewirtschaftet werden. Dieses Wanderwegnetz, das vor allem zur Aktivhaltung des gesunden Herzens gedacht ist, hat eine Gesamtlänge von rund 150 Kilometern. Einmal pro Woche werden unter der Führung von Experten solche „Herz-Wanderungen" arrangiert.

Auskünfte: Verkehrsverein Großarl, A–5611 Großarl, Telefon: 06414/281 oder Verkehrsverein Hüttschlag, A–5612 Hüttschlag, Telefon: 06414/204.

Die heilenden Moor-Kräuter-Bäder von Mattsee

Moorbäder sind bekanntlich sehr gesund und werden bei verschiedenen Beschwerden eingesetzt. Kräuter zählen zu den wichtigsten naturheilkundlichen Gaben der Natur. In der Salzburger Gemeinde Mattsee setzen Ärzte mit großem Erfolg kombinierte Moor- und Kräuterbäder zum Wohle der Patienten ein. Es konnten durch sinnvolle Kombination von Moor und Kräutern speziell bei folgenden Leiden beachtliche Erfolge erzielt werden: bei chronischen Erkrankungen des rheumatischen Formenkreises an Gelenken, Muskeln, Nerven, Bändern und Sehnen, bei Abnützungserkrankungen des Bewegungsapparats, bei den Nachbehandlungen von Verletzungsfolgen, bei Entzündungen im Brust- und Bauchraum, bei chronischen Entzündungen der weiblichen Genitalorgane, bei Zyklusstörungen, Wechselbeschwerden und vegetativ-endokrinen Störungen der Bekkenorgane.
Das Moor wird für die Heilbäder aus den umliegenden Moorgründen frisch gestochen, die Kräuter werden in den ausgedehnten Wäldern um den Mattsee und auf den Wiesen und Anhöhen ringsum geerntet. Zusätzlich werden in Mattsee Latschenkiefer- und Fichtennadelbäder gegen Streßerscheinungen und nervöse Störungen verabreicht, sowie Schwefel-, Sole-, Jod- und Kohlensäurebäder.
Das milde Klima der Gegend unterstützt die Heilerfolge im Moorbad Mattsee. Und wer sich fit halten will, hat zahllose Gelegenheiten zum Wandern und Schwimmen. Drei Naturschutzgebiete ermöglichen ausgedehnte Expeditionen in Österreichs schöner Natur.
Der Gasthof Moorbad liegt direkt am Ufer des Mattsees und ist als ausgezeichnetes Ischiasbad bekannt. Im Landhaus Mattsee werden vorwiegend Regenerationskuren für jung und alt durchgeführt. Hier kann man sich auch zur Förderung seines leiblichen Wohls unter ärztlicher Anleitung von

Mattsee

der Schnitzer-Vollwertkost ernähren. Stille Stunden in einem Boot mitten auf dem See bringen sehr oft wieder Ordnung in die Seele von gestreßten Menschen.

Auskünfte: Fremdenverkehrsverein Mattsee, A–5163 Mattsee, Telefon: 06217/520, Gasthof Moorbad, A–5163 Mattsee, Augasse 189, Telefon: 06217/238 oder Landhaus Mattsee, A–5163 Mattsee Nr. 76, Telefon: 06217/293.

Thermal-Kur mit dem Tennis-Racket in Badgastein

Es gibt nicht nur unter kerngesunden, sportlichen Menschen begeisterte Tennisspieler. Auch jene, die ihrem Körper zumindest einmal im Jahr einen besonderen Dienst – also eine Kur – angedeihen lassen wollen, schätzen diesen Sport häufig sehr. Sie wollen auch im Urlaub und während der Kur nicht auf ihn verzichten, es sei denn der Arzt hat es verboten. In Badgastein trägt man der wachsenden Beliebtheit des Tennissports Rechnung. Man hat hier das erste Kur- und Tennishotel Europas eröffnet. Das auf der sonnigen Seite Badgasteins gelegene „Haus Sonngastein" verfügt über zehn Sandtennisplätze, vier davon in vollklimatisierten Massivhallen, über eine Squash-Halle, einen Tischtennis- und Gymnastikraum und über ein Kurzentrum mit Hallenbad, Sauna, Solarium und Massageräumen. Eine gesonderte Therapieabteilung wird von erfahrenen Ärzten geleitet. Und wer obendrein noch sein Glück auf dem Rücken der Pferde suchen will, dem steht auch eine Reithalle zur Verfügung. Sport und Kur werden hier unter einem Dach angeboten.

Auskünfte: Kurverwaltung Badgastein, A–5630 Badgastein, Telefon: 06434/2531.

Die Nerven- und Lungen-Erholung in Leogang

Leogang, das inmitten eines Hochtales liegt, gilt als ein Skiparadies im Salzburger Land. Nördlich des Ortes türmen sich die Felsen der Leoganger Steinberge, im Süden ziehen sich die rundlich geformten Kitzbüheler Schieferalpen um das Tal. Überall findet man ideale Hänge für den Wintersport. Nebenbei aber hat sich Leogang auch zu einem vielbeachteten Luftkurort entwickelt. Der nervöse erholungsbedürftige Großstädter findet weite Wälder, viele einsame Wege und duftende Bergwiesen vor. Sommer und Winter kann man hier in klarer Luft einen Erholungsaufenthalt für Lungen und Nerven absolvieren. Es ist heute kaum noch möglich, wie in Leogang viele Stunden in der Stille der Natur dahinzuwandern.

Auskünfte: Verkehrsverein Leogang, A–5771 Leogang 65, Telefon: 06583/234.

Freizeitzentrum Leogang

Gesundes Wandern für Rekonvaleszenten in Fuschl am See

In der modernen Medizin hat man die Erfahrung gemacht, daß viele Rekonvaleszenten nach Operationen, Verletzungen oder nach Schwächeanfällen schneller wieder munter sind, wenn sie sich in freier Natur bewegen, Spaziergänge und Wanderungen unternehmen und vor allem in Höhenlagen Urlaub machen. Im Salzburger Salzkammergut wird es auch Senioren und noch geschwächten Patienten angeraten, gesunde Wanderungen in der abwechslungsreichen Natur zu unternehmen. Hier werden Wanderungen von fachkundigen, medizinisch geschulten Kräften geführt, und die Wanderer brauchen ihr Gepäck nicht einmal selber zu tragen. Rucksack und anderes Gepäck werden mit einem Wagen vorausgebracht und sind immer schon da, wenn der Wanderer am nächsten Zielpunkt ankommt. Im Angebot der Fremdenverkehrsgemeinde St. Gilgen findet sich beispielsweise eine interessante siebentätige Wanderung von St. Gilgen zum Wolfgangsee, weiter zum Zwölferhorn, zur Saustallalm, zum Mozartweg, nach Fuschl am See, zum Schober, nach Thalgau, zum Mondsee, zum Mühlgrubrauchhaus und schließlich nach Hof. „Wandern ohne Gepäck“ erfreut sich vor allem bei Senioren sehr großer Beliebtheit.

Auskünfte: Fremdenverkehrsverein Fuschl am See, A–5330 Fuschl am See, Telefon: 06226/250.

Fitness für die Kleinsten in Rauris

Ein altes Sprichwort sagt „Was Hänschen nicht lernt, lernt Hans nimmer mehr“. Das gilt auch für ein gesundes Leben. Kinder sollten nicht beiseite stehen, wenn die Eltern in Kur gehen und sich gesundheitlich ertüchtigen. Doch es ist sicherlich nicht geraten, den Kindern die Strapazen eines Erwachsenen Fitness-Programmes zuzumuten. Was soll man tun? In der Fremdenverkehrsgemeinde Rauris hat man eine Lösung gefunden und bietet besondere Fitness-Kurse für die Kleinen an. Unter der Aufsicht von Pädagogen, Sportlern und Medizinern unternehmen Mädchen und Buben nicht nur Wanderungen mit Gymnastik und Atemübungen in freier Natur. Sie durchlaufen auch den am Ortsrand beim Naturpark gelegenen Rauriser Fitness-Parcours und werden hier mit sinnvollen gymnastischen Übungen vertraut gemacht. Einen besseren Wegweiser zu einem aktiven Leben kann es eigentlich gar nicht geben!

Auskünfte: Verkehrsverein Rauris, A–5661 Rauris, Telefon: 06544/237.

Das „Nachwuchs-Heilbad" im Schloß Strobl

Auch wenn wir angeblich im Zeitalter der Pille leben, so gibt es doch immer noch viele Frauen, die sich zwar Nachwuchs erhoffen, aber dennoch kein Kind bekommen. Sie konsultieren mitunter zahllose Ärzte, leider ohne Erfolg. Im Volksmund heißt das Alpen-Moorbad im Salzburger Schloß Strobl das „Nachwuchs-Heilbad" weil sich nach einer gezielten Moorbadekur schon bei vielen Frauen endlich der erhoffte Kindersegen einstellte. In Strobl werden viele gynäkologische Leiden behandelt und geheilt, ebenso eine Reihe von rheumatischen Erkrankungen. Schloß Strobl wird von vielen Kurgästen aus dem Ausland – sogar aus Amerika – aufgesucht.

Auskünfte: Alpen-Moorbad Schloß Strobl, A–5350 Strobl, Telefon: 06137/310.

Strobl

Die Kräutertee-Kurse vom Tamsweg

Wer im Urlaub irgendwo in Österreich Kontakt zu gesundem, biologischem Leben anknüpft und nun zu wissen glaubt, wie man sich richtig ernährt, findet sich spätestens zuhause nicht mehr ganz zurecht. Darum gibt es im Salzburger Land in der Gemeinde Tamsweg die Gelegenheit, sich intensiv mit der Heilkräuterkunde vertraut zu machen. Im Rahmen der sogenannten „Kräuter-Akademie von Tamsweg" werden den Kurgästen Kurse zum Kennenlernen und Verarbeiten der Kräuter und Heilkräuter veranstaltet. Vorwiegendes Thema dabei ist die Verarbeitung zu kostbaren Kräutertees, die so viele Leiden lindern helfen können. Wer in Tamsweg die Kräuter-Akademie besucht hat, der weiß, daß wichtige Regeln und Gesetze beim Zubereiten von Kräutertees zu beachten sind, wenn die Heilkräuter im menschlichen Organismus auch voll ihre Wirkung entfalten sollen.

Auskünfte: Fremdenverkehrsverein Tamsweg, A–5580 Tamsweg, Telefon: 06474/416.

Tamsweg

Kuren zwischen „Zauberflöte" und „Jedermann" in Salzburg

Die Landeshauptstadt Salzburg ist vor allem durch seine jährlichen Festspiele im Sommer und sein barockes Stadtbild in aller Welt bekannt. Viele Besucher wissen aber nicht, daß man zwischen den Jedermann-Aufführungen vor dem Salzburger Dom und so manch wunderbarer Mozart-Oper auch eine Kur absolvieren kann, denn auch Salzburg besitzt ein eigenes Heilzentrum. Der Kurbezirk liegt in unmittelbarer Nähe der ausgedehnten Moorlandschaft zwischen Salzburg und dem Untersberg. Er wird durch die Brunnhausstraße, die Nonntaler Hauptstraße, die Fürstenallee, die Karl-Höller-Straße, die Tauxgasse, die Berchtesgadner Straße entlang der Stadtgrenze und des Glanbach, den Schiffhof, die Rosittengasse, die Ernst-Sompek-Straße entlang der Stadtgrenze und die Festungsgasse begrenzt.

In diesem Kurbezirk liegt das Moorheilbad Marienbad und bereits im Stadtbezirk das Paracelsus-Haus, das Kurhaus der Stadt Salzburg. In beiden Heilzentren herrschen infolge des milden subalpinen Klimas mit leichten Reizfaktoren günstige Kurvoraussetzungen. Verschiedene Kurmittel werden angewendet: Im Marienbad werden sogenannte Moorbrei-Bäder und Moorpackungen angeboten. Im Paracelsus-Kurmittelhaus kommen zu den Moorbreibädern und Moorpackungen noch Moorschwebstoffbäder, Moormassagen, Moorbreisitzbäder dazu. Zusätzlich kann der Gast eine Trinkkur mit dem Wasser aus der Heilquelle des Kurzentrums Dürnberg, der „Wiestalquelle" durchführen. Das Wasser ist Natrium-Calcium-Chlorid-Sulfat haltig. Man verwendet es im Paracelsus-Haus auch für Unterwasserbehandlungen, Kneippanwendungen und Solebäder.

Welcher Gast nun sollte seinen Festspielbesuch mit einem Kuraufenthalt zu verbinden suchen? Sowohl im Moorheilbad Marienbad als auch im Paracelsus-Kurmittelhaus bekämpft man seit Jahren erfolgreich

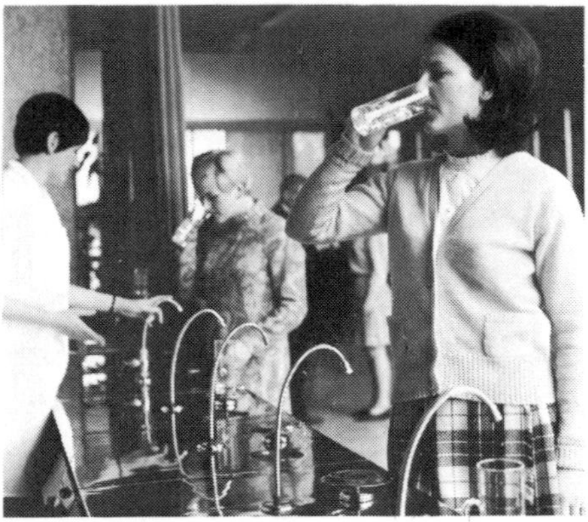

Trinkkur im Paracelsus-Haus Salzburg

folgende Krankheiten: Rheumatische Leiden aller Art, Störungen und Verletzungen des Bewegungsapparates, gynäkologische Leiden, Erkrankungen der Atemwege, Stoffwechselerkrankungen, Erkrankungen des Verdauungsapparates, Herz- Kreislauferkrankungen und behandelt Operations- und Verletzungsfolgen nach. Kurzeiten erstrecken sich über das ganze Jahr.

Im Kurhotel Carlton wird eine breite Pallette an erfolgreichen Diäten angeboten, die man unter ärztlicher Kontrolle zu sich nimmt. Als Anziehungspunkt für Gäste aus aller Welt wirkt die Original-Paracelsus-Entspannungskur für überforderte Nerven, die eine Art Mischung aus autogenem und Biotraining darstellt. Und wer gerne wandert und sauerstoffreiche Luft einatmen will, dem bieten sich reiche Möglichkeiten in Hellbrunn, am Gaisberg oder in der weiteren Umgebung des Salzkammergutes.

Auskünfte: Kurdirektion Salzburg, A–5020 Salzburg, Auerspergstraße 2, Telefon: 06222/73200, oder Moorbad Marienbad, Telefon: 06222/46511.

Das Moorbad gegen kalte Füße in St. Martin bei Lofer

Zahllose Menschen leiden an schlechter Durchblutung. Ein weit verbreitetes Symptom dafür sind beispielsweise kalte Füße und kalte Hände. Die Ärzte versuchen unterschiedliche Mittel. Nicht alle helfen auch. Auf das Beheben von Durchblutungsstörungen in den Extremitäten des menschlichen Körpers haben sich die Ärzte im Moorbad Hochmoos in St. Martin bei Lofer spezialisiert. Man gewinnt hier in eigenen Torfniederungen ganz besonders hochwertiges, konzentriertes Moor, das als heiße oder warme Bäder den Patienten verordnet wird. Kombiniert mit Massagen findet der Gast nicht zuletzt auch wegen des subalpinen Reizklimas ideale Kurbedingungen.

Große Erfolge werden hier bei Durchblutungsstörungen aller Art erzielt, aber auch bei Spondylarthropathien, Arthrosen, chronischen Ischialgien, chronischen Bek-

St. Martin bei Lofer

kenerkrankungen, entzündlichen Frauenkrankheiten und Schwächeanfällen.
In einem Hallen- und Freibad, auf Tennisanlagen, Minigolfplätzen und Wanderwegen haben die Kurgäste zusätzlich reichlich Gelegenheit, sich sportlich zu betätigen.

Auskünfte: Moorbad Hochmoos, A–5092 St. Martin bei Lofer, Telefon: 06248/226.

„Reduktionswandern“ und Naturküche in Zell am See

Die Salzburger Bergstadt Zell am See wurde in den letzten Jahren für 100 Millionen Schilling zu einem modernen europäischen Kurzentrum ausgebaut: Hier wird Biotraining, Fitness-Training und Luftkuren groß geschrieben. Daneben kann man unübersehbar viele Freizeit- und Sporteinrichtungen benutzen. Auf 757 Meter Seehöhe bietet der Luftkurort, eingebettet in eine prächtige alpine Landschaft alles, was das Herz eines gesundheitsbewußten Feriengastes erfreut: Sowohl durch häufige Bergwanderungen als auch durch Biotraining kann man seelisch und körperlich gesund werden.
Einige Wanderrouten sind so gewählt, daß nicht nur der Organismus beansprucht wird, sondern daß gezielt auch einige Kilos abtrainiert werden können. Man spricht daher in Zell am See von den „Speck-Weg-Wanderungen“. Vor Beginn einer solchen Gesundheitstour wird vom Arzt der Puls kontrolliert, der Blutdruck gemessen sowie das Körpergewicht festgestellt. Während der Wanderung dürfen an bestimmten Stationen biologische Vollwert-Stärkungen zu sich genommen werden: also Vollkornbrot, kein Fett, kein Fleisch, viel Obst und Gemüse. Alkohol ist strengstens verboten. Jene, die an einer solchen „Speck-weg“ Aktion mitmachen, werden in Zell am See „Bio-Fiter“ genannt. Man geht davon aus, daß man nicht hungern muß, um abzunehmen. Es ist nur wichtig, gesunde Kost zu

Gesundheitswandern in Zell am See

sich zu nehmen und den Körper ständig in Bewegung zu halten. EinTeil des Wanderwegs wird dann mit bereitgestellten Rädern fortgesetzt, damit Herz und Kreislauf so richtig in Schwung kommen. Die Rad-Fußwanderung wird dann mit dem Besuch eines Fitness-Parcours abgeschlossen. Und zur Belohnung winkt dann Erholung im Hallenbad mit Sauna und Solarium. Schließlich geht es wieder auf die Waage und zur ärztlichen Kontrolle. Bei solchen Wanderungen sollen Kurgäste bis zu 3,5 Kilo abgenommen haben.
Wer nicht nur auf den Gesundheitspfaden von Zell am See wandeln möchte, der kann sich auch zur Besserung seiner Wirbelsäulenbeschwerden einer Hippo-Therapie unterziehen, einer Therapie zu Pferd also nach genauen medizinischen Anleitungen. Weitere Angebote in Zell sind autogenes Training, Krafttraining und Massagen.
Das Biotraining in Verbindung mit der österreichischen Naturküche findet natür-

lich bei den Gästen den meisten Anklang. Die heimische Bioküche von Zell am See bietet nach strengen gesundheitlichen Vorschriften zubereitete Biomüslis, Birnensaft, Kräutertees, Obst, Gemüse und Malz statt Zucker. Ein kompletter Biotrainings-Kurs läuft nach einem Fitness-Fahrplan ab, den ein Arzt in Zell am See auf Wunsch dem Kurgast erstellt. Dann hat der Urlauber nämlich die Gewißheit, daß alle Aktivitäten individuell auf seine Konstitution abgestimmt wurden. Es können bei jedem Kurgast am Ende der Biotrainings-Wochen nachweislich Leistungssteigerungen beobachtet werden. Und damit man auch daheim gesund leben kann, geben einem Biotrainer, Ärzte und Kräuterfachleute in Kursen das nötige Wissen mit auf den Weg.

Im Sommer lockt in Zell der herrliche See und der Hochwald, im Winter laden die sonnenbeschienenen Skihänge ein. Ein Grund mehr, eine Kur in Zell am See immer auch mit einem erholsamen Urlaub zu verbinden.

Auskünfte: Kurverwaltung Zell am See, A–5700 Zell am See, Telefon: 06542/2600.

5. Gesundheitsführer durch Oberösterreich

Oberösterreich-Gesundheits-Stenogramm:

Zu den Besonderheiten des Bundeslandes Oberösterreich zählt zweifelsohne auch der Umstand, daß es hier die meisten gesetzlich und medizinisch anerkannten Heilbäder und Kurorte Österreichs gibt. Es sind ihrer vierzehn an der Zahl. Ihnen allen ist das bekömmliche, genesungsfördernde Klima, eine ideale mittlere Höhenlage und die heile Umwelt gemeinsam. Die Heilmittel sind vielfältig und reichen von Sole-, Schwefel- und Schlammbädern über Jodsolebäder, Moorbäder und Eisenquellen bis zum Radonheilwasser und der gesundheitsspendenden Molke. An vorderster Stelle der Leiden steht bei den Kurgästen Rheumatismus. Viele Kurorte haben eine lange Tradition, die in Einzelfällen bis ins 16. Jahrhundert zurückreicht. Heute werden aber durchwegs moderne therapeutische Methoden angewendet. Oberösterreich ist darüberhinaus seit einiger Zeit sehr bemüht, seine Heil- und Kurorte nicht nur für Behandlungen von Leiden, sondern auch vorbeugend für eine gesündere Lebensführung anzubieten . . .

Die Oberösterreich-Gesundheitskarte:

1. Der Heilkräutergarten der Heiligen Hildegardis in Klaffer
2. Die „Kneipp-Schwestern“ von Aspach
3. Das Schwefelwasser mit dem kostbaren Jod in Bad Goisern
4. Die gräfliche Schönheitskur vom Brunnergut in Auerbach
5. Eine Augenkur in der stärksten Jod-Sole-Quelle in Bad Hall
6. Die Quellen, die auch Kinder heilen, in Bad Ischl
7. Die Eisenwurz-Kräuter-Kur im saubersten Dorf Laussa
8. Die Rheuma-Kur im Heilmoor-Brei von Bad Leonfelden
9. Gesundes Reiten in Altenfelden
10. Mit heißem Schwefelwasser gegen Rheuma in Bad Schallerbach
11. Die Vegetarier-Diät von Altmünster
12. Der „Jungbrunnen“ in der Kösslmühle von Gmunden
13. Die Schwarzwasser-Kur von Neydharting in Bad Wimsbach-Neydharting
14. Die „Single-Kur“ im höchsten Erholungsdorf Liebenau
15. Die Valentin-Zeileis-Kur von Gallspach
16. Wo man sich die Gesundheit im Wald pflücken muß: Gmunden
17. Die gesundheitsfördernde Zahnradbahn von St. Wolfgang
18. Das heilsame Erdöl von Bad Weinberg
19. Der „Gesundheits-Rucksack“ von Weyer
20. Die „Nerven-Massagen“ von Windischgarsten
21. Mit Milch und Topfen gegen Krankheiten in Wolfsegg
22. Das heilende Bauernbad von Laakirchen
23. Österreichs einziger Kneipp-Gesundheitsweg in Bad Kreuzen
24. Almwandern und Radfahren mit Bio-Ernährung in Bad Goisern
25. Gesundheitsurlaub für Herr und Hund in Holzleithen
26. Urlaub beim „Bio-Bauern“ in Sarzeinsbach und Dittmannsdorf
27. Vom Radonheilbad in die Bio-Kochschule in Bad Zell

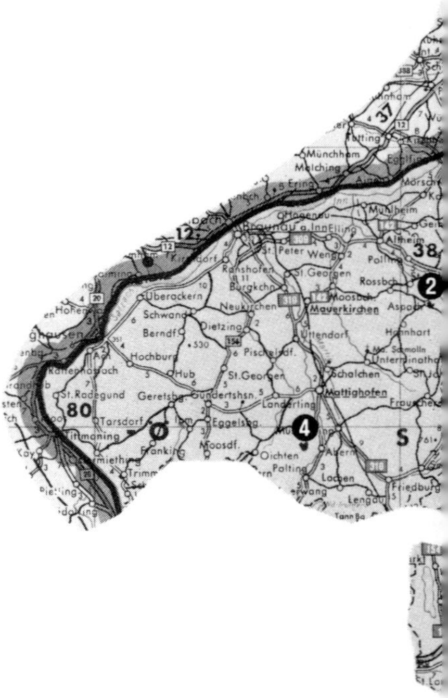

LINZ
Wels
Ried
Vöcklabruck
Gmunden
Bad Ischl
Freistadt
Eferding
Leonding
Traun
Lambach
Bad Hall
Kirchdf.
Windischgarsten
Steyregg
Schärding
Traunstein
Ebensee
Hallstatt
Dachstein
Bad Goisern
St. Wolfgang
Aigen
Neufelden
Grieskirchen
Steinbach
Schwanenstadt
Attnang
Puchheim
Laakirchen
Mitterweissenbach
Lauffen
Weissenbach
Steeg
Obertraun
Gosau
St. Pankraz
Spital
Klaus
Grünau
Scharnstein
Pettenbach
Sierning
Kremsmünster
Neuhofen
Marchtrenk
Pasching
Ottensheim
Gallneukirchen
Pregarten
Bad Zell
Weitersfelden
Liebenau
Königswiesen
Grein
Mauthausen
Weyer Markt
Kl. Reifling
Reichraming
Losenstein
Ternberg
Gr. Priel
Hohe Nock
Vyšší Brod
Frymburk
Rožmberk
Aist
Hellmonsödt
Haslach
Rohrbach
Peilstein
Ulrichsberg
Schlägl
Sarleinsbach
Lembach
Hofkirchen
Engelhartszell
Gallspach
Haag
Wolfsegg
Frankenmarkt
Schörfling
Attersee
Unterach
Mondsee
Weyregg
Altmünster
Kirchham
Vorchdorf
Pichl
Grünburg
Molln
Leonstein
Micheldorf
Traunkirchen
Mitterndf.
Langwies
Hallstatt
Lahn
Krippenstein
Windischgarsten
Roßleithen
Hinterstoder
Vorderstoder
Dambach
Pyhrn P.

Der Heilkräutergarten der Heiligen Hildegardis in Klaffer

Die Heilige Hildegard von Bingen (1098 bis 1179) war zu ihrer Zeit nicht nur eine berühmte Seherin, sondern vermochte als Naturheilerin tausenden Menschen zu helfen. Sie galt als hervorragende Kennerin wertvoller Heilpflanzen und brachte ihr Wissen über die vielen Kräuter unter das Volk. In Oberösterreich gibt es eine sehr aktive Bewegung zur Förderung der Naturheilmethoden der Heiligen Hildegardis, die – wie Ärzte nachweisen konnten – auch heute noch zurecht einen besonderen Stellenwert haben. Dem seinerzeitigen Anliegen der Heiligen Hildegard, das Wissen über Heilkräuter zu verbreiten, wird in der oberösterreichischen Gemeinde Klaffer Rechnung getragen. Hier ist der erste oberösterreichische Heilkräuter Schau- und Lehrgarten entstanden, der sich von Jahr zu Jahr immer größer werdender Beliebtheit erfreut. Die Besucher finden hier verschiedene Landschaftsformen mit der dort eigentümlichen Pflanzenwelt. Der Lehrgarten ist alphabetisch nach den verschiedenen Pflanzenfamilien geordnet und auch für Laien übersichtlich. Gleich am Eingang grüßt den Besucher inmitten einheimischer Heilkräuter ein Bildstock der Heiligen Hildegardis von Bingen. Ein großer Teil des Geländes ist dem nahen Böhmerwald und seiner Umgebung gewidmet. Daneben präsentiert sich ein Stück zauberhafter Heidelandschaft, dann ein Teich mit Wasserpflanzen inmitten einer Moorlandschaft. Und was wäre eine Landschaft mit Heilkräutern ohne Tiere? An Böschungen und Hangbefestigungen wurden Bienenweiden und Vogelfutterplätze eingerichtet. Interessant ist auch der Bauerngarten mit speziellen Gewürzkräutern und das Alpenareal, in dem viele Heilkräuter gezeigt werden. Wer bei der Kräuterwanderung müde wird, kann an verschiedenen idyllischen Plätzen mit schöner Aussicht rasten.

Kneipp-Kuranstalt Aspach

Auskünfte: Verein zum Betrieb zur Erhaltung und Förderung des ersten oberösterreichischen Heilkräuterschau- und Lehrgartens, A–4163 Klaffer, Telefon: 07288/26697.

Die „Kneipp-Schwestern" von Aspach

War im historischen Wörishofen Pfarrer Sebastian Kneipp als „Wasserdoktor" um die Gesundheit seiner Mitmenschen bemüht, so sind es heute im oberösterreichischen Aspach die „Kneipp-Schwestern", wie man sie im Volksmund nennt. Es sind Frauen vom Orden der Marienschwestern von Karmel, die hier eines der modernsten Kneippzentren Österreichs führen. Aspach ist schon seit erdenklichen Zeiten ein bekannter Luftkurort. Die schöne Lage am Kobernaußerwald mit dem erholungsfördernden Klima bietet die Möglichkeit, Ruhe, Entspannung und Regeneration zu finden. Für Senioren ist interessant, daß es im Hochsommer durch die erhöhte Luftzirkulation und durch den Einfluß der nahegelegenen Wälder zu keinen Hitzebelastungen kommt. Dafür herrschen wiederum im Winter mildere Temperaturen. Es gibt sehr wenig Nebeltage, keinen Föhn, reichen Sonnenschein und saubere Luft. Die windoffene Lage des Gebietes begünstigt ein leichtes Reizklima.
Der Aufenthalt in Aspach wird von Ärzten

als überaus förderlich und aufbauend bezeichnet. Viele Erholungsbedürftige kommen hierher, um wieder neue Kräfte zu schöpfen. Markierte Wanderwege durch Wald- und Wiesenlandschaften bieten die Möglichkeit zu körperlicher Aktivität und Bewegung. Für sportliche Gäste gibt es einen romantisch gelegenen Fitness-Parcours mitten im Wald. Der Badesee Wildenau lädt im Sommer zum Schwimmen ein.

Was aber haben die „Kneipp-Schwestern" besonderes zu bieten? Im Kneippkurheim der Marienschwestern werden sämtliche Kneipp-Therapien angewandt. Zusätzlich werden Heilbäder verabreicht: Kohlensäurebäder, Sauerstoffbäder, Luftperlbäder, sehr oft zusammen mit Unterwasserstrahlmassagen, und Heilmassagen. Bei ärztlicher Verordnung können in Aspach auch Diät- und Entschlackungskuren durchgeführt werden. Die Behandlungsmethoden der ausgebildeten Kneippschwestern werden von einer Fachärztin überwacht.

Man kommt hierher, wenn man etwas gegen Neuralgien, Ischias, Migräne, vegetative Störungen, Schlafstörungen und körperliche sowie seelische Erschöpfungszustände tun will. Sehr erfolgreich werden hier aber auch Herz- und Kreislauferkrankungen, hoher – und niedriger Blutdruck, kalte Füße und Hände behandelt, aber auch Stoffwechselleiden, Gallenleiden, Über- und Untergewicht, Rheuma und Wechselbeschwerden. Es ist jedoch nur auf ärztliche Anordnung hin möglich, diese Kneippkur in Aspach zu absolvieren.

Auskünfte: Kurkommission Aspach, A–5252 Aspach, Telefon: 07755/250 und 342 oder Kneippkurheim der Marienschwestern, A–5252 Aspach, Telefon: 07755/315 und 325.

Weitere Kneippkuranstalten in Oberösterreich: Das Kneippkurheim der Marienschwestern in A–4362 Bad Kreuzen, das Kneippkurhotel in A–4190 Bad Leonfelden, die Kneippkuranstalt Bad Mühllacken in A–4101 Feldkirch an der Donau, die Kneippkuranstalt Kurhaus Traunsee-Altmünster in A–4813 Altmünster, die Kneippkuranstalt der Barmherzigen Brüder in A–4780 Schärding am Inn und die Kneippkuranstalt Dr. Petershofer in A–4902 Wolfsegg am Hausruck.

Das Schwefelwasser mit dem kostbaren Jod in Bad Goisern

Es ist allgemein bekannt, daß eine ganz bestimmte Menge Jod für den gesunden und reibungslosen Ablauf im menschlichen Organismus notwendig ist. Bei vielen Leiden fehlt im Grunde genommen nur etwas Jod. Darum wird von Ärzten und Patienten die heilende Schwefelquelle von Bad Goisern in Oberösterreich so hoch geschätzt. Das Schwefelwasser, das hier aus der Erde sprudelt, beinhaltet nur eine geringe Menge Jod. Gerade soviel, um bei einer Reihe von Krankheiten das Startzeichen zur Genesung zu geben. Es hat sich bei vielen Patienten herausgestellt, daß sie bei anderen Schwefelwasserkuren keinen Heilerfolg erzielten, daß aber dann das Jod von Bad Goisern positiven Effekt zeigte.

Das Jod-Schwefelwasser kommt mit einer Temperatur von fast 19 Grad aus der Erde, und zwar pro Sekunde 1 Liter. Doch dieses Wasser ist nicht nur ein Kurmittel in Bad Goisern. Für die Patienten werden auch die Sole des Hallstätter Salzbergwerks, der Salzbergschlamm und anderer Schlamm eingesetzt. Man bereitet diese Mittel zu Schwefel-Jod-Bädern, Sole-Bädern, Schlammpackungen, Sole-Inhalationen und künstlichen Kohlensäurebädern auf. Dazu kommen noch trockene-, Elektro- und Unterwassermassagen.

In den zentralen Kuranlagen der Goiserner Kuranstalt sowie im Kurheim der Oberösterreichischen Gebietskrankenkasse werden folgende Leiden mit Erfolg behandelt: chronische Muskel- und Gelenkserkrankungen, Verletzungsfolgen, Neuralgien, Neuritiden, chronische Hauterkran-

Bad Goisern

kungen, chronische Entzündungen der Atemwege, Katarrhe, Bronchitiden, Restbeschwerden nach Lungenerkrankungen, Herz- und Kreislaufstörungen, Herzmuskelschwäche, Blutdruckstörungen und Akne. In Bad Goisern kann man je nach Geschmack und Notwendigkeit eine Badekur, eine Trink- und Inhalationskur oder eine Luftkur absolvieren. Fünf Kurärzte beraten die Gäste gewissenhaft.

Wer sich zusätzlich zur Kur noch gesundheitlich betätigen will, der hat dazu viel Gelegenheit: Es gibt das Parkbad mit einer Wasservorwärmeanlage, Badegelegenheit im nahen Hallstätter See, Tennisanlagen, Kleingolfanlagen, einen Fitness-Parcours mit besonders schwierigen Übungsstrecken und reiche Wandermöglichkeiten. Und zur Nervenberuhigung kann man dem Angelsport fröhnen. Sehr bekannt ist auch die Bogenschützenschule von Bad Goisern, in der man beim Bogenschießen seine Armmuskeln stählen kann. Für Freunde der Freikörperkultur gibt es ein eigenes FKK-Gebiet am Hallstätter See.

Auskünfte: Kurverwaltung Bad Goisern, A–4822 Bad Goisern, Telefon: 06135/329.

Die gräfliche Schönheitskur vom Brunnergut in Auerbach

Abgeschieden von der Hektik des Alltags finden Frauen in der oberösterreichischen Ortschaft Auerbach ein ganz neues und modernes Kosmetikzentrum auf der Schönheitsfarm der Gräfin Helga Ségur-Cabanac im uralten aus dem Jahr 1420 stammenden Herrschaftssitz Brunnergut. Hier erwartet die Gäste eine umfassende

Pflege und Regeneration des Körpers. Unter der Leitung der Gräfin Ségur-Cabanac steht ein Team von Fachkräften zur Verfügung. Die weltbekannte Kosmetikmethode der Schönheitsfarm Gertraud Gruber in Rottach-Egern am Tegernsee wird auch hier angewandt. Es handelt sich dabei um eine auf die Persönlichkeit des Einzelnen zugeschneiderte Intensiv-Pflege für Innen und Außen. Und so sieht das Pflegeprogramm aus: Der äußere Pflegeplan wird bei der ersten Untersuchung gleich nach Ankunft durch die Chefkosmetikerin festgelegt, er ist abhängig von der Hautdiagnose. Dann gibts für die erste Kurwoche einen Stundenplan, der auf Wunsch mit einem Diät- oder Abnahmespeiseplan ergänzt wird. Zum Pflegeplan gehören morgendliche Bürstenmassagen im Bett. Nach dem Frühstück im Zimmer trifft man sich zu Gymnastik- und Atemübungen. Zum kosmetischen Behandlungsprogramm gehören Gesichts-, Hals- und Dekolleté-Pflege, Gesichts-Lymphdrainage nach Dr. Vodder, biologische Hautnährpackungen, Elektroden-Anwendungen zur Straffung der Haut, Gesichtsgymnastik, Ganzkörpermassage, Manicure und Pedicure. Eine Fachkraft gibt einmal in der Woche Unterricht im Schminken und in Make-up-Technik. Große Aufmerksamkeit wird der Ismakogie, der Ganzheitstechnik, geschenkt. Dadurch können Fehlhaltungen des Körpers korrigiert und verbessert werden.

Viel interessanter aber wird für eine Reihe von Gästen das Kurprogramm auf dem Brunnergut sein. Damit sollen Stoffwechselstörungen, Folgen von Reizüberflutung und Überernährung, Bewegungsmangel und Umweltvergiftung behoben werden. Auch vegetative Störungen und Schwächezustände nach Operationen werden erfolgreich bekämpft. Ein genau ausgeklügeltes Kurprogramm bietet Gelegenheit, sich auf eine richtige, naturgemäße und kalorienbewußte und dennoch wohlschmeckende, hochwertige Kost umzustellen. Die Art der Diät und des Fastens hängt vom Gewicht des Kurgastes ab. Die Diät-Maßnahmen werden durch eine spezielle Trinkur aus erlesenen Heilkräutern unterstützt. Darüberhinaus werden Heilkräuter-Kreislaufbäder, Heilkräuter-Rheumabäder, Heilkräuter-Nervenbäder, Moor- und Moorlaugebäder, Fangoschlammpackungen, Molkebäder, Heublumensäcke, Leberwikkel, Massagen und Saunakuren geboten.

Je nach Witterung werden die Kurgäste zwei- bis dreimal in der Woche dazu angehalten, Wanderungen mit einer Therapeutin in die nahen Wälder und auf die angrenzenden Wiesen zu unternehmen. Rund um das Brunnergut stehen weite Liegewiesen und Saunaanlagen zur Verfügung. Die Kuraufenthalte dauern eine bis vier Wochen.

Auskünfte: Schönheitsfarm und Gesundheitsfarm Brunnergut, A–5222 Auerbach in Oberösterreich, Unterkling 3, Telefon: 07747/307.

Eine Augenkur in der stärksten Jod-Sole-Quelle in Bad Hall

Der oberösterreichische Kurort Bad Hall im Alpenvorland verfügt über die stärksten Jod-Sole-Quellen Mitteleuropas und kann damit den Kurgästen ein besonders wertvolles natürliches Heilmittel gegen eine Reihe von Krankheiten anbieten. Besonders berühmt ist Bad Hall in den letzten Jahren als „Augenkurbad“ geworden, weil hier auf Grund der hervorragenden Forschungsarbeit des Paracelsus-Institutes des Landes Oberösterreich eine ganz neue Kurmethode gegen Gefäßveränderungen des Auges, infolge von Arterioklerose, Hypertonie, Hypotonie, Diabetes, Kurzsichtigkeit, Glaskörpertrübungen, Glaskörperblutungen, Linsentrübungen, Augenentzündungen und Sehnervschädigungen, möglich geworden ist. Gegen die aufgezählten Augenbeschwerden werden mit der sogenannten Augen-Iontophorese, mit Sprühbehandlungen und Inhalationen Behandlungsmethoden angewandt, die es

Kurpark Bad Hall

sonst nirgendwo in der Welt gibt. Der Grüne Star kann in Bad Hall nicht geheilt werden, ist aber bei Vorliegen anderer behandlungsdürftiger Erkrankungen kein Hindernis für die Jod-Sole-Kur.

Der Kurbezirk Bad Hall liegt in 390 bis 410 Meter Seehöhe im hügeligen abwechslungsreichen Vorland der Waldalpen. Auf freien Höhenrücken – im natürlichen Windschutz der Berge – herrscht hier mildes Schonklima, das sich besonders beruhigend auf Nerven, Herz, Kreislauf und Atmung auswirkt. Bad Hall war im Mittelalter eine Handwerkssiedlung und ist heute als Kurort frei von Industrie. Im Zentrum des Ortes erstreckt sich ein ausgedehnter Kurpark. Mit 340000 Quadratmetern Fläche existiert er schon seit 1852 und ist als Naturpark angelegt. Das Kurviertel aus dem Jahr 1855 wurde 1975 durch ein neues Kurzentrum mit Kurmittelhaus und Thermal-Mineral-Hallenbad erweitert.

Der Kurbetrieb von Bad Hall stützt sich auf elf in weitem Umkreis des Kurortes entspringende Jod-Sole-Quellen, die in Schächten und Bohrsonden gefaßt sind. Das Wasser, das hier überall mit einer Temperatur von 13 Grad – 4 Liter pro Minute – entspringt, ist biogenen Ursprungs und enthält neben den mengenmäßig überwiegenden Chloriden in starken Anteilen Jod und daneben eine Reihe von Reiz- und Aufbaustoffen, vor allem Brom. Bekanntlich ergänzt Brom die Wirksamkeit von Jod in harmonischer Weise. In dem Heilwasser ist der Gehalt an freiem Jod bedeutend, das sich in Bad Hall bei der Lagerung der Quellwässer anreichert.

Untersuchungen der vier in Bad Hall etablierten Abteilungen des Paracelsus-Institutes bestätigen, daß der Wirkstoff Jod bei kurmäßiger Anwendung vielseitige Wirkungen zeigt. Eine kombinierte Jod-Kurbehandlung verursacht eine Kreislaufum-

stellung und dadurch bedingt die Minderung des peripheren Gefäßwiderstandes und eine Entlastung des Herzens. Auch der allgemeine Stoffwechsel und vegetative Reaktionen werden durch die Jodbadekur günstig beeinflußt. Das fördert in der Folge auch den Heilungsprozeß chronischer Entzündungen, rheumatischer Erkrankungen, Atemwegserkrankungen und Nervenleiden.
Die heilsamen Quellen von Bad Hall tragen die Namen Tassilo-Quelle, Marie-Valerie-Quelle, Furtmühlenquelle, Guntherquelle, Margarethenquelle, Eiselsbergquelle, Zehrmühlenquelle, Paracelsusquelle, Sulzbachquelle, Feyreggerbachquelle und Holznerquelle.
In Bad Hall kann nur der kuren, der von einem im Ort ansässigen und entsprechend erfahrenen Arzt dazu ein Rezept erhält. Grundbehandlungen bilden Trink- und Badekuren, zu denen Jodbäder, Jodkohlensäurebäder, Luftperlbäder, Fichtennadelbäder und Kohlensäurebäder zählen. Als Spezialbehandlungen betrachtet man Jodsole-Überwärmungspackungen, kühle Jodsole-Packungen, Jod-Schlammpackungen, Ganzraum-Nebelinhalationen, Tischinhalationen, Sprühbehandlungen mit Jodsole und Jodsolekonzentrat, Elektro-Aerosol-Inhalationen und Zahnfleischmassagen. Ergänzend werden Unterwassermassagen, Heilmassagen, Segmentmassagen und Heilgymnastik angewandt.
Kam man früher zur Ausheilung von Leiden nach Bad Hall, so hat sich in den letzten Jahren herausgestellt, daß viele Kurgäste zur gesundheitlichen Vorsorge hierher kommen. Dafür wurde auch die „Terrainkur“ entwickelt. Bewegung wird in Bad Hall immer mehr zu einem wesentlichen Faktor des Kurgedankens. Im Organismus soll ein entsprechender Bewegungsreiz geschaffen werden, der Herz und Kreislauf fordert und Herzkrankheiten vorbeugt. Hervorragende Erfolge wurden mit der „Terrainkur“ bei Mangeldurchblutung des Herzens, arteriellen Durchblutungsstörungen, Hypertonie, Zuckerkrankheit, Fettsucht und erhöhten Blutfetten erzielt.
Die Kurdauer hängt von der Art und Schwere der Erkrankung und vom Allgemeinzustand des Patienten ab. In der Regel dauert eine Kur drei bis vier Wochen. Der Kurbetrieb in Bad Hall ist ganzjährig. Bei Bluthochdruck sind die Kurerfolge im Frühjahr und im Herbst am besten.
Man kommt nach Bad Hall zur Kur, wenn man folgende Leiden bekämpfen, lindern und heilen möchte: Gefäßerkrankungen, Augenerkrankungen, neurologische Erkrankungen, Atemwegserkrankungen, Gelenkserkrankungen, Frauenkrankheiten und Zahnfleischerkrankungen.
Neben den vielfältigen Kurmöglichkeiten gibt es noch weitere Betätigungsmöglichkeiten: das 32 Grad warme Thermal-Mineral-Hallenbad, das mit verdünnter Jodsole gespeist wird, Tennisplätze, Kleingolf, Fahrradverleih, Reitmöglichkeiten und 100 Kilometer Wanderwege.

Auskünfte: Kurverwaltung Bad Hall, A–4540 Bad Hall, Postfach 18, Telefon: 07258/2031–0.

Die Quellen, die auch Kinder heilen, in Bad Ischl

Meist dienen Heilquellen der Linderung und Behebung von Krankheiten bei Menschen im fortgeschrittenen Alter. Die Folge ist, daß Heilbäder und dazugehörige Kurzentren überwiegend ein Treffpunkt Erwachsener sind. In dem oberösterreichischen Kurort Bad Ischl wurden schon seit jeher auch Kinder zur Kur geschickt, weil die Quellen von Bad Ischl ganz entscheidend gegen Kinderkrankheiten helfen. Und zwar gegen Rachitis, Skrofulose, allgemeine Entwicklungsstörungen, Stoffwechselstörungen, Kinderdiabetes, Kinderasthma, Allergie, Keuchhusten, Krämpfe und Hormonstörungen. Interessant ist, daß man international davon kaum

Kurhaus Bad Ischl

etwas weiß. Bad Ischl ist auch heute noch als „Kaiser-Kurbad" bekannt.
Der Ort liegt 470 Meter über dem Meeresspiegel inmitten des Salzkammergutes. Er ist seit 150 Jahren Kurort und Treffpunkt der Prominenz aus Politik und Kunst. Kaiser Franz Josef residierte hier jeden Sommer, und der Operettenfürst Franz Lehár lebte und arbeitete hier. Die Kaiservilla und das Lehár-Haus sind heute noch beliebte Ausflugsziele der Kurgäste aus aller Welt.
In Bad Ischl herrscht subalpines Klima mit Reizfaktoren. Es ist windarm und es gibt wenig Nebel. Ischls heutiger Ruf als hervorragender Kurort aber wird von der Ischler Salzbergsole mit 27 Prozent Kochsalz, zwei Salzberg-Schwefelquellen, einer Glaubersalzquelle, gefördertem Salzbergschlamm mit 12 Prozent Salzgehalt, einer reinen Kochsalz-Quelle – Marie-Louisen-Quelle genannt – und einem Team von 22 Kurärzten, 9 praktischen Ärzten und 13 Fachärzten begründet.
In Bad Ischl werden Trinkkuren, Sole-, Schwefel- und Schlammbäder verordnet, aber auch Schlammpackungen, Kabinen- und Apparateinhalationen, Unterwasser-Behandlungen, Unterwassertherapie, Bürstenbäder, Unterwasserstrahlmassagen, Sole-Dampfbäder und Medikamentenvernebelung. Sehr erfolgreich ist die Bad Ischler Atem- und Heilgymnastik.
Außer den erwähnten Kurbehandlungen für Kinder werden auch Erwachsene in einem Kurhotel, einem Kurmittelhaus und vier weiteren Kurheimen gegen folgende Leiden behandelt: Asthma, Katarrhe, chronische Erkrankungen der oberen und mittleren Luftwege, Bronchitis, Emphyseme, chronische Gastritis, Erkrankungen des Verdauungsapparates, Nachbehandlungen von Entzündungen der Leber, Leberanschwellung, Leberfunktionsstörungen, beginnende Leberzirrhose, toxische Leberschädigung, Entzündungen der Gallenwege und der Gallenblase, Stoffwechselstörungen, Durchblutungsstörungen, Herzmuskelschwäche, erhöhter und zu niedriger Blutdruck, Kreislaufstörungen, chronische Venenleiden, Neuralgien, Ischias, Bandscheibenerkrankungen, Kopfschmerzzustände, Spondylose, degenerative Gelenkserkrankungen, Gelenksrheumatismus, Bewegungsstörungen nach Lähmungen, Verletzungsfolgen, Frauenleiden, vor allem chronische Entzündungen der Unterleibsorgane, Unfruchtbarkeit und Hormonstörungen, Störungen und Entzündungen der männlichen und weiblichen Harnorgane und Hautkrankheiten, an erster Stelle die Schuppenflechte.
Wer seinen Körper auch sonst in Bewegung halten will, der kann in Bad Ischl wandern, reiten, schwimmen im Sole-Thermalhallenbad und klettern. Die Bequemen erholen sich von der Kur bei Konzertveranstaltungen oder bei den traditionellen Operettenaufführungen im Kurtheater.
Im Winter gibt es herrliche Langlaufloipen und Skiwiesen sowie Pferdeschlittenausfahrten.

Auskünfte: Kurdirektion Bad Ischl, A–4820 Bad Ischl, Bahnhofstraße 6, Telefon: 06132/3520.

Die Eisenwurz-Kräuterkur im saubersten Dorf Laussa

Die Gemeinde Laussa in Oberösterreich gilt auf Grund eines Ortsbildpflegewettbewerbs nicht nur als das sauberste Dorf Österreichs. Hier hat sich in jüngster Zeit auch eine neue Art von Kurmöglichkeit entwickelt. Da die Gegend reich an wilden Kräutervorkommen ist, wird in einigen Fremdenverkehrsbetrieben unter ärztlicher Aufsicht die sogenannte mittelalterliche Eisenwurz-Kräuterkur zum Entschlakken und Kräftigen des Körpers durchgeführt. Für Übergewichtige bietet sich eine Eisenwurz-Kräuterdiät an. Diese Diät hat einen ganz besonderen Vorteil: Ohne daß der Kurgast hungern muß, nimmt er durch den Konsum einer ganz bestimmten Kräutermischung wöchentlich rund zwei Kilo ab. Zur Unterstützung solch eines Gesundheitsurlaubes durch körperliche Betätigung gibt es 180 Kilometer Wanderwege, die auf einer speziellen Wanderkarte eingezeichnet sind, ein modernes Schwimmbad und einen Fahrradverleih. Und das alles in einer besonders ruhigen und schönen Landschaft.

Auskünfte: Fremdenverkehrsverband Laussa, A–4461 Laussa, Telefon: 07255/7255 und Kurverein Laussa, Telefon: 07255/7238.

Die Rheuma-Kur im Heilmoor-Brei von Bad Leonfelden

Zu einem Eldorado für Rheumaleidende ist im Laufe der Zeit der oberösterreichische Kurort Bad Leonfelden im waldreichen Hügelland des Mühlviertels geworden. Die Gemeinde liegt in 740 Metern Seehöhe, umgeben von dunklen Wäldern, weiten Wiesen und fruchtbaren Feldern. Gepflegte romantische Wege erschließen die Landschaft und führen den Gast zu romantisch verträumten Tümpeln und Moorfeldern, die schon vor langer Zeit als natürliche Schätze für die menschliche Gesundheit entdeckt wurden. Durch seine Höhenlage bietet Bad Leonfelden das ganze Jahr über ein angenehmes und gesundes Reizklima. Doch die Kurgäste kommen nicht allein des Klimas wegen her. Sie wollen im modernen Kurhotel von Krankheiten und Beschwerden befreit werden.

Kuranstalt Bad Leonfelden

Ausgangsprodukt für die Therapien, die hier mit Erfolg durchgeführt werden, ist heilendes Moor aus der hiesigen Natur. Es wird in Form von Moorbädern, Moorpakkungen, überwiegend aber als sogenannter Moorbrei verabreicht. Die Vollschlammbäder erfolgen in eigenen Kabinen, die Bewegungstherapie wird in einem Moorwasserbecken durchgeführt. Dazu gibt es Kneippanwendungen, Sauerstoff-, Luftperlbäder, Massagen, Heilmassagen, Inhalationen und verschiedene Diätformen.
Hauptsächlich begibt man sich in den Moorbrei von Bad Leonfelden, wenn man an subakuten oder chronischen Rheumaerkrankungen leidet. Doch die Behandlungsmethoden erzielen auch beachtliche Erfolge bei Arthrosen, Nervenentzündungen, Frauenleiden, Verletzungsfolgen und Entzündungen von Gelenken sowie des Brust- und Bauchraumes.

Für die sportliche Betätigung während oder nach der Kur stehen drei Hallenbäder, ein Freibad, Tennis-, Minigolfanlagen und Wanderwege mit einem Waldlehrpfad zur Verfügung.

Auskünfte: Kurverwaltung Bad Leonfelden, A–4190 Bad Leonfelden, Telefon: 07213/397 oder 412.

Gesundes Reiten in Altenfelden

Auf dem Rücken der Pferde liegt nicht nur das Glück, sondern neuerdings auch die Gesundheit dieser Erde. Gymnastik im Sattel, so haben es Mediziner festgestellt, ist sehr gesund für den Verdauungsapparat, für die Wirbelsäule und andere Körperpartien. Darum wird seit zweieinhalb Jahren in Österreich in verschiedenen Fremdenverkehrszentren ein gesundheitsförderndes Reiten praktiziert. Als „Vater“ dieser Therapieart gilt in Österreich der Internist Primarius Dr. Herbert Schraml vom Sonderkrankenhaus in Bad Aussee. Jahrelang hat er mit Reitlehrern und Kollegen die therapeutischen Möglichkeiten hoch zu Roß untersucht. Und jetzt ist seine Kurmethode als Präventivkur anerkannt. In erster Linie wirkt die Gymnastik im Sattel gegen lästige Zivilisationskrankheiten, wie Verstopfung, degenerative Wirbelsäulenschäden, periphere Durchblutungsstörungen, Herz-Kreislauf-Defekte und als Nachbehandlung bei Brüchen und Schlaganfällen. Vor der Reittherapie ist allerdings eine eingehende ärztliche Untersuchung erforderlich.

Gesundheitsreiten

Diese medizinische Erkenntnis hat nicht nur im steirischen Grundlsee zum Erfolg des „Gesundheitsreitens“ geführt: Auch in Oberösterreich hat es Freunde gefunden. Und darum bietet neuerdings die Fremdenverkehrsgemeinde Altenfelden einen Fitness- und Gesundheitsurlaub an, unter der Devise: „Gesund durch Racket, Roß und Rad!“ Wie schon das Motto sagt, werden die Kurgäste, die Erholung dringend nötig haben, mit Bewegung und Sport aktiviert. Dazu wurden gezielt drei Sportarten ausgewählt, die – jede auf ihre Weise – eine andere Körperpartie positiv beeinflußt. Der Kurgast spielt Tennis, geht Reiten und unternimmt zuguterletzt Radpartien.

Auskünfte: Fremdenverkehrsverband Altenfelden, A–4121 Altenfelden, Telefon: 07282/5588.

Mit heißem Schwefelwasser gegen Rheuma in Bad Schallerbach

In hügeliger, waldreicher Gegend, ganz in der Nähe der Messestadt Wels, liegt im oberösterreichischen Alpenvorland der Markt Bad Schallerbach. Er besteht seit dem Jahr 1918 und ist durch überzeugende Heilerfolge zu internationalem Ansehen als hervorragendes Rheumabad gelangt. Eine starke Schwefeltherme mit einer Schüttung von 50 Liter pro Sekunde und einer Temperatur von 37,5 Grad Celsius durchströmt ununterbrochen alle Badebecken und Wannen eines großen Thermalfreischwimmbades und eines Thermalhallenbades. Im Kurmittelhaus können täglich bis zu 2000 Einzelbehandlungen durchgeführt werden.

Kuranstalt Bad Schallerbach

An sich wollte man im November 1918 in Schallerbach Erdöl fördern. Doch in einer Tiefe von 476 Metern stieß man auf das heilkräftige, heiße Schwefelwasser, das Fachleute als akratische Natrium-Hydrogencarbonat-Chlorid-Schwefeltherme bezeichnen. Eine übliche Kur mit diesem Wasser dauert drei Wochen. Das Heilwasser wird für Bäder, Trinkkuren und Unterwassertherapien genutzt. Darüberhinaus stehen in Bad Schallerbach Massagen, Elektrotherapien und Heilgymnastik auf dem Programm. Ein Team von Ärzten ist bemüht, den Kurgästen die bestmögliche Behandlung zu bieten.

Für welche Beschwerden ist nun Bad Schallerbach besonders empfehlenswert? Es sind durchaus nicht nur Rheumaleidende, obgleich Patienten mit dieser Krankheit die Mehrheit bilden. Die Schwefeltherme wirkt auch auf viele andere Beschwerden heilend: Ischias, Gicht, Lähmungen, Verletzungsfolgen, Entzündungsreste, Schwächeanfälle, Abnützungserscheinungen im Bereich der Wirbelsäule, Nervenentzündungen und alle degenerativen Erscheinungen im Muskel- und Knochenapparat.

Bad Schallerbach kann seinen Gästen einen 20 Hektar großen Kurpark mit vielen Spazierwegen, Ruhebänken, mit 12 nach medizinischen Gesichtspunkten angelegten Terrainkurwegen und Thermalbädern anbieten. Es gibt Einrichtungen zum Minigolfspiel, zum Tennis und zum Angeln, alles gesunde Beschäftigungen. Eine eigene Kurzeitung informiert die Gäste ständig über Möglichkeiten für gesundheitsförderliche Betätigung in Bad Schallerbach.

Auskünfte: Kurverwaltung Bad Schallerbach, A–4701 Bad Schallerbach, Telefon: 07249/8061 oder 8078.

Die Vegetarier-Diät von Altmünster

Wer Gesundheit im Urlaub sucht, der muß auf Anraten seines Arztes oder freiwillig Diät einhalten. Diätverpflegung wird daher seit Jahren in vielen österreichischen Kurorten angeboten. Eine speziell vegetarische Diät gab es bisher nicht. Im Kurhaus Traunsee in Altmünster hat man unter ärztlicher Anleitung eine vegetarische Diät zusammengestellt und bietet sie als besondere Gesundheitsattraktion an. Daneben werden die Kurgäste mit biologischer Vollwertkost und Schlankheitskuren auf naturheilkundlicher Basis betreut.

Auskünfte: Kurhaus Traunsee in Altmünster, A–4813 Altmünster.

Kurhaus Traunsee, Altmünster

Der „Jungbrunnen“ in der Kösslmühle von Gmunden

Mit biologischer Ernährung und biologisch hergestellten Schönheits- und Kosmetikpräparaten rückt man in der „Kösslmühle“ im oberösterreichischen Gmunden dem Altern der Damen zuleibe. In zwei- bis dreiwöchigen Regenerations- und Schlankheitskuren werden Fältchen, Teintermüdungserscheinungen, Hauterschlaffungen und Porenunreinheiten beseitigt. Mit Recht dürfen die Fachleute in der „Kösslmühle“ ihre Behandlungen als Verjüngungstherapie bezeichnen.

Auskünfte: Kuranstalt Pichler „Kösslmühle“, A–4810 Gmunden, oder Kurverwaltung Gmunden, A–4810 Gmunden, Telefon: 07612/4305.

Gmunden

Die Schwarzwasser-Kur von Neydharting in Bad Wimsbach-Neydharting

Bad Wimsbach-Neydharting ist ein Kurort mit rund 2000 Einwohnern im oberösterreichischen Voralpenland. Begünstigt durch besondere klimatische Bedingungen im Vorland des Salzkammergutes hat man die Möglichkeit zu wundervollen Ganz- und Halbtagswanderungen. Weite Wälder, gepflegte Felder und gute Luft garantieren für ein gesundes Naturerlebnis. Die Aulandschaft des Almflusses steht wegen ihrer seltenen Flora sogar unter Naturschutz. Auf vielen Reit- und Radfahrwegen kann man den Körper in Bewegung halten. Beschauliche Angelplätze an einem der reinsten Gebirgsflüsse Österreichs bieten die Chance für nervliche Entspannung.

Hauptanziehungspunkt von Bad Wimsbach-Neydharting aber ist zweifelsohne das Kurangebot, insbesondere Behandlungen mit dem weltberühmten Neydhartinger Moor. Die chemische Zusammensetzung des naturreinen Moores und des stark mineralhaltigen Schwarzwassers aus diesem Moor ist in ihrer Wirkung auf den menschlichen Organismus einmalig. Das wird von namhaften österreichischen und ausländischen Ärzten bestätigt. Die ärztliche Leitung des Moorbades Neydharting ist nicht nur bestrebt, bereits bestehende Leiden und Gebrechen zu bessern oder zu beheben. Die heilende Wirkung des Schwarzwassers wird in geriatrische Behandlungen einbezogen und zur Vorbeugung altersbedingter Leiden angewandt. Mit dem Schwarzwasser erzielt man eine merkliche Verbesserung der körperlichen Konstitution.

Das Moor und das schwarze Moorwasser werden als Schwarzwasser-Bäder, Moorschwebstoff-Bäder, Moorvaginalspülungen, Moordarmbäder, Moortrinkkur und Moorkohlensäurebäder eingesetzt. Dazu werden Liegekuren, Teil- und Ganzpakkungen, Massagen und Moortret-Therapien verordnet. Eine umfassende Bewegungstherapie wird im Hallenströmungsbad bei 30 Grad Celsius Wassertemperatur durchgeführt. Eine Kur mit dem Moor und dem Schwarzwasser dauert im allgemeinen drei bis vier Wochen. Die Kurgäste werden

Kuranstalt Bad Neydharting

von Fachpersonal unter Aufsicht von Kurärzten betreut.

Bei welchen Erkrankungen ist das heilsame Schwarzwasser besonders wirksam? In Bad Wimsbach-Neydharting kann man folgende Leiden kurieren oder bessern: chronische und entzündliche Frauenkrankheiten, primäre und sekundäre Sterilität, sämtliche Erkrankungen des rheumatischen Formenkreises, Gefäßerkrankungen, Durchblutungsstörungen, Folgen nach Venenerkrankungen, Folgen von Unfallverletzungen oder von neurologischen Erkrankungen, Prostataerkrankungen, chronische Hautkrankheiten, vor allem die Psoriasis vulgaris und chronisch-entzündliche Erkrankungen des Verdauungstraktes. Sehr große Erfolge konnten bei der Behandlung von Gelenksentzündungen, von Leber- und Galleerkrankungen festgestellt werden. Kurzeit ist das ganze Jahr über.

Auskünfte: Kurdirektion Moorbad Neydharting, A–4654 Bad Wimsbach-Neydharting, Telefon: 07245/8916, oder Marktgemeindeamt Bad Wimsbach-Neydharting, Telefon: 07245/4155.

Die „Single-Kur" im höchsten Erholungsdorf Liebenau

Oberösterreichs mit 967 Metern höchstgelegenes Erholungs- und Kurdorf Liebenau im Mühlviertel hat sich ganz auf die „Single-Kur" eingestellt. Man hat in erster Linie ein Kur- und Freizeitprogramm für die Kurgäste ausgearbeitet, die ohne Begleitung also als „Single" kommen. Jeder Gast erhält beispielsweise ein Komfort-Einzelzimmer ohne den sonst üblichen Einbett-Zuschlag. Auch spezielle Wanderungen durch das Tannerhochmoor und Kurbadeangebote im Hallenbad sind ganz auf den Einzelreisenden zugeschnitten. Auf Leihfahrrädern kann der „Single-Kurgast" etwas für den Stoffwechsel und die Verdauung tun oder im Sommer im Rubener Moorbadeteich neue Kräfte sammeln.

Auskünfte: Fremdenverkehrsverband Liebenau, A–4252 Liebenau, Telefon: 07953/255.

Die Valentin-Zeileis-Kur von Gallspach

Im Jahre 1892 entwickelte der Naturforscher D'Arsonwal die Hochfrequenztherapie zur Behandlung vieler Leiden. Die Methode geriet aber dann durch die Entdekkung der Röntgenstrahlung Dr. Röntgens in Vergessenheit. Schließlich gelang es dem Naturheiler Valentin Zeileis, die Therapie wieder aufleben zu lassen und weltbekannt zu machen. Er konstruierte einen eigenen Zeileis-Hochfrequenzapparat, der heilende Wellen auf den menschlichen Körper aussendet. Während galvanischer Strom nur die Haut des Patienten reizt, faradischer Strom ebenfalls nur wenig in den Körper eindringt, besitzt die Hochfrequenzspannung ausgesprochene Tiefenwirkung, die der Patient beim Bestrahlungsvorgang spürt. Valentin Zeileis gründete zur intensiven Weiterentwicklung und Anwendung seiner Hochfrequenztherapie ein eigenes Institut: das Zeileis-Institut im oberösterreichischen Luftkurort Gallspach im waldreichen Alpenvorland, wo es keine umweltschädigende Industrie gibt. Das Institut wurde 1929 errichtet und im Laufe der Jahre durch mehrere An- und Umbauten verändert. Über die Jahre hinweg konnte es seinen Weltruf bewahren. Am Institut arbeiten heute sieben Fachärzte unter der Leitung Dr. F. G. Zeileis, einem direkten Nachkommen des Institutgründers und Naturheilers.
Man weiß heute, daß Gallspach ein idealer Ort für die Hochfrequenztherapie ist, weil die Strombehandlung von den klimatischen Verhältnissen optimal unterstützt wird. Reichlich Sonnenschein, wenig Nebel, mäßige Windstärke, Winde nur aus dem Westen und sehr selten aus dem Osten bestimmen die Wetterverhältnisse. Die Hochfrequenzbehandlungen werden in Gallspach individuell unterschiedlich durchgeführt und durch folgende Behandlungen ergänzt: Ultrakurzwelle- und Ultraschallbestrahlungen, Eigenblutseruminjektionen, Lichttherapie, Grenzstrahlen- und Röntgenbestrahlung. Therapiemethoden, wie sie hier durchgeführt werden, sind weltweit einzigartig. Das Zeileis-Institut hat keine Zweigniederlassungen anderswo.
Wer findet nun mit der Zeileis-Methode in Gallspach Hilfe und Heilung? Schon der 1939 verstorbene Naturheiler und Begründer des Institutes, Valentin Zeileis, verfaßte darüber umfangreiche Erfahrungsberichte. Heilerfolge werden für rheumatische Erkrankungen, Erkrankungen der Atmungsorgane, Herz- und Kreislaufstörungen, Nervenerkrankungen, Störungen der Verdauungsorgane, Frauenleiden, Hautkrankheiten verbucht. Die Behandlungen im Valentin-Zeileis-Institut finden wöchentlich von Montag bis Freitag statt. Außerhalb der Kurmaßnahmen hat der Gast die Möglichkeit, sich im beheizten modernen Freibad, in einer finnischen Sauna, bei Massagen, bei Tennis, Fitness- und Reitübungen gesundheitlich zu betätigen. Für Senioren werden im eigenen Ferien- und Kurklub Gruppensonderprogramme veranstaltet.

Auskünfte: Institut Zeileis, Valentin Zeileisstraße, A–4713 Kurort Gallspach, Telefon: 07248/2351 oder 2352 oder Kurverwaltung Gallspach, A–4713 Gallspach, Telefon: 07248/2375 und 2634.

Wo man sich die Gesundheit im Wald pflücken muß: Gmunden

Das berühmte Seeschloß Ort mit seinem wunderschönen Renaissance-Laubenhof steht auf einer kleinen Insel mitten im Traunsee, der als eines der saubersten Seegewässer Österreichs gilt, weil er sich unter ständiger biologischer Kontrolle befindet. Schloß Ort gehört zur Kurstadt Gmunden, einem Kleinod im Salzkammergut. Hier hat sich in den letzten Jahren ein oberösterreichisches Bio-Zentrum entwickelt, denn Klima und Vegetation des Luftkurortes bieten ideale Voraussetzungen. Unter der Leitung eines geschulten Biotrainers lernen gesundheitsbewußte Kurgäste in Gmunden, wie man durch einfache, natürliche Ernährung den Körper regeneriert und von Beschwerden befreit. Eine besondere Rolle in diesem Programm spielt die österreichische Naturküche und das Wissen über die Heilkraft der Kräuter. Charakteristisch für den Biokurs in Gmunden ist beispielsweise die Aufforderung des Biotrainers: „Heute müssen wir uns unsere Gesundheit selbst im Wald pflücken!" Dann wandern die Bio-Gäste in die Natur hinaus, werden im Unterscheiden und Sammeln von Kräutern unterwiesen und suchen sich dann ihre Gewürze und Kräuter für die Gesundheitssuppe – den „Gmundener Gesundheitseintopf" – selbst.

Ein Biotrainingsurlaub in Gmunden ist eine Mischung aus Bewegungstherapie und vegetarischem Essen. Aber auch eifrige „Fleischfresser" gewöhnen sich rasch an die neue Art der Ernährung zur Entschlakkung des Körpers. Da gibt es zum Beispiel zu Mittag einen Rohkostteller, eine Karottensuppe oder ein Pilzragout. Zum Nachtisch werden Früchte und Joghurt serviert. Als Gewürze in den Suppen werden Liebstöckl, Maggi-Kraut und Petersilie verwendet, als Fett nur kaltgeschlagenes Pflanzenöl. Gesüßt wird nie mit Zucker, sondern nur mit Honig. Zum Frühstück ißt man Vollkornmüsli und Magertopfen, der mit Kräutern zubereitet eine Gmundener Delikatesse darstellt. Bohnenkaffee ist von der Getränkekarte gestrichen. Dafür gibt es eine reiche Auswahl an Kräutertees. Und gerade da haben sich die Gmundener etwas sehr Nettes einfallen lassen: In den Reformhäusern der Stadt gibt es des öfteren Tee-Koststunden und dazu bietet ein Bio-Bäcker Vollwertgebäck an. Ja, sogar Vollwert-Mehlspeisen werden in einigen Konditoreien serviert. Wenn genug Interessenten beisammen sind, können sich die Kurgäste in der Heilkräuterkunde unterrichten lassen. Sie erfahren, wie gesund und heilend die Brennessel ist, weil sie Stoffwechselkrankheiten bekämpft und die Schuppenbildung unterbindet, daß Hollunderblätter die Nieren schonen, daß das Hirtentäschelkraut Blutungen stillt und daß man aus Soja vollvegetarische Fleischkost bereiten kann, die obendrein köstlich mundet.

Berühmt geworden ist der Gmundener Bio-Käseauflauf: Eigelb von drei Eiern mit 150 Gramm geriebenem Käse, zwei Eßlöffel Sonnenblumenöl, vier Eßlöffel Vollweizenmehl und acht Eßlöffeln Milch gut vermischen, den steifgeschlagenen Schnee unterziehen, in ausgefettete Förmchen oder in eine Auflaufform geben und bei 220 Grad etwa 20 Minuten goldgelb backen. Zum Auflauf wird Gemüse oder Salat gereicht.

Zusätzlich zu den Einrichtungen der Biotrainings-Aktion besitzt Gmunden herkömmliche Kureinrichtungen, innerhalb der unter ärztlicher Betreuung modernste Naturheilkundeverfahren praktiziert werden: Frischzellentherapie zur Organverjüngung und Regeneration, Bewegungskuren nach Operationen, Kneippkuren, Medizinalbäder, Unterwassertherapie, Heilmassage und biologische Kosmetik. Im übrigen hat der Kurgast viele Möglichkeiten zum Schwimmen, Surfen, Segeln, Rudern, Tennisspielen und Wandern. Der Weg auf dem 1004 Meter hohen Grünberg zählt zu den schönsten Wanderwegen Österreichs.

Auskünfte: Kurverwaltung Gmunden, A–4810 Gmunden, Telefon: 07612/4305.

Weitere Biotrainings-Kurorte in Oberösterreich sind: A–4822 Bad Goisern, A–4540 Bad Hall, A–4283 Bad Zell.

Die gesundheitsfördernde Zahnradbahn von St. Wolfgang

St. Wolfgang am Nordufer des Wolfgangsees in Oberösterreich ist ein Luftkurort mit veränderlichen klimatischen Verhältnissen: Von Juni bis September herrscht ein ausgesprochenes Schonklima, von März bis Mai und von Oktober bis November ein Klima mit stärkeren Reizfaktoren. Mäßige Winde wehen aus West und Nordwest, selten von Ost und Südost. Das kommt besonders Erholungsbedürftigen und Rekonvaleszenten zugute. Besonders heilwirksam ist die „Klimaschaukel" von St. Wolfgang. Das heißt: Der Kurgast kann im Verlaufe einer Gesundheitswanderung gänzlich verschiedene Klimaverhältnisse auf sich einwirken lassen, zuerst im Tal und dann auf der Schafberghöhe. Die Zahnradbahn bringt ihn von 550 auf 1785 Meter Höhe. Und gerade durch den raschen Wechsel des Klimas auf der Fahrt in der Zahnradbahn ergeben sich bei abgearbeiteten, gestreßten und altersbedingt belasteten Menschen hervorragende und erstaunliche Gesundheitserfolge, so daß man eigentlich sagen kann: In St. Wolfgang ist unter anderem auch die Zahnradbahn ein nicht zu unterschätzendes Kurmittel.
Wer fit bleiben und sich bewegen möchte, der kann Wassersport betreiben, Tennis, Kleingolf, Golf, Reiten und Schwimmen. Im Winter fröhnt man hier dem Skisport oder man erlernt ihn erst in der Skischule. Drei Langlaufloipen und für Sommer und Winter gleichermaßen wurden ausgedehnte Gesundheitswanderwege angelegt.

Auskünfte: Kurdirektion St. Wolfgang, Markt 28, A–5360 St. Wolfgang, Telefon: 06138/239.

St. Wolfgang

Das heilsame Erdöl von Bad Weinberg

Wer kann sich vorstellen, daß Erdöl gesundheitsspendend und heilsam wirkt? Im Hügelland des oberösterreichischen Hausruckviertels am Rande des Eferdinger Bekkens ist dies der Fall. Da befindet sich in der Gemeinde Prambachkirchen mit 2300 Einwohnern die Kuranstalt Bad Weinberg. Es ist ein alleinstehendes Kurhaus im ländlichen Raum, das seine Existenz drei Heilquellen verdankt, die hier mit fast 12 Grad Celsius aus tiefem Erdinneren emporgepumpt werden. Alle drei Quellen spenden Calcium-Magnesium-Sulfat-Hydrogencarbonat-Wasser. Aber es ist noch etwas anderes darin: Organische bituminöse Stoffe aus zähflüssigem, asphaltartigem, braunschwarzem Erdöl, in denen auch deutlich östrogenähnliche Wirkungen nachgewiesen werden können. Weiter enthält das Quellwasser leichtflüssige bituminöse Öle und wasserlösliche, organische Stoffe.

Selbstverständlich ist das braunschwarze Erdöl nur in Spuren im Wasser enthalten. Es wirkt auf den menschlichen Organismus deshalb positiv, weil eine Heilreaktion provoziert wird.
Die erdölhaltigen Heilquellen werden innerhalb von Bade- und Trinkkuren eingesetzt. Insbesondere kommen die Patienten nach Bad Weinberg, um sich mit dem ungewöhnlichen Wasser behandeln zu lassen, die über folgende Leiden zu klagen haben: Psoriasis, Ekzeme, nervöse Hauterkrankungen, allergische Hauterkrankungen, Mykosen, Furunkulose, offene Beine, leichtere Formen des entzündlichen Rheumatismus, Magen- und Darmerkrankungen sowie Verschleißerscheinungen des gesamten Organismus. Die Behandlung wird unter Aufsicht zweier Ärzte in der Kuranstalt durchgeführt.
Während des Kuraufenthalts hat man die Möglichkeit zu Ausflügen und zum Angeln.

Auskünfte: Kuranstalt Bad Weinberg, Dr. Johann Richtsfeld, A–4731 Prambachkirchen, Telefon: 07277/305 oder 07272/64194.

Der „Gesundheits-Rucksack“ von Weyer

Die klimatischen Bedingungen des Luftkurorts Weyer im Ennstal – umgeben von Wäldern und Bergen – sind ideal für erholungssuchende und rekonvaleszente Kurgäste. Die Kurgemeinde hat für diese Personengruppe deshalb einen speziellen „Gesundheitsrucksack“ gepackt. Dem Kurgast werden diverse gesundheitsförderliche Betätigungen angeboten, die alle mit Wandern und daher mit einem Rucksack auf dem Rücken zu tun haben. Wer im Luftkurort Weyer den Rucksack packt, der tut dies in erster Linie, um etwas für seine Kondition und zur Vorbeugung von Streßkrankheiten zu tun. Denn hier wandert man viele Stunden in sauerstoffreicher Luft abseits der großen Touristenströme. Man geht Angeln zu verträumten Fischgewässern, fährt mit dem Rad oder auf Rollschuhen, spielt auf romantischen Tennisplätzen oder schnallt sich im Winter Skier zum Wandern an. Nur ganz bequeme Kurgäste lassen sich im Pferdeschlitten kutschieren. Der „Gesundheitsrucksack“ ist aber nicht nur ein Symbol für den Fitness-Urlaub. In Weyer kann man alles an Wanderverpflegung in ihm verstauen, was zur gesunden österreichischen Vollwertkost gehört. So wird der Aufenthalt in Weyer, was körperliche Betätigung und auch Essen anbelangt, zu einer rundum gesunden Angelegenheit.

Auskünfte: Kurverwaltung Weyer, A–3335 Weyer im Ennstal, Telefon: 07447/155.

Die „Nerven-Massagen“ von Windischgarsten

Einen hervorragenden Namen als Massage-Kurort hat sich die oberösterreichische Gemeinde Windischgarsten in den letzten Jahren erworben. Der Luftkurort liegt in einem breiten Talbecken, umrahmt von den Bergen der Kalkhochalpen. Es herrscht ein leicht subalpines Reizklima und äußerst selten nur ist mit Nebel zu rechnen. Aus langjähriger Beobachtung weiß man, daß sich streßgeplagte und altersbedingt hinfällige Menschen in dieser Gegend besonders rasch erholen. Dazu tragen auch die Klimaunterschiede bei, die zwischen den Höhen 600, 850 bis 1875 Meter herrschen.
Nach Windischgarsten kommen vor allem Kurgäste, die über Symptome der Managerkrankheit, Streßfolgen und Erschöpfungserscheinungen klagen, die eine Nachkur zu einer Heilbehandlung unternehmen wollen oder an einer Störung des Zentralnervensystems leiden.
Der Gast wird in erster Linie mit Massagen und Unterwasserstrahlbädern behandelt.

Windischgarsten

Im Volksmund spricht man von den „Nervenmassagen“, weil kundige Masseure Störungen im Zentralnervensystem zu beheben verstehen.
In Ergänzung zu seiner Behandlung sollte der Kurgast im Hallenbad des Ortes nach Herzenslust schwimmen. Er kann auch Tennis, Kleingolf und Rollschuhlaufen betreiben und hat vielseitige Wander- und Tourenmöglichkeiten ins weitere Umland.

Auskünfte: Kurverwaltung Windischgarsten, A–4580 Windischgarsten, Telefon: 07562/266 und 8440.

Mit Milch und Topfen gegen Krankheiten in Wolfsegg

Im oberösterreichischen Hausruckwald erregt ein Luftkurort mit 2100 Einwohnern durch ein uraltes, neupraktiziertes Heilverfahren Aufsehen. Im Markt Wolfsegg bekämpft man nämlich Krankheiten nicht nur mit Kneippmethoden, sondern – und das ist das Besondere – mit Milch. Und zwar setzt man gegen eine ganze Reihe von Leiden Molke und Topfen ein. Kurhauschef Karl Petershofer berichtet: „Schon in der Antike kannte man diese Heilmethode. Die Molketherapie wurde aus dem Jahr 50 nach Christus von Dioscrides überliefert. Molke- und Topfenumschläge gegen Entzündungen sind ein uraltes Hausmittel!“
Heute nennt man diese erstaunlich erfolgreiche Behandlungsart Lakto-Therapie. Wolfsegg ist durch sie weltberühmt geworden. Bäder in der Molke und Wickel mit Topfen hemmen Entzündungen, lindern Schmerzen und vertreiben Gifte und Schlacken aus dem Körper. Bei Hautkrankheiten wie auch bei schweren inneren Leiden hat sich die Therapie bestens bewährt. Vorwiegend im Frühling und im Herbst werden die „Milch-Gesundheitswochen“ im Kneippkurhaus Wolfsegg abgehalten, innerhalb der die Kurgäste hauptsächlich mit dem Naturprodukt behandelt werden. Die Molke wird auch in Form von Trinkkuren – etwa bei Rachenentzündun-

Kuranstalt Wolfsegg

gen oder chronischen Entzündungen der Mundschleimhaut – eingenommen.

Wer die Bekämpfung seiner Beschwerden nicht ausschließlich den Wirkungen eines Molkebads und eines Topfenwickels anvertrauen will, der kann es auch mit Kneipptherapie, Moorbehandlungen, Heilmassagen, Unterwasserstrahlmassagen und Diätkuren versuchen.

Außer dem Kneippkurhaus Dr. Hubert Petershofer, in dem die Molke- und Topfen-Kuren verabreicht werden, gibt es in Wolfsegg auch noch das Physiotherapeutische Kurinstitut Med. Rat. Dr. Peter Kollmer. Dort wendet man eine neuzeitliche Ganzheits-Diagnostik, Elektro-Akupunktur, chinesische Ohrakupunktur, Ozon-Behandlungen, Eichothermbehandlungen, Aerosol-Sauerstoffkuren und die Mesenchym-Reaktivierungskur – eine individuell modifizierte Frischzellenbehandlung an.

In Wolfsegg kann man Erkrankungen der oberen Luftwege, Herz- und Kreislaufstörungen, Blutdruckkrankheiten, Durchblutungsstörungen, Diabetes, Fettstoffwechselstörungen, degenerative Erkrankungen des Bewegungsapparates, einschließlich der Wirbelsäule und Erschöpfungszustände auskurieren. Die Kneipp-, Molke- und Topfenkuren – neuerdings auch Buttermilch-Bäder – werden von März bis Oktober angeboten, alle anderen Kuren ganzjährig. Übrigens kann man in Wolfsegg an „Bio-Wochenenden“ teilnehmen: Fitness-Wanderung unter kundiger Führung, ein Fit-Lauf durch den längsten Parcours Österreichs, ein Kurs und Anschauungsunterricht im Brotbacken, Kräuterteekuren und Wanderungen stehen auf dem Programm. Für Senioren werden besondere Gesundheitswanderwochen offeriert. Im Winter erfreuen sich neuerdings die Langlaufloipen steigenden Zustromes.

Auskünfte: Kurverwaltung Wolfsegg, A–4902 Wolfsegg am Hausruck, Telefon: 07676/355 und 339, oder Kneippkurhaus Dr. Petershofer, Telefon: 07676/303.

Das heilende Bauernbad von Laakirchen

Es ist nicht jedermanns Wunsch, in einem supermodernen Kurbad seine Beschwerden zu kurieren. Manch einer wählt lieber nostalgisch. Da kann die oberösterreichische Gemeinde Laakirchen mit einer besonders reizvollen Attraktion aufwarten, die obendrein der Gesundheit sehr dienlich

ist. In der Kuranstalt Bad Gmös bei Laakirchen erwartet den unorthodoxen Kurgast ein uraltes Bauernheilbad mit Holztrögen und Holzwannen, in denen Moorwasser zur Behandlung aufbereitet wird. Für all jene, die übliche Heilverfahren bevorzugen, präsentiert sich eine 1975 erbaute, moderne Kurbadeanstalt. Hier werden Moorwasserbäder, Luftperlbäder, Medizinalbäder, Trocken- und Unterwassermassagen verabreicht. Zusätzlich gibt es zum Gesundheitsschwimmen ein Moorwasserfreibad in einer Traglufthalle.
Für welchen Patientenkreis kommt nun eine Kur in Bad Gmös in Betracht? Vor allem Patienten mit rheumatischen Beschwerden, Arthrosen, Ischias, Gicht und solche, die Knochenbrüche nachbehandeln wollen. Des weiteren spricht das Moorwasser von Bad Gmös ideal auf entzündliche Erkrankungen der weiblichen Unterleibsorgane an. Während eines Kuraufenthaltes können die Gäste zahlreiche Wanderungen bis zu den Salzkammergutseen unternehmen.

Auskünfte: Bauern-Moorbad Gmös bei Laakirchen, A–4663 Laakirchen, Telefon: 07613/6014.

Österreichs einziger Kneipp-Gesundheitsweg in Bad Kreuzen

An den gegen Süden zur Donau abfallenden, sonnigen Hängen des waldreichen Gebietes um Grein im unteren Mühlviertel liegt die moderne Kuranstalt der Marienschwestern vom Berge Karmel, die sich hauptsächlich dem Gesundheitsgedanken des Pfarrers Kneipp gewidmet haben. Eine gute Voraussetzung für einen Kurerfolg bildet das milde Reizklima der Gegend. Das Kurleben in Bad Kreuzen hat eine lange Tradition. Schon im Jahr 1846 entstand hier eine erste Kaltwasserheilanstalt, die 1862 beträchtlich ausgebaut wurde. Um die Jahrhundertwende blühte dann ein elegantes Kur- und Badeleben auf, das mit Beginn des Zweiten Weltkrieges erstarb. 1972 aber lebte der Kurbetrieb erneut auf. Denn das viele quellfrische Wasser, der Wald und die reine Luft in Bad Kreuzen sind Garanten für eine erfolgreiche Kur.
Im Mittelpunkt der Behandlungen stehen Kneipp-Anwendungen. Sie sollen streßgeplagten Kurgästen mit Herz- und Verdauungsproblemen, aber auch Patienten mit vegetativen Störungen und Ermüdungser-

Bad Kreuzen

scheinungen zu allgemeiner Regeneration verhelfen. Die Marienschwestern sind in allen Kneippanwendungen erfahren. Sie verabreichen Wechsel-, Arm- und Fußbäder, Kräuterbäder, kalte und warme Güsse sowie Wechselgüsse, Teil- und Ganzblitzgüsse, Ganzwickel und Teilwickel, Heusack- und Heublumenauflagen, Lehm-, Moor- und Topfenwickel, Inhalationen, Ganz- und Teilmassagen. Dazu kommen noch Kohlensäure- und Sauerstoffbäder sowie Unterwasserstrahlmassagen.
Eine besondere Attraktion Bad Kreuzens ist ein Kneipp-Gesundheitsweg, wie es ihn sonst nirgends mehr gibt. Genau wie Pfarrer Kneipp in Wörishofen hat man auch in Bad Kreuzen eine Strecke abgesteckt, auf der der Kurgast mit 16 verschiedenen Kneipp'schen Gesundheitsübungen konfrontiert wird. Das Wandern wird in und um Bad Kreuzen überhaupt groß geschrieben. Die reizvolle, hügelige Landschaft eignet sich ja auch ideal dafür. Die Wanderwege beginnen direkt vor der Haustüre. Es gibt etwa 150 Kilometer markierte Spazier- und Wanderwege mit vielen Ruhebänken. Wer mindestens sechs Wanderungen in seiner Gästekarte nachweisen kann, der erhält die Bad Kreuzener Gesundheits-Wandernadel. Ein Hallenbad und ein gewärmtes Freibad bieten sich zur anschließenden Erholung an.

Auskünfte: Fremdenverkehrsverband Bad Kreuzen, A–4362 Bad Kreuzen, Telefon: 07266/255 oder Kneippkuranstalt der Marienschwestern vom Karmel, A–4362 Bad Kreuzen, Telefon: 07266/281.

Almwandern und Radfahren mit Bio-Ernährung in Bad Goisern

Um dem Kurgast zu beweisen, daß biologische Vollwertkost aus der österreichischen Naturküche nicht nur gesund, sondern auch schmackhaft und kräftigend ist, veranstaltet man in der Fremdenverkehrsgemeinde Bad Goisern Wanderungen mit biologischer Ernährung. Im Rahmen eines Sieben-Tage-Aufenthaltes werden die Gäste dreimal zu Almwanderungen und einmal zu einem weiten Radfahrausflug nach Bad Ischl eingeladen. Bei der Verpflegung achtet man streng auf medizinisch-biologische Kost, die aus Vollkornprodukten, Gemüse, Obst und Kräutertee besteht. Ein Biotrainer, der die Wanderungen anführt, klärt die Teilnehmer über den Vorteil und die Bekömmlichkeit der Naturküche auf. Untersuchungen haben ergeben, daß Wandern und Radfahren mit biologischer Ernährung gekoppelt ganz besonders erfolgreich Erscheinungen von Streß, Übermüdung und Verdauungsstörungen vertreibt.

Auskünfte: Kurverwaltung Bad Goisern, A–4822 Bad Goisern, Telefon: 06135/329.

Gesundheitsurlaub für Herr und Hund in Holzleithen

Eine besondere originelle Idee wurde im oberösterreichischen Ort Holzleithen bei Attnang-Puchheim verwirklicht. Die Ortsgruppe des Österreichischen Vereins für deutsche Schäferhunde bietet Gesundheits- und Fitness-Ferien für Herr und Hund, beziehungsweise Frau und Hund an. Für die Tiere finden hier Abrichte- und Erziehungskurse statt. Planmäßig lernen sie zu arbeiten und sich zu bewegen. In der Nähe der Ferienquartiere hat man großzügige Trainingsplätze angelegt, auf denen sich die Hunde und ihre Besitzer nach Herzenslust tummeln können. Im Gasthof „Zum Traunsteinblick“ stehen den Hunden der Gäste kostenlos Zwinger zur Verfügung, die regelmäßig gesäubert und desinfiziert werden. Eine Übungswiese mit Kletterwänden, Hindernissen und Hundeverstecken eröffnet Mensch und Tier vielfältige Trainingsmöglichkeiten. Trainiert wird unter der Leitung von ausgebildeten Hundeführern. Nötige Utensilien wie Bälle, Bringhölzer und anderes werden zur Verfügung gestellt. In diesem Urlaub ist auch ein Fitness-Wandertag für Hund und Besitzer eingeplant.

Auskünfte: Gasthof „Zum Traunsteinblick", A–4800 Holzleithen bei Attnang-Puchheim, Telefon: 07276/284.

Urlaub beim „Bio-Bauer" in Sarzeinsbach und Dittmannsdorf

Biologischer Anbau und biologische Ernährung stehen hoch im Kurs. Erfolgreich lockt daher Oberösterreich mit dem Slogan „Urlaub beim Bio-Bauer". Das Obst, das man hier kaufen kann, ist vielleicht nicht gerade das allerschönste, dafür ist es aber nicht mit chemischen Mitteln gespritzt worden. Die Eier kommen nicht aus einer Legefarm, sondern aus einem guten, alten Hühnernest im Stadl. Selbstgebackenes Vollkornbrot und selbsteingemachte Marmeladen schmecken ausgezeichnet, denn auf den Feldern der „Bio-Bauern" werden keine chemischen Pflanzenschutzmittel verwendet. Die Bio-Bauern im Mühlviertel verzichten auf wasserlösliche, mineralische

Urlaub beim Bio-Bauern

Stickstoffdünger und auf chemische Unkrautvertilgungsmittel. Sie bereiten sich selbst gesunden, wirtschaftseigenen Dünger. Zwei dieser oberösterreichischen „Bio-Bauern" nehmen übrigens auch interessierte Urlaubsgäste bei sich auf, um ihnen das gesunde Leben näher zu bringen. Sie backen das Brot aus „Bio-Weizen" und „Bio-Roggen" und servieren Fleisch von biologisch gefütterten Tieren. Es gibt „Bio-Kartoffeln" und auch anderes „Bio-Gemüse". Und wenn der Sommergast Spaß daran findet, kann er bei der Ernte mithelfen, kann in den Obstgarten naschen gehen und an Regentagen hat er die Möglichkeit, in der Stube das Weben zu erlernen.

Auskünfte: Hans und Gusti Kainberger, Schaffl-Hof, A–4152 Sarzeinsbach, Auerbach 5, Telefon: 07283/287 und Biobauernhof Stadler, A–4144 Oberkappel, Dittmannsdorf 11, Telefon: 07284/260.

Vom Radonheilbad in die Bio-Kochschule in Bad Zell

Umgeben von einer waldreichen Hügellandschaft findet man auf 513 Meter Seehöhe die Kurgemeinde Bad Zell im unteren Mühlviertel, etwa 40 Kilometer nordöstlich von Linz. Weit weg vom Verkehrs- und Industrielärm der Städte ist der Lebensraum rund um Zell noch ungestört. Die Luft ist würzig, und es wachsen hier besonders viele Heilkräuter. Das hat die Bevölkerung veranlaßt, das Gebiet für Biotrainings-Urlaub zu erschließen. Für einen solchen Urlaub hat man auch ein eigenes Programm entwickelt: Während andernorts fertig zubereitete Vollwertkost aus biologisch angebauten Grundnahrungsmitteln angeboten wird, so lehrt man in Bad Zell die Kurgäste aus Naturprodukten selbst köstliche Mahlzeiten herzustellen. Man hat deshalb eine eigene Bio-Kochschule gegründet. Außerdem holt man sich auch in Zell die Kräuter fürs Essen nicht im Re-

formhaus, sondern auf Wanderungen draußen in der Natur. Dadurch lernt man sie besser kennen und merkt sich auch gleich ihre richtige Anwendung.
In idealer Ergänzung zu den Biotrainingsangeboten findet der Gast die Gelegenheit, Autogenes Training zu erlernen und gegen Streß und Minderwertigkeitsgefühle entsprechende Abwehrstrategien zu entwikkeln.
Wie der Name Bad aber schon sagt, handelt es sich bei Bad Zell in erster Linie um ein Kurbad. Bad Zell besitzt natürliches Heilwasser, das alten Aufzeichnungen zufolge bereits im 16. Jahrhundert von vielen Heilungssuchenden angewendet wurde. Entsprechende Untersuchungen, die in den Jahren 1950 bis 1970 periodisch durchgeführt wurden, haben ergeben, daß die Heilwirkung auf das im Wasser enthaltene Radon zurückzuführen ist. Radon ist ein Edelgas, das im Quellwasser von Bad Zell in besonders reichem Maße vorkommt. Deshalb wurde die Radonquelle von Bad Zell im Jahr 1971 zur Heilquelle erklärt. Kurz darauf wurde ein Kurzentrum erbaut.
Inzwischen weiß man aus vielen Therapieerfolgen, daß das Radonwasser von Bad Zell nicht nur ganz allgemein gegen viele Leiden lindernd eingesetzt werden kann, sondern insbesondere die Tätigkeit der innersekretorischen Drüsen und deren Steuerungsmechanismen anregt und damit Leistungssteigerungen und erhöhtes Wohlbefinden im Alter fördert.
In Bad Zell bekämpft man mit dem radonhaltigen Heilwasser vor allem Erkrankungen des rheumatischen Formenkreises, Abnützungserscheinungen der Gelenke und des Stützapparates, Verletzungsfolgen, Restfolgen nach Lähmungen, Alters- und Verschleißerscheinungen, Klimakteriumbeschwerden, Sterilität und Impotenz, Gefäßstörungen, chronische Entzündungen der Nasennebenhöhlen, Brinchitiden, leichte Herzerkrankungen, Bluthochdruck und Neurosen.
Für Kurgäste, die außerhalb ihrer Kuranwendungen gesunde Bewegung suchen, gibt es 80 Kilometer markierte Wanderwege, Tennisanlagen, Skilanglaufloipen und Fahrradwege.

Auskünfte: Kurverwaltung Bad Zell, A–4283 Bad Zell, Telefon: 07263/516.

6. Gesundheitsführer durch Niederösterreich

Das Niederösterreich-Gesundheits-Stenogramm:

Eine gute Mischung hat Niederösterreich für alle parat, die gesund leben, gesund bleiben und gesund werden wollen. Die abwechslungsreiche Landschaft birgt eine Menge Schätze: gesunde klimatische Verhältnisse auf Pässen und in Gebirtstälern, heiße Quellen, deren Heilkraft schon die Römer, Germanen und Hunnen kannten und schätzten, und die reichen Waldbestände, die für gute würzige Luft sorgen und ein ungestörtes Wandern ohne Straßenlärm und Industriegifte erlauben. Die Nähe zu Wien ist ein zusätzlicher Anreiz für alle jene, die zur Kur nicht allzuweite strapaziöse Reisen auf sich nehmen wollen oder können. Außerdem ist Niederösterreich auch heute noch reich an unberührter Natur, in der besonders gesunde Heilkräuter wild wachsen.

Die Niederösterreich-Gesundheitskarte:

1. Die 3-R-Kur von Bad Deutsch-Altenburg
2. Die Schwefelkur mit Brennesselspinat in Baden bei Wien
3. Wo man das Kurbad in Kleidern nimmt: Bad Schönau
4. Das Heilwasser gegen Managerkrankheit in Bad Vöslau
5. Eine Alpenluftkur in Gösing
6. Die Heilmoorpackungen von Großpertholz
7. Die Verjüngungskuren von Ybbs an der Donau
8. Das Kräuterparadies von Kettenreith
9. Das „Kreislauf-Klima“ von Mönichkirchen
10. Diät-Wochende in Allentsteig
11. Die Heilstrom-Behandlungen des Dr. Nuhr in Senftenberg
12. Wo der Wind die Nerven heilt: Puchberg am Schneeberg
13. Die „Gesundheits-Tankstellen“ von Reichenau an der Rax
14. Das salzige Heilwasser gegen Magen und Darmleiden in Bad Salzerbad bei Kleinzell
15. Der Heilkräutergarten des Erich Hager bei Rosenau
16. Der stillste Kurort ohne Regen: Bad Fischau-Brunn
17. Eine Kur für die Seele in Geras
18. Nach dem Moorbad kommt die Kneipp-Kur in Harbach
19. Zur Erdäpfelkur nach Prinzendorf
20. Gesundes Radeln durchs March-Donau-Land von Gänserndorf aus
21. „Lungen-Therapie“ beim Waldwandern von Amstetten aus
22. Der Kräuterpfarrer von Harth bei Geras
23. Frischzellen-Kur und Diabetiker-Menüs auf dem Semmering.

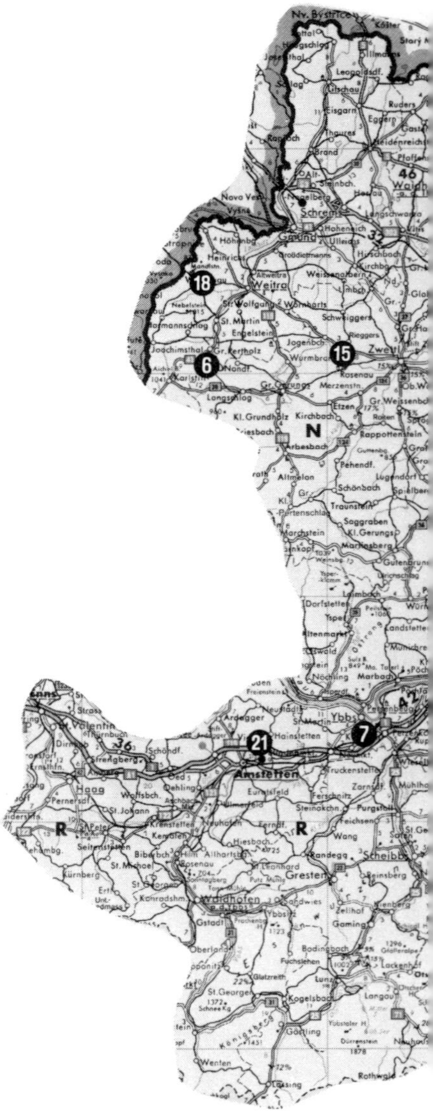

WIEN
Schwechat
Klosterneuburg
Stockerau
Korneuburg
Tulln
Krems
St. Pölten
Melk
Herzogenburg
Wilhelmsburg
Lilienfeld
Hainfeld
Baden
Mödling
Wr. Neustadt
Neunkirchen
Gloggnitz
Aspang
Hollabrunn
Mistelbach
Poysdorf
Zistersdorf
Gänserndorf
Deutsch Wagram
Marchegg
Hainburg
Bruck
Horn
Eggenburg
Retz
Hardegg
Raabs
Drosendorf
Langenlois
Laa a. d. Thaya
Wolkersdorf
Pottendorf
Berndorf
Pottenstein
Türnitz
Puchberg
Ternitz
Kirchberg
1
2
3
4
5
8
9
10
11
12
13
14
16
17
19
20
22
23

Die 3-R-Kur von Bad Deutsch-Altenburg

Der Kurort Bad Deutsch-Altenburg liegt am rechten Donauufer des Wiener Bekkens in Niederösterreich zu Füßen der Hainburger Berge. Seit 2000 Jahren schätzen die Menschen die Heilkraft der Jod-Schwefel-Quellen, die hier mit einer Temperatur von 28 Grad entspringen. Das Wasser half bereits den römischen Besatzern, ihr Rheuma zu heilen. Es half den kranken Germanen und später den Hunnen und Awaren. Hinweise dafür sind noch heute zu sehen: Neben den modernen Kurzentren „Kaiserbad“ und „Ludwigstorff“ ragen noch Reste römischer Bauten gegen den Himmel. Es herrscht hier viel Sonne, gesunde Luft und ein warmes, trockenes Schonklima. In wissenschaftlicher Bezeichnung handelt es sich bei den Heilquellen um Natrium-Calcium-Chlorid-Hydrogencarbonat-Sulfat-Jod-Schwefelthermen.
Das Wasser wird in erster Linie zu Bädern verwendet. Allerdings sind in Bad-Deutsch-Altenburg auch Zusatztherapien wie Schlammpackungen, Sprudelbäder, Inhalationen, Unterwasserbehandlungen und pysikalische Therapie sehr gefragt.
Mit großem Erfolg wird seit einigen Jahren die „3-R-Kur“ praktiziert. Diese Kur umfaßt drei Schwerpunkte: Reiztherapie, Revitalisierungsmaßnahmen und Reduktion

Kurzentrum in Bad Deutsch-Altenburg

des Gewichtes. Die 3-R-Kur kann komplett oder teilweise durchgeführt werden. Es handelt sich dabei um eine sehr sorgsam aufgebaute Kombinationsbehandlung, die dem gesamten Körper wieder zu neuen Leistungen und Kräften verhilft. Die Patienten, die sich der 3-R-Kur von Deutsch-Altenburg unterziehen, sind in erster Linie Frauen und Männer mit streß- und zivilisationsbedingten Abnützungserscheinungen.
Die Reiztherapie mit der weithin bekannten und stärksten Jod-Schwefel-Quelle in Österreich ist ein wesentlicher Faktor der Kur im „Kaiserbad“. Erfahrungsgemäß leiden 70 Prozent aller Europäer an Erkrankungen des rheumatischen Formenkreises und fast alle älteren Menschen an degenerativen Erscheinungen der Gelenke. Dagegen wirken ideal Reizbehandlungen durch Schwefelbäder, Schlammpackungen und Unterwassertherapien, die nach ärztlicher Erstuntersuchung am Kurort individuell verordnet werden.
Revitalisiert werden kann man in Bad Deutsch-Altenburg durch die Anwendung der weltbekannten Präparate von Prof. Ana Aslan. Deren geriatische Präparate verhelfen zu neuer Lebens- und Arbeitsfreude, erhöhen die Wahrnehmungsfähigkeit der Sinnesorgane und bringen Alterserscheinungen zum Abklingen. Das Original-Aslan-KH 3-Präparat bekämpft geistigen und seelischen Verfall, altersbedingte Mangeldurchblutung, reduziertes Hör- und Sehvermögen, Konzentrations- und Gedächtnisschwäche, depressive Verstimmungen, altersbedingte Kreislaufschwächen, Schwindel, Blutdruck, und andere degenerative Erscheinungen.
Die Reduktionstherapie – die dritte Komponente der Kur – hat die Normalisierung des Körpergewichtes zum Ziel. Mit Hilfe einer sachgemäßen kalorienarmen Diät soll der Übergewichtige lernen, sich auf nährstoffarme Ernährung umzustellen. Der Kurgast darf während dieser Kur Mineralwasser und auf Wunsch bis zu zwei Viertelliter eines speziellen Diätweines

trinken. Zur Kur gehören 12 Injektionen innerhalb von 14 Tagen. Vor und während der Reduktionstherapie wird der Patient in regelmäßigen Abständen untersucht.
Im Heilzentrum des Ortes werden folgende Leiden mit dem Jod-Schwefelwasser behandelt und gebessert: alle Erkrankungen des rheumatischen Formenkreises, Gelenks- und Muskelbeschwerden, Verschleißerscheinungen, Neuralgien und Neuritiden, Psoriasis, Bandscheiben-Degenerationen, Folgezustände nach Verletzungen und Operationen, Lähmungserscheinungen, Durchblutungsstörungen, Stoffwechselstörungen, Gicht, chronische Polyarthritis, Rekonvaleszenz und chronische Frauenkrankheiten. Die Heilbäder in der Wanne dauern zwischen 10 und 20 Minuten. Eine Kur soll 18 bis 20 Bäder umfassen, der Sonntag wird immer als notwendiger Ruhetag eingeplant.
Auch die elektrophysikalischen Therapien die in Bad Deutsch-Altenburg angewandt werden, sollten genannt werden: Kurzwelle, Ultraschall, Siretherm-Ultrahochfrequenz, Pamatron-Magnetstrom, Nemectrodyn-Saugglocke, Galvanisation, Faradisation, Ionthoporese, Elektrowanne, Vierzellenbad, Glisson-Elektrobett und Heißluftbestrahlungen.
Neben den Kuranwendungen hat der Gast in Bad Deutsch-Altenburg reichlich Gelegenheit, sich zu bewegen: Er kann schwimmen, bootfahren, segelfliegen, reiten, wandern, radfahren, tennisspielen und angeln.

Auskünfte: Kurkommission Bad Deutsch-Altenburg, A–2405 Bad Deutsch-Altenburg, Badgasse 24, Telefon: 021 65/24 59 oder Kurzentrum Kaiserbad, A–2405 Bad Deutsch-Altenburg, Badgasse 24, Telefon: 021 65/23 35.

Die Schwefelkur mit Brennesselspinat in Baden bei Wien

Die Kurstadt Baden bei Wien verdankt ihre Entstehung und ihren Ruf einigen heilkräftigen Schwefelthermalquellen, die genauer gesagt Calcium-Natrium-Magnesium-Sulfat-Chlorid-Schwefelwasser führen. Die einzelnen Quellen tragen die Namen: Marienquelle, Peregriniquelle, Ursprungsquelle, Josefbadquelle, Leopoldsquelle, Engelsbadquelle, Johannesquelle, Ferdinandquelle, Frauenbadquelle, Sauerhofquelle, Peterhofquelle, Mariazellerbadquelle, Franzensbadquelle, Karolinenbadquelle und Wegquelle. Sie unterscheiden sich alle nur geringfügig in bezug auf Temperatur und Zusammensetzung des Thermalwassers. Zu therapeutischen Zwecken wird vorwiegend die Marienquelle benützt. Das Wasser kommt mit 35,4 Grad Celsius – und zwar 53 Liter pro Sekunde – aus der Erde.
Bereits die Römer kannten den Badeort als „Aquae“ und 869 wurde zum ersten Mal der Name „Padun“ genannt. Die Stadt besitzt somit eine über 2000 Jahre währende ununterbrochene Badetradition. Baden war zur Zeit des Biedermeiers Kaiserresidenz. Von 1803 bis 1834 verbrachte der habsburgische Hof jeden Sommer hier. Baden ist eine Stadt der Gärten und der Ro-

Kurpark Baden bei Wien

sen. Ein breites Band von Grünanlagen, wie der Kurpark und der Doblhoffpark mit seinem Rosarium aus vielen tausenden Rosen spendet Ruhe und Erholung. Auf gepflegten Wegen kann man zu den Burgruinen des Helenentales sowie zu den Klöstern Heiligenkreuz und Mayerling wandern.

Das heilende Schwefelwasser von Baden genießen die Kurgäste nicht nur im Thermalstrandbad, sondern auch im neuerrichteten Thermal-Kurmittelhaus, das nach den modernsten bädertechnischen Gesichtspunkten geplant und eingerichtet wurde. Hier bietet man den Kurgästen Badekuren, Mundsprühbäder, Trinkkuren, Inhalationen und Luftkuren an. In Ergänzung dazu folgende wirksame Zusatztherapien: Unterwassertherapie mit Gymnastik, Streckübungen und Massage, Schlammpackungen, Kohlensäure- und Fichtennadelbäder, Bindegewebsmassagen und Elektrotherapie. Außer im Kurmittelhaus werden auch in einzelnen Kurhotels Schwefelwasserbehandlungen durchgeführt.

Wer kommt nun nach Baden, um hier Linderung und Heilung durch das Schwefelwasser zu finden, das übrigens einen recht penetranten Geruch verbreitet? Bei folgenden Leiden werden beachtliche Erfolge erzielt: Mit Bädern bei Gelenks- und Muskelerkrankungen, rheumatischen Erkrankungen, Verschleißerscheinungen, Neuralgien und Neuritiden, Hauterkrankungen, Schwermetallvergiftungen, degenerativen Erkrankungen der Muskeln und Gelenke, Folgeerscheinungen nach Unfallverletzungen, Lähmungserscheinungen und chronischen Frauenkrankheiten. Mit Mundsprühbädern bekämpft man chronische Zahnfleischerkrankungen sowie Erkrankungen der Mundschleimhaut und der Nebenhöhlen. Mit Trinkkuren geht man gegen allergische Darmerkrankungen und Verstopfung vor. Inhalationen unterstützen die Ausheilung von bronchitischen Syndromen und akuten Infekten des Respirationstraktes. Luftkuren in Baden werden bei Rekonvaleszenz, bei Herzschädigungen und nach operativen Eingriffen sowie bei Bluthochdruck empfohlen.

Jeden Herbst gibt es eine ganz spezielle Kur in Baden: die Traubenkur mit den frischen, süßen Trauben der Umgebung. Sie dient in erster Linie der Entschlackung des Körpers. Schon Erzherzog Karl I., der Herzog von Reichstadt, Metternich, Fanny Elsler, Beethoven, Schubert, Lanner, Strauß, Millöcker, Zeller und Komzak kamen hierher zur Kur.

Heute hat sich Baden zusätzlich zu seinen Schwefel- und Traubenkuren als Zentrum des Biotrainings profiliert. Der Kurarzt erstellt dem Kurgast einen Trainingskurplan. Und somit hat dieser einen Leitfaden für einen angenehmen und gesunden Aufenthalt in der Hand. In Gruppenwanderungen, angeführt von einem erfahrenen Bio-Trainer, lernen die Urlauber, aus der Natur Kraft und Wissen zu schöpfen. Zum Beispiel werden sie in die „Brennessel-Kur“ eingewiesen. Das heißt: Sie sammeln im Freien Brennesselspitzen und lassen sich dann daraus einen „Biospinat“ zubereiten. Ein Tag im Biotrainingsurlaub beginnt selbstverständlich mit einem Vollkornmüsli. Wer an Galle und Leber leidet, dem wird gezeigt, wie er sich aus den Blüten des saftigen Rotklees den öligen Saft pressen und als Medizin zu sich nehmen kann. Hagebutten werden zur Versorgung des Körpers mit Vitamin C gekaut. Sie stärken auch gesundheitlich labile Kinder. Spitzwegerich sammelt man, weil der Tee daraus wundersam bei Verdauungsstörungen und Husten wirkt. Im Rahmen ausgedehnter Kräuterwanderungen wird auch Meditation betrieben. Meditiert wird während der Bio-Wanderung auf einer Waldlichtung nahe der Ruine Rauheneck. Hier lernen die Kurgäste richtiges, gesundes Atmen und Abschalten. Dazu kommen Kurse mit Waldlauf, Gymnastik, Schwimmen, Entspannung mit Musik oder auf Yogabasis und Kräuterheilkunde. Der Tag wird abgeschlossen mit einem Vollwertbuffet, dem selbstgepflückten Brennesselspinat und als Nachtisch Holunderblüten in Backteig. Wessen Tagesprogramm noch nicht genug gefüllt ist, kann in Baden viel Sport betreiben: Tennis, Minigolf, Golf, Wandern und Angeln.

Auskünfte: Kurdirektion der Stadt Baden, A–2500 Baden bei Wien, Hauptplatz 2/1, Telefon: 02252/44 70 oder 02252/4 11 27 und 33 47.

Wo man das Kurbad in Kleidern nimmt: Bad Schönau

Das können auch Sie erleben: Da sitzen im niederösterreichischen Kurort Bad Schönau einige völlig bekleidete Menschen in einem Glashaus bequem auf Bänken und – absolvieren tatsächlich dabei eine Kur. Sie schwimmen nicht. Sie müssen sich nicht umkleiden, nicht abtrockenen. Einfach in Kleid und Anzug genießen sie ihr „Kurbad". Sie sitzen nämlich im Trockengasbad von Bad Schönau.

Bad Schönau liegt in der sogenannten Buckligen Welt, einem waldreichen Hügelland im südlichsten Teil Niederösterreichs. Fernab von jeglichem Massentourismus hat sich die Gegend mit Wiesen und Wäldern einen bäuerlichen Charakter bewahrt, der dem Kurbetrieb eine verträumte Romantik gibt. Der Ort ist durch mildes Schonklima ausgezeichnet. Bad Schönau verfügt über eine Heilquelle, und zwar einen Calcium-Magnesium-Hydrogencarbonat-Sulfat-Eisensäuerling, der mit 18 Grad Temparatur aus der Erde sprudelt. Typische Eigenschaft dieses Wassers: Es enthält sehr viel Kohlensäure.

Während nun ein Teil der Kurgäste in dem Heilwasser Bäder nimmt, werden andere mit Kohlensäuregas allein kuriert, das in einem besonderen Verfahren dem Wasser entzogen und in einem eigenen Gas-Pavillon den Patienten zugeführt wird. Die sitzen auf Bänken beisammen und lassen das Kohlensäuregas auf die unteren Körperregionen einwirken. Man spürt ganz

Kurhotel Bad Schönau

deutlich ein starkes Kribbeln und Prickeln in Beinen und Unterleib. Zusätzlich werden in Bad Schönau noch Trinkkuren, Inhalationen, Massagen, Unterwassermassagen, elektrophysikalische Therapie, Schlamm- und Moorpackungen sowie Heilgymnastik angeboten.

Mit den Kohlensäuregasbädern werden in erster Linie Kreislauferkrankungen und Durchblutungsstörungen geheilt. Das heilende Kohlensäurewasser als Bad genommen wirkt gegen nervöse Erschöpfungszustände, Schilddrüsenstörungen, Anämien, Diabetes, Ekzeme, Arteriosklerosen, Herzklappenfehler, Reizleitungsstörungen, Bronchiektasien und Lungenschrumpfung. Die Trinkkuren von Bad Schönau sind hilfreich bei entzündlichen Erkrankungen des Magen-Darm-Traktes, Magenübersäuerung und Harnsteinleiden.

Für den gesundheitsbewußten Gast bieten sich zahlreiche Wandermöglichkeiten und Radfahrgelegenheiten an. Das neue Kurzentrum offeriert natürlich das wichtigste Gesundheitsangebot.

Auskünfte: Gemeindeamt Bad Schönau, A–2853 Bad Schönau, Kurhausstraße 8, Telefon: 02646/2389 oder 8212 oder Kuranstalt Bad Schönau, A–2853 Bad Schönau, Telefon: 02646/2374 oder 8237 oder Kurhotel Bad Schönau, A–2853 Bad Schönau, Telefon: 02646/2585 oder 8281.

Das Heilwasser gegen die Managerkrankheit in Bad Vöslau

Am Ostrand des südlichen Wienerwaldes liegt der nierderösterreichische Kurort Bad Vöslau. Das windarme leichte Schonklima und die Heilquelle bieten beste Genesungsvoraussetzungen für erschöpfte, überarbeitete Menschen mit unterschiedlichsten gesundheitlichen Störungen. Man spricht auch vom „Bad Vöslauer Heilwasser gegen die Managerkrankheit". Tatsächlich suchen hier viele einflußreiche Firmenchefs und Unternehmer Vorbeugung und Heilung von ihren Leiden. Bei der Heilquelle handelt es sich um eine Akratotherme von 24 Grad Celsius. Es wirkt hervorragend gegen Übermüdungs- und Erschöpfungszustände, rheumatische Erkrankungen aller Art, Kreislaufstörungen, Altersbeschwerden, Verschleißerscheinungen, Rekonvaleszenz und Verletzungsfolgen des Bewegungsapparats.

Das Heilwasser kann man in Bäderform oder als Getränk genießen. Kurgäste in Bad Vöslau erhalten je nach der Entscheidung des Kurarztes Kohlensäurebäder, Sauerstoff- und Luftperlbäder, Moorbäder, Massagen, Unterwassertherapie und Quarzlichtbehandlungen. Zu einer Terrainkur gehört es, daß die Kurgäste, die in Gruppen durch Wälder und über Wiesen spazieren, unterwegs ganz bestimmten Strapazen ausgesetzt werden, die im Kör-

Thermalbad Vöslau

per entsprechende Heilreaktionen hervorrufen. Dazu tragen auch die harzreichen Schwarzföhrenwälder ihren Teil bei. Man atmet gesunden Föhrenharzduft auf Schritt und Tritt ein.
Das Vöslauer Tafelwasser gilt als erstklassiges Diättafelwasser.
Zum Schwimmen stehen dem Kurgast drei große Thermalbecken in einem Waldpark zur Verfügung. Weitere Sportarten, die man in Bad Vöslau betreiben kann, sind: Tennis, Reiten, Radfahren und Jogging auf einer Fitness-Laufstrecke im Föhrenwald.

Auskünfte: Kurverwaltung Bad Vöslau, A–2540 Bad Vöslau, Schloß Vöslau, Telefon: 02252/7743 oder 7161 oder Kurmittelhaus Bad Vöslau, A–2540 Bad Vöslau, Telefon 02252/7187–0.

Gösing

Eine Alpenluftkur in Gösing

Würzige Alpenluft, vollkommen frei von Autoauspuffgasen wie in Gösing, ist heute eine Rarität und von unschätzbarem Wert für die Gesundheit. Darum erfreut sich die Gemeinde Gösing in Niederösterreich bei Wanderlustigen und Gesundheitsfreunden großer Beliebtheit. Sehr oft befindet sich der Wiener Kardinal König unter ihnen. In den Straßen und Gassen des Ortes sieht man keine Busse und keine Lastautos. Hier herrscht paradiesische Ruhe; in der Umgebung kann man noch den Auerhahn balzen hören. Um das Alpenhotel entstanden in den letzten Jahren ein Tennisplatz, ein Swimmingpool und ein Bio-Landgut, von dem täglich frische Milch auf den Tisch der Urlauber gelangt. Wer nichts als Ruhe und eine gesunde Luft sucht, der ist hier richtig.

Auskünfte: Gemeindeamt Gösing, A–3221 Gösing an der Mariazeller Bahn.

Die Heilmoorpackungen von Großpertholz

Großpertholz, der Kurort im nordwestlichen Waldviertel, verfügt über ein mildes Reizklima. Hier erstrecken sich weite Moorfelder, aus denen für medizinische Zwecke Heilmoor gestochen wird. Dieses Moor wenden die Kurärzte von Großpertholz als Bäder, Packungen oder Moormassagen an. Hervorragende Erfolge werden bei Erkrankungen des rheumatischen Formenkreises, bei Frauenleiden, Verletzungs- und Operationsfolgen, nicht heilenden Narben und bei diesen Hauterkrankungen erzielt. Behandelt werden die Patienten in einer modernen Kuranstalt. Neben der Moorkur kann man Erholung auf weiten Wanderwegen im Naturpark Nordwald-Großpertholz, bei den Hochmoorteichen und im Naturpark Blockheide finden.

Auskünfte: Gemeindeamt Großpertholz, A–3972 Großpertholz, Telefon: 02857/253.

Großpertholz

Die Verjüngungskuren von Ybbs an der Donau

Nach Ybbs, einer alten romantischen Stadt an der Donau, hat es immer schon viele Senioren gezogen. Deshalb wohl hat sich gerade hier ein Zentrum für Altersmedizin etabliert. Der Chefkurarzt Dr. Johann Georg Loidl leitet seit einiger Zeit in Ybbs Geriatriekuren. Nach erprobten Methoden werden dabei gezielt Aufbauprogramme für Körper und Geist verwirklicht, bei denen es in erster Linie um Zellverjüngung und Revitalisierung erschöpfter und kranker Organe geht. Dazu dient in Ybbs an der Donau das von Prof. Ana Aslan entwickelte Präparat Gerovital H 3, ein Aufbaupräparat gegen vorzeitiges Altern. Es handelt sich um ein Procain-Monopräparat, also ein Medikament mit einer vorherrschenden Heilsubstanz. Die in Ybbs verwendeten Mittel werden direkt aus Bukarest eingeführt und stammen vom international bekannten Institut für Geriatrie. Ursprünglich setzte Prof. Ana Aslan das Mittel gegen Rheuma ein, stellte aber bei älteren Patienten bald auch deutliche Verjüngungserscheinungen fest. Da erst begann sie mit zielgerichteten Forschungen, deren Ergebnisse heute zahlreiche Senioren zugute kommen. Besondere Behandlungserfolge mit dem Verjüngungsmittel werden bei Patienten vom 40. Lebensjahr aufwärts bei folgenden Beschwerden erzielt: allge-

Ybbs an der Donau

mein verminderte körperliche und geistige Leistungsfähigkeit, depressive Verstimmungen, degenerative Gelenkserkrankungen, Konzentrations- und Gedächtnisschwächen, Mangeldurchblutungen und deren Folgen, depressive psychische Disregulierungen in den Wechseljahren und Nachwechseljahren der Frau, reduziertes Hör- und Sehvermögen, verminderte Hautspannkraft, altersbedingte Kreislaufschwäche, Schwindelanfälle, Blutdruckkrisen.
Ein Stab medizinischer Mitarbeiter betreut die Kurpatienten während des ganzen Aufenthaltes. Eine Geriatriekur aber beginnt erst nach gründlicher ärztlicher Untersuchung. Mit der Spezial-Verjüngungskur werden auch Diät, Massagen, Bäder, Heilgymnastik und Elektrotherapie kombiniert. Auch Heilmoorschwefelbäder, Kohlensäurebäder, elektrogalvanische Bäder, Luftsprudelbäder werden in Ybbs angeboten und Kurse für Atemgymnastik durchgeführt.

Auskünfte: Stadtamt Ybbs an der Donau, A–3370 Ybbs/Donau, Telefon: 07412/2612 oder Regenerations-Center Ybbs an der Donau, A–3370 Ybbs/Donau, Trewaldstraße 6, Telefon: 07412/8000.

Das Kräuterparadies von Kettenreith

Die niederösterreichische Gemeinde Kettenreith hat sich im Laufe der Jahre zu einem echten Kräuterparadies entwickelt. Der zuständige Verschönerungsverein hat einen mustergültigen Heilkräuterlehrpfad angelegt, wie es keinen vergleichbaren in Österreich gibt. Wer hier wandert kann sich über Aussehen, Eigenart und Heilzweck aller heimischen Kräuter informieren. Und es wird dem Besucher deutlich vor Augen geführt, daß Pflanzen im Grunde genommen die Grundlage für jegliches menschliche und tierische Leben sind.
In Kettenreith kann man aber auch die Zubereitung von Kräutertees sowie einige Kuchenkräutergeheimnisse erlernen. Der Kräuterfachmann des Ortes heißt Richard Schmidt und wohnt im Ritzberger Kräuterhaus. Im Heilkräutergarten sind die einzelnen Heilpflanzen in verschiedenen Beeten dargestellt. Jedes Beet wird von einer anderen Familie des Ortes betreut. So ist beispielsweise für das Beet mit Eibisch, Käsepappel, Klatschmohn und Kornblume eine Familie Kroupe zuständig und für das Beet mit Brennessel, Schachtelhalm, Sauerampfer, Vogelknöterich, Holunder und Quecke sorgt die Familie Langeneder. Insgesamt besteht der Heilkräutergarten aus 21 Beeten mit wunderbaren Heilkräuterarten.
Auf einem Beet aber wachsen Küchenkräuter, wie sie in Klöstern vergangener Zeiten gepflanzt wurden: Hier finden wir Basilikum, Beifuß, Borretsch, Dill, Estragon, Kerbel, Koriander, Petersilie, Majoran, Schnittlauch und Oregano. Dieser Kräutergarten wird vom Gasthof Altes Herrenhaus Kettenreith betreut. Hier nimmt man den Kräutergedanken auch im Alltag ernst. Wer ein Freund vieler exquisiter und gesunder Kräuter in der täglichen Nahrung ist, der findet hier alle Speisen mit Kräutern aus dem eigenen Garten zubereitet.

Auskünfte: Heilpflanzenlehrpfad Kettenreith-Verschönerungsverein, A–3233 Kilb-Kettenreith, Telefon: 02748/610512.

Das „Kreislauf-Klima" von Mönichkirchen

Der niederösterreichische Kurort Mönichkirchen ist ein sogenannter Heilklimaort. Im Volksmund spricht man vom wunderbaren „Kreislauf-Klima". Denn wer hier Urlaub macht, kann durch die klimatischen Verhältnisse seinen Kreislauf wieder in Ordnung bringen. Nachweislich werden hier allein während des Aufenthaltes in

Mönichkirchen

nahezu 1000 Meter Höhe Kreislaufstörungen behoben. Es herrscht in Mönichkirchen von Mai bis September ein reizmildes und von Oktober bis April ein reizstarkes Klima. Die lebhaften Winde kommen gleichermaßen aus Nordwest, Nordost, Süd und West. Dies und die starke Sonnenstrahlung ergeben ideale Heilbedingungen.
Außer Kreislaufstörungen werden durch die Luftkur in Mönichkirchen auf folgende weitere Beschwerden gelindert und geheilt: vegetative Regulationsstörungen, körperliche und psychische Überlastungsbeschwerden, Rehabilitationsbeschwerden, innere Erkrankungen nach Operationen, Atmungsstörungen und mangelhafte Immunität. Die Kur verbringt man in einem Höhenkurheim. Förderlich für gesundheitliche Besserungen sind Wanderungen, Spaziergänge und Skifahrten im Winter.

Auskünfte: Fremdenverkehrsamt Mönichkirchen, A–2872 Mönichkirchen, Telefon: 02649/225.

Diät-Wochenende in Allentsteig

Im niederösterreichischen Gebiet der Kleinen Thaya – ein Idyll im mittleren Waldviertel – liegt Allentsteig. In dieser sprichwörtlichen Gesundheitslandschaft werden Diät-Wochenende angeboten. Es handelt sich dabei um präventiv medizinische Urlaubstage unter dem Motto: „Richtige Ernährung und psychisches Kräftesammeln". Das praktische Trainingsprogramm soll den Menschen helfen, ihr Alltagsleben gesundheitsbewußter zu gestalten. Ärzte und Gesundheitstrainer leiten das Programm. Die in Allentsteig praktizierte diätetische Lebensweise hat weitreichende Ziele. Diese Diät soll mithelfen, dem Leben aufgeschlossener und vernünftiger gegenüberzu-

Allentsteig

stehen. Freitags nach der Ankunft unternehmen die Kurgäste sofort einen Abendspaziergang zum Allentsteiger See. Den nächsten Morgen beginnt man mit einem Waldlauf der von gegenartischen Übungen unterbrochen wird. Daran schließt eine ärztliche Untersuchung an, bei der erste Ernährungsratschläge erteilt werden. Anschließend beginnt die Gesundheitsschulung mit einem „Gesundheits-Kochkurs" und einer Einführung in vernünftige Ernährung. Auf das Mittagessen folgt eine weitere Wanderung, abends beginnt ein medizinischer Grundkurs über krankheitsvorbeugende Ernährung. Am Sonntag unternehmen die Kurgäste wieder einen Waldlauf mit Gymnastik und eine Radtour. Dann werden sie einer weiteren Gesundheitsschulung unterzogen und kommen zum abschließenden Arztgespräch. Die Absicht der Organisatoren ist es, daß die Gäste ihr Wissen, das sie aus Allentsteig mitbringen, daheim weiter nützen, vernünftig und gesund essen und sich viel bewegen.

Auskünfte: Verkehrsverein Allentsteig, A–3804 Allentsteig, Telefon: 02824/296 und 422 oder Stadtgemeinde Allentsteig, A–3804 Allentsteig, Hauptstraße 23, Telefon: 02824/310.

Die Heilstrom-Behandlungen des Dr. Nuhr in Senftenberg

Der Heileffekt elektrischen Stroms für den menschlichen Körper war schon den alten Römern bekannt. Damals setzte man sich lebende Zitterrochen in die Badewanne. Die elektrischen Schwingungen und Schläge, die sie aussandten, wirkten sich positiv auf Krankheiten und Beschwerden aus. Heute hat die Elektro-Medizin einen Hohen Stand der Wissenschaft erreicht. Und ein Name ist aus diesem Gebiet nicht mehr wegzudenken: Dr. Nuhr. In der niederösterreichischen Gemeinde Senftenberg behandelt Dr. Otto Nuhr und sein Team von Balneologen und praktischen Ärzten in einem staatlich anerkannten Ambulatorium für elektrophysikalische Medizin und Hydrotherapie folgende Leiden mit beachtlichem Erfolg: Bandscheibenerkrankungen, deren Folgeerscheinungen, Erkrankungen des rheumatischen Formenkreises, zentrale und periphere Lähmungen, Durchblutungsstörungen, neurovegetative Regulationsstörungen, Erschöpfungszustände, Leistungsabfall.
Stromanwendungen und Zusatztherapien werden den Patienten im modernen Kurzentrum mit Hallen-Warmschwimmbad, einem Ozonsprudelbad und einem Schottertretbad angeboten, diese sind Hochfrequenz – und Niederfrequenzbehandlungen, Ultraschall, Vacosan- und Vibrations-

Kuranstalt Senftenberg

massagen, Quarzlampenbestrahlungen, Streckbett, Vibra-Extensionen, Cervikalzug, Unterwasserstrahlmassage, mechanische und Handmassagen, Heilgymnastik, orthopädisches Turnen, Eigenblutinjektionen. Ein modern eingerichtetes Laboratorium ermöglicht alle notwendigen Untersuchungen wie EKG, Oszillometrie und Reizstromdiagnostik.
Im Rehabilitationszentrum Dr. Otto Nuhr stehen dem Kurgast außerdem noch eine finnische Sauna, Schockbrausen, Ruheräume, Solarien, Massageräume, ein Gymnastikraum, Trimm-dich-fit-Anlagen und Tennisplätze zur Verfügung. Und überall gibt es Spazier- und Wanderwege.

Auskünfte: Gemeindeamt Senftenberg, A–3541 Senftenberg, Telefon: 02719/319 oder Institut Dr. Nuhr, A–3541 Senftenberg, Telefon: 02719/221.

Wo der Wind die Nerven heilt: Puchberg am Schneeberg

Für gewöhnlich ist es so, daß nervöse Menschen unter Föhn und anderen Wetteränderungen leiden. In dem niederösterreichischen heilklimatischen Kurort Puchberg am Schneeberg ist es gerade umgekehrt. Da passiert es, daß Windbewegungen in diesen besonderen klimatischen Verhältnissen nervöse Beschwerden der Kurgäste lindern oder sogar zum Verschwinden bringen. Puchberg liegt in einem waldumsäumten Talkessel am Fuße des Schneeberges. Der in rund 580 Meter Höhe gelegene Ort hat im Sommer ein Schonklima, ein Reizfaktorenklima zur Übergangszeit und ein starkes Reizklima im Winter. Nebel gibt es nur selten, Sonne dafür sehr viel. Die seichten „heilenden und nervenberuhigenden Winde" kommen überwiegend aus West- und Nordwestrichtung.

Kneipp-Gesundheitspfad in Puchberg am Schneeberg

Welche Leiden sprechen nun besonders auf das heilsame Klima von Puchberg an? Viele Menschen kommen hierher zur Höhenkur, die an neurovaskulären Regulationsstörungen leiden, oder an nervösen Erschöpfungszuständen, an Labilität der Gefäße, an Durchblutungsstörungen, körperlicher und seelischer Überbelastung oder Entkräftung nach Operationen.
Im Kurmittelhaus von Puchberg verläßt man sich allerdings nicht allein auf die Winde und die klimatische Lage. Hier werden an den Kurgästen folgende Maßnahmen angewandt: Elektrotherapie, Hydrotherapie, Unterwassertherapie, Massagen, Kneippkuren. In Ergänzung zu den Kuranwendungen vertreiben sich die Gäste die Zeit mit Radfahren, Schwimmen, Wandern, Minigolfspielen, Bootfahren, Bergwandern, Reiten, Skifahren, Skilanglaufen und Kegeln.

Auskünfte: Fremdenverkehrsamt Puchberg am Schneeberg, A–2734 Puchberg am Schneeberg, Telefon: 02636/2201 und 2256.

Die „Gesundheits-Tankstellen" von Reichenau an der Rax

Reichenau an der Rax ist ein niederösterreichischer heilklimatischer Kurort mit 4000 Einwohnern am Ausgang des waldreichen Schwarzatales, zu Füßen des Schneebergs. Die allseitige von Südosten bis Nordwesten reichende Gebirgsumrahmung bietet dem Ort Schutz gegen Schlechtwettereinbrüche aus dem Westen und Nordwesten, wodurch das Klima sehr begünstigt wird. Häufig ist es ganz windstill. Kein Wunder, daß sich hier verschiedene Gesundheitsangebote zusammengefunden haben. Da sie sich auf vielfältige Weise dem Kurgast präsentieren, spricht man von den „Gesundheitstankstellen von Reichenau an der Rax".
Man kann sich beispielsweise in den Kuranstalten für Entschlackungs- und Regenerationskuren einem Magen- und Darmservice unterziehen nach der Milch-Semmel-Methode des Dr. Franz Xaver Mayr, damit die Verdauung wieder klappt. Es werden in reichlichem Maße Gesundheitswanderungen unter kundiger Führung durchgeführt, weil reisen auf Schusters Rappen der beste Schutz gegen Herz- und Kreislauferkrankungen ist. Diese Methode hat zudem noch den Vorteil, billig und einfach zu sein. Und in Reichenau präsentieren sich ideale Wanderwege. Wer „hoch hinaus" will, fährt mit der Seilbahn auf die Raxalpe in 2009 Metern Höhe. Hochgebirgswanderungen sind wiederum für die Atemorgane gesund.

Kurpark in Reichenau

Gegen nervöse Erschöpfungszustände, Durchblutungsstörungen, Erkrankungen nach Operationen und neurovaskuläre Regulationsstörungen setzt man in den Kurhotels Massagen, Unterwassermassagen, Heilgymnastik, galvanische Bäder, Kohlensäurebäder, Regenerations- und Entschlackungskuren ein.
Eine Attraktion bietet Reichenau an der Rax mit Verjüngungskuren nach der Methode von Prof. Ana Aslan in Bukarest an. Prof. Aslan war persönlich in Reichenau, um die klimatischen und medizinischen Gegebenheiten für ihre Therapie zu kontrollieren. Und so entstand ein Jungbrunnenzentrum. Und was steckt hinter dieser „Wunderkur"? Bekanntlich baut sich der

menschliche Organismus aus Zellen auf. Die verbrauchten Zellen sterben ab und werden durch neue ersetzt. Mit zunehmendem Alter aber läßt der Zellaufbau nach. Es entstehen im Körper Zellverluste. Dieser Vorgang macht das eigentliche Altern aus. Je mehr nun die Zellverluste in Grenzen gehalten werden können, desto länger bleibt der Organismus jung. Prof. Ana Aslan stoppt die Zellverluste durch ihr Geriatrikum Gero-H-3, das injiziert wird. Die Kuren verjüngen, heilen Rheuma, fördern Konzentration und Gedächtnis und machen Gelenke und Muskel geschmeidig.
Eine weitere „Gesundheits-Tankstelle" von Reichenau ist zweifelsohne das Bio-Trainingszentrum. Denn auch Reichenau an der Rax gehört zu den großen Bio-Trainingsorten Österreichs. Im Ferienhotel Marienhof werden von morgens bis abends Fitness-Kurse veranstaltet; beginnend mit Morgengymnastik im Bett und endend mit einem Waldlauf nach dem Abendessen. Man kann Autogenes Training erlernen und gesunde Wanderungen mit Kräuterunterricht unterwegs unternehmen. Zu den Mahlzeiten gibt es im Rahmen des Bio-Trainingsprogrammes natürlich nur Vollwertkost nach Rezepten der gesunden österreichischen Naturküche, die möglichst wenig Fleisch empfiehlt, mit Honig anstelle von Zucker süßst, mit Vollwertmehl anstelle von weißen Auszugsmehlen arbeitet und trotzdem köstliche Leckerbissen hervorbringt. Eine reiche Anzahl von Gastbetrieben bieten in Reichenau an der Rax Bio-Kost an und ein Reformhaus versorgt die Bio-Freunde mit allem Nötigen.
Man sieht: In Reichenau an der Rax ist in puncto Gesundheit eine Menge los. Kein Wunder, also, daß die verschiedenen „Gesundheits-Tankstellen" meist auf lange Zeit ausgebucht sind . . .

Auskünfte: Kurverwaltung Reichenau an der Rax, A–2651 Reichenau an der Rax, Hauptstraße 57, Telefon: 02666/865.

Das salzige Heilwasser gegen Magen- und Darmleiden in Bad Salzerbad bei Kleinzell

Eine regelmäßige Trinkkur mit dem salzigen Heilwasser im Solebad Salzerbad in Niederösterreich hat schon manch hartnäkkige Entzündungserkrankungen an Magen und Darm entgültig verschwinden lassen. Daher sind die Sole-Kuren von Salzerbad über Österreichs Grenzen hinaus bekannt geworden. Solebad Salzerbad, eine Kuranstalt in der Nähe der Gemeinde Kleinzell im waldreichen Voralpengebiet hat ein mildes Reizklima anzubieten. Zu Kurzwecken eignet sich auch eine Solequelle, die in einer Temperatur von 10 Grad mit zwei Liter pro Minute aus der Erde sprudelt. Dieses salzige Heilwasser wird als Bad, mit und ohne Kohlensäurezusatz, in Form von Trinkkuren und Inhalationen zu medizinischen Zwecken eingesetzt.
Während einer Trinkkur nimmt der Kurgast das Wasser der Solequelle mit Süßwasser verdünnt zu sich: zwei Teile Sole-, ein Teil Süßwasser. Damit werden entzündliche Erkrankungen des Magen-Darm-Traktes und Übersäuerung behoben. Die Bädertherapie hilft gegen Neuralgien, nervöse Übererregbarkeit, rheumatische Erkrankungen, gynäkologische Erkrankungen auf der Basis neurovegetativer Störungen, Klimakteriumbeschwerden, nervöse Störungen im Kindesalter. Mit den Inhalationskuren werden Erkrankungen der Atemwege bekämpft. Auch zu diesem Zweck wird die Sole verdünnt.
Wer im Bad Salzerbad eine Solekur absolviert, kann außerdem wandern, angeln, reiten, radfahren, ski- und schlittschuhlaufen.

Auskünfte: Fremdenverkehrsverein Kleinzell, A–3171 Kleinzell, Telefon: 02766/201 und 203. Kurkomission Solbad Salzerbad, A–3171 Kleinzell, Telefon: 02766/204.

Der Heilkräutergarten des Erich Hager bei Rosenau

250 verschiedene Kräuter pflegt und hegt der Niederösterreicher Erich Hager in seinem privaten Heilkräutergarten in Sonntagberg. Er will aber sein Wissen über die Kräuter auch anderen weitergeben und veranstaltet daher Führungen durch seinen Garten. Er zeigt den Besuchern die verschiedenen Arten von Heilpflanzen führt ihnen auch die Verwendungsmöglichkeit zur eigenen Gesundheit vor. Wer aus dem Kräutergarten kommt, weiß, welche Kräuter gegen welche Leiden helfen. Die Anlage soll aber nicht nur Lehr- und Schauzwecken dienen. Das Kräuterparadies kann im Notfall für die ganze Umgebung zum Heilmitteldepot werden, weil hier alle für die Medizin notwendigen Pflanzen wachsen. Der Heilkräutergarten wurde nach dem System des Pastorensohnes und Botanikers Karl von Linné im 19. Jahrhundert angelegt. Führungen finden allerdings nur gegen Voranmeldung statt.

Auskünfte: Kräutergarten Erich Hager, A–3322 Rosenau/Sonntagberg, Telefon: 07448/225597.

Der stillste Kurort ohne Regen: Bad Fischau-Brunn

Als den wohl stillsten Kurort Niederösterreichs kann man Bad Fischau-Brunn bezeichnen. Die Gemeinde liegt an der Schneebergbahn am Rande der Vorberge der Hohen Wand. Zu den besonderen Vorzügen der Gegend gehört das milde Klima

Bad Fischau-Brunn

mit wenigen Regentagen im Jahr. Im Sommer fallen nahezu überhaupt keine Niederschläge. Deshalb ist der Ort ein bevorzugtes Urlaubsziel für wanderlustige Familien, die sich vor allem von dem Lärm und dem Schmutz der Großstadt erholen möchten. Hier herrscht absolute Ruhe, die Bad Fischau-Brunn wohltuend sogar vom Treiben manch anderer Kurorte unterscheidet. Beliebtes Ziel vieler Erholungssuchenden, die hier ihre Nerven regenerieren und die Atemwege reinigen wollen, ist das Thermalbad mit einem 21 Grad warmen Schwimmbecken, sind Erholungs- und Sportanlagen sowie ein großer Fitness-Parcours. Wanderwege führen durch dichte Föhrenwälder.

Auskünfte: Gemeindeamt Bad Fischau-Brunn, A–2721 Bad Fischau-Brunn, Telefon: 02639/213.

Stift Geras

Eine Kur für die Seele in Geras

Wer sich seelisch belastet und krank fühlt, der sollte dagegen eine Kur einplanen. Die beste Voraussetzung für eine solche Kur bietet das Chorherrnstift Geras in Waldviertel. Hier gibt es neuerdings Kurse im „Sitzen und Schweigen“. Der Gast lernt, sich in sich selbst zu versenken, sich loszulösen vom Alltag. Es handelt sich hier um einen Einführungskurs in die Kunst des Zen-Buddhismus, verbunden mit Ikebana, der japanischen Kunst des Blumenbindens.

Auskünfte: Stift Geras-Meditationszentrum, A–2093 Geras, Telefon: 02912/34589.

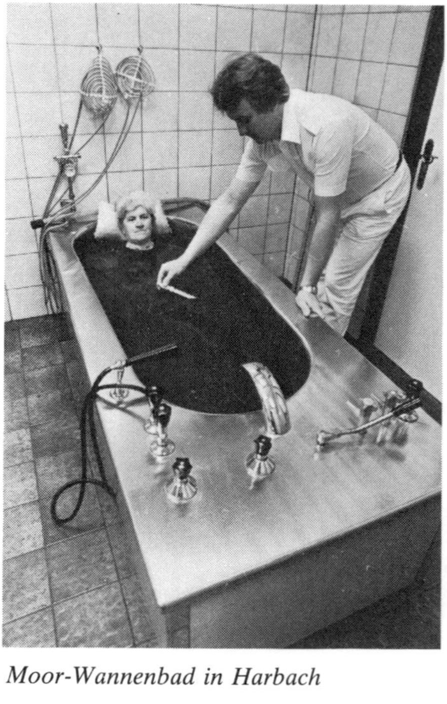

Moor-Wannenbad in Harbach

Nach dem Moorbad kommt die Kneipp-Kur in Harbach

Ungewöhnlich für Österreich werden Sie die in der niederösterreichischen Gemeinde Harbach übliche Kombination von Heilmoorbad mit der Kneippkur finden. Die

Kurhotel Harbach

Erfolge aber sprechen dafür, daß die Kurärzte von Harbach auf dem richtigen Weg sind. Die wechselseitige Ergänzung von Moorbad und Kneipptherapie beschleunigt Fortschritte bei chronisch-rheumatischen Leiden, bei Abnützungserscheinungen und Erschöpfungszuständen, Durchblutungsstörungen und bei Frauenkrankheiten. Wissenschaftliche Forschungen der bundesstaatlichen Anstalt für experimentelle und pharmakologische Untersuchungen in Wien haben ergeben, daß dem Moorvorkommen von Harbach ein enormer Heilwert zukommt. Darum entstand hier ein modernes Kurbad, in dem ein Ärzteteam und erfahrene Mitarbeiter sich ganz den Gästen widmen. Die gesamte Kur wird ärztlich überwacht.
Angebotene Kurtherapien sind Moorvollbäder, Parafango-Packungen, Medizinalbäder mit Zusatz, Sauerstoffbäder, Kohlensäurebäder, elektrogalvanische Bäder, Heilmassagen, Bindegewebsmassagen, Reflexzonenmassage, Unterwasserstrahlmassage, Bürstenmassage, Ultrahochfrequenz- und Schwellstrombehandlung, Lichtbogen, Kneipp-Bäder und Kneipp-Güsse sowie Heilgymnastik. Ein Kneipp'-'sches „Kurpaket" dauert in Harbach 14 Tage. Darin sind 20 Kneippbehandlungen, 4 Bäder und 6 Massagen enthalten.

Auskünfte: Moorheilbad Harbach, A–3970 Harbach, Telefon: 02858/255.

Weitere Kneippanstalten in Niederösterreich befinden sich in A–2734 Puchberg am Schneeberg (Kurhotel Wanzenböck), A–3251 Purgstall (Kneippkurhaus Dr. Lumper), A–2651 Reichenau an der Rax (Kurhaus Thalhof), A–3171 Salzerbad/Kleinzell (Solebad), A–2680 Semmering (Kurhaus Dr. Stühlinger), A–2853 Bad Schönau (Kurhaus), A–2842 Edlitz (Kneippanstalt „Zum Grünen Baum"), A–3872 Großpertholz (Kurhotel), A–2405 Bad Deutsch-Altenburg (Kurzentrum Kaiserbad).

Zur „Erdäpfelkur" nach Prinzendorf

Viele Leute wissen das gar nicht: Kartoffeln oder Erdäpfel – wie man die Erdfrüchte auch nennt – sind, wenn sie richtig zubereitet werden, eine Speise, die keineswegs dick, sondern vielmehr schlank macht und den Körper auf natürliche Weise entwässert. Das besonders, wenn man die Kartoffel mit der Schale ißt. Was dick macht, ist das Drumherum bei den Kartoffeln. In Prinzendorf aber weiß man das. Und in so manchem Gasthaus dieser niederösterreichischen Gemeinde werden ganz hervorragende und obendrein gesunde Kartoffelspezialitäten angeboten, wie etwa ein Erdäpfelstrudel, Erdäpfelflecken oder „gehackte Teufeln". Prinzendorf ist sehr mit der österreichischen Tradition der Kartoffel verbunden. Hier, nahe der tschechischen Grenze, machte 1740 der Pfarrer Johann Eberhard Jungblut die mißtrauischen Bauern erstmals mit der Kartoffel bekannt. Und er rettete die Einwohner durch den Kartoffelanbau vor einer Hungersnot. Als er 1775 starb, errichteten ihm die Bewohner zu Ehren ein Grabmal, das auch heute noch Jahr für Jahr mit Kartoffelstauden bepflanzt wird. Und vor dem Grabstein steht immer ein Körbchen mit frischen Kartoffeln. Allmählich entwickelt sich in Prinzendorf eine richtige Erdäpfelkur und Erdäpfeldiät, die sicher bald alle Erdäpfelfreunde, die gesund leben wollen, anziehen wird. Es gibt sogar ein Museum des „Erdäpfelpfarrers“.

Auskünfte: Gemeindeamt Prinzendorf, A–2185 Prinzendorf an der Zaya.

Gesundes Radeln durchs March-Donau-Land von Gänserndorf aus

Sanfte Hügel, weite Felder, sattgrüne Wälder und Auen sind Merkmale des 2000 Jahre alten Kulturlandes zwischen March und Donau. Beste Radwege eröffnen dem gesundheitsbewußten Freizeitmenschen ein echtes Paradies. Zug um Zug wurden hier in den letzten Jahren Gesundheits-Radwege angelegt, die man mit einem Radwanderpaß abfahren kann. Für entsprechender Kilometerleistungen gibt es sogar eine Radwanderplakette.

Insgesamt gibt es vier Radwander-Routen:

Gesundheits-Radroute A: Mit der Schnellbahn nach Gänserndorf, weiter nach Schönkirchen, Reyersdorf, Auersthal, Matzen, Spannberg, Götzendorf, Ebenthal, Prottes, Dörfles, Weikendorf, Oberweiden, Baumgarten, Marchegg, Groissenbrunn, Engelhartstetten, über die Donaubrücke nach Bad Deutsch-Altenburg oder nach Hainburg, von dort mit der Bahn zurück nach Wien.

Gesundheits-Radtour B: Praterstern Wien, von dort durch die Praterhauptallee

Gänserndorf

über die 4. Donaubrücke zum Hubertusdamm, nach Großenzersdorf, Orth, Eckhartsau, Stopfenreuth, über die Donaubrücke nach Bad Deutsch-Altenburg und Hainburg. Zurück mit der Bahn.

Gesundheits-Radtour C: Von Maria Ellend nach Haslau, entlang der Fischa nach Regelsbrunn, Wildungsmauer, Petronell, Bad Deutsch-Altenburg, Prellenkirchen, Edelstal, Berg, Wolfsthal, Hainburg, Bad Deutsch-Altenburg, über die Donaubrükke zurück nach Wien.

Gesundheits-Radtour D: Von Maria Ellend nach Haslau, Anbesthal, Göttlesbrunn, Bruck oder weiter nach Höflein, Wildungsmauer, Petronell, Bad Deutsch-Altenburg, Hainburg, Berg, Edelstal, Prellenkirchen, zurück nach Hainburg und über die Donaubrücke nach Orth und auf dem Hubertusdamm zurück nach Wien.

Fahrradverleihstellen gibt es in Niederösterreich in Auersthal, Bad Deutsch-Altenburg, Bockfließ, Gänserndorf, Großenzersdorf, Höflein, Matzen-Raggendorf, Orth/Donau, Prellenkirchen, Prottes und Wildungsmauer.

Auskünfte: Niederösterreichische Fremdenverkehrsbewerbung, 1010 Wien, Telefon: 0222/565518 oder Fremdenverkehrsverband March-Donau-Land, Telefon: 02165/2459.

„Lungen-Therapie" beim Waldwandern von Amstetten aus

Niederösterreich mit seinen Bergen bis über 2000 Meter Höhe, seinen tiefgrünen Wäldern verfügt über 10000 Kilometer Gesundheits-Wanderwege. Damit liegt dieses Bundesland mit seinem Reichtum an Waldwanderwegen an der Spitze Österreichs. Es handelt sich dabei vielfach um wissenschaftlich durchdachte Waldlehrpfade. Viele davon können auf Wunsch mit einem Führer begangen werden. Etliche davon verfügen auch über Fitness-Parcours zur körperlichen Ertüchtigung. Das Waldwandern in dichten Wäldern ist die beste „Lungen-Therapie" gegen das ungesunde Großstadtklima.
Der mit sieben Kilometern wohl längste österreichische Gesundheits-Waldpfad beginnt bei Amstetten. Man kann vom Stadtzentrum aus eine langen, bequemen Rundkurs abschreiten, geleitet durch zahlreiche Hinweis- und Lehrtafeln, vorbei an idealen Rast- und Aussichtsplätzen.

Auskünfte: Fremdenverkehrsamt Amstetten, A–3300 Amstetten, Rathaus, Telefon: 07472/2601.

Die weiteren niederösterreichischen Waldlehrpfade befinden sich bei A–3222 Annaberg, A–2214 Auersthal, A–2540 Bad Vöslau, A–3843 Dobersberg, A–2162 Falkenstein, A–2873 Feistritz am Wechsel, A–2564 Furth an der Triesting, A–3571 Gars am Kamp, A–2093 Geras, A–3950 Gmünd, A–3345 Göstling an der Ybbs, A–2352 Gumpoldskirchen, A–2111 Harmannsdorf, A–3860 Heidenreichstein, A–3343 Hollenstein an der Ybbs, A–3233 Kilb, A–3500 Krems, A–3550 Langenlois, A–3921 Langschlag, A–3874 Litschau, A–3712 Maissau, A–3643 Maria Laach am Jauerling, A–2183 Neusiedl an der Zaya, A–2734 Puchberg am Schneeberg, A–3214 Puchenstuben, A–3002 Purkersdorf, A–2070 Retz, A–2663 Rohr im Gebirge, A–3100 St. Pölten, A–2122 Ulrichskirchen-Schleinbach, A–3340 Waidhofen an der Ybbs, A–2120 Wolkersdorf, A–3683 Yspertal, A–3910 Zwettl.

Nähere Auskünfte: Niederösterreich-Information, A–1041 Wien, Paulanergasse 11, Telefon: 0222/565518–0.

Der Kräuterpfarrer von Harth bei Geras

Seitdem Pfarrer Hermann Josef Weidinger aus dem Dorf Harth bei Geras in Niederösterreich im Fernsehen von seinen erfolgreichen Kräuterbehandlungen erzählte, pilgern die Leute von weit und breit zu ihm. Außerdem erreichen ihn täglich mehrere hundert Briefe von Patienten, die auf seine Hilfe und seine Ratschläge hoffen. Pfarrer Weidinger ist Kräuterforscher mit Leib und Seele. Im Obergeschoß seines Pfarrheimes liegen Dutzende Häufchen getrockneter Kräuter, Blüten und Blätter. Sie werden

Pfarrer Hermann Josef Weidinger

alle fein säuberlich registriert und dann destilliert. Zwischen Messe, Beichte und anderen Pfarrverpflichtungen mixt und braut Hochwürden die wertvollsten Kräuterheiltränke oder Kräuterpulver. Sein Bemühen ist es, menschliche Krankheiten und Beschwerden mit natürlichen Mitteln zu bekämpfen. Seine Teemischungen und Heilkräutergetränke werden bis nach Hamburg, Bremen und Hannover verschickt. Und Pfarrer Weidinger kommentiert: „Ich möchte mit meinen Maßnahmen die Menschen daran erinnern, daß die Heilkräfte aus der Natur die gesündesten im Kampf gegen die Leiden sind!"
Pfarrer Weidinger verordnet beispielsweise gegen Depressionen einen Optimismus-Tee, gegen Rheuma ein Kräuterkissen. Hermann Josef Weidinger bringt als Kräuterpfarrer viel Wissen mit. Er lebte 16 Jahre in China und hat sich hier mit den Geheimnissen der Pflanzenwelt und den Wirkungen der Kräuter auf den menschlichen Organismus vertraut gemacht. Und heute bietet er den Menschen, die zu ihm kommen, eine besondere Mischung aus Kräutern, Naturverbundenheit und ein bißchen chinesische Weisheit und Lebenskunst als Psychotherapie.
Selbstverständlich nimmt er dafür kein Geld.

Auskünfte: Hermann Josef Weidinger, Pfarrhof Harth, A–2093 Harth bei Geras.

Frischzellen-Kuren und Diabetiker-Menüs auf dem Semmering

Der Semmering ist ein heilklimatischer Luftkurort mit rund 1000 Einwohnern auf einer Paßhöhe inmitten ausgedehnter Nadelwälder. Früher schon ein blühender, nobler Kurort erwacht die Gegend wieder nach und nach aus dem Nachkriegs-Schlaf. Das beweisen auch die vielen neuen Kurpläne auf dem Semmering. Der Auto-Tourismus hat die Gegend viele Jahre links liegen gelassen; die Großstädter fuhren am Semmering vorbei, weiter in den Süden. Doch die Zeiten ändern sich. Naturparadiese in allernächster Nähe sind wieder „in". Entstanden ist der Kurort 1854, als auch die Semmeringbahn in Betrieb ge-

Semmering

nommen wurde. Das erste, hier errichtete Hotel war das Südbahnhotel, danach baute man das Panhaus. Beide entwickelten sich zu einem Kur-Modetreff in der österreichisch-ungarischen Monarchie. Inzwischen sind rundherum in idyllischen Lagen kleine Pensionen und Hotels entstanden.

Die stimulierende Hochgebirgsluft in Semmering wird von Ärzten sehr hoch bewertet. Ein Aufenthalt hier hilft gegen funktionelle Störungen und ihre Folgezustände, gegen Kreislauflabilität, gegen funktionelle Durchblutungsstörungen, bei Rehabilitation nach schweren Erkrankungen und Operationen sowie gegen chronische Erkrankungen der Atemwege.

Dazu werden in den verschiedenen Pensionen und Hotels als Zusatztherapien Kneipp-Behandlungen, Unterwassermassagen, Handmassagen, Heilgymnastik, Elektrotherapie und Inhalation angewendet.

Internationalen Ruf aber hat sich die Frischzellenkur nach Prof. Dr. Niehans im Kurhaus Dr. Stühlinger erworben. Im Rahmen einer Gesamtbehandlung werden Patienten mit Verschleißerscheinungen, mit Gedächtnis- und Konzentrationsstörungen, mit Altersbeschwerden und Gehbehinderungen wieder regeneriert. Der Grundgedanke der Frischzellentherapie: Um ein verbrauchtes und ermüdetes menschliches Organ wieder zu reaktivieren, injiziert der Arzt dem Patienten Zell- und Gewebeteilchen des gleichen Organs von einem ungeborenen Lamm. Die aktiven Zellteilchen wandern in das Menschenorgan und geben einen Impuls zu einem Verjüngungsprozeß und zu neuer Kraft. Für eine Frischzellenkur muß man mindestens fünf Tage lang auf dem Semmering bleiben. Eine Entschlackungskur nach modernsten medizinisch-naturheilkundlichen Methoden dauert drei Wochen. Außerdem kann man an Aslan-Kuren, Kneipp-Behandlungen und Diät-Maßnahmen teilnehmen.

In Sachen Diät aber hat sich der rührige Josef Wagner jun. in seinem Hotel Haus

Haus Hotel Wagner am Semmering

Wagner etwas Besonders einfallen lassen. Er präsentiert jeden Tag ein gesondertes Diabetiker-Menü mit genauen Broteinheit-Angaben. Damit kommt er den Wünschen vieler Diabetiker nach. Und im Sommer holt sich der Herr des Hauses selbst köstliche Kräuter aus der Natur und serviert dann seine Wagner'sche Heilkräuter-Suppe.

Zur Selbstverständlichkeit ist auf dem Semmering das Gesundheits-Wandern, verbunden mit Bio-Training geworden. Und wer Sport betreiben will, kann auf den einzigen Alpengolfplatz der Welt spielen, kann in mehreren Hallenbädern schwimmen und Gymnastik betreiben.

Der Semmering ist der einzige Ort in Österreich, der über ein vergleichbar heilendes Höhenklima wie der berühmte schweizerische Luftkurort Arosa verfügt. Man spricht daher auch von prickelnder und gesunder „Champagner-Luft" auf dem Semmering.

Auskünfte: Kurverwaltung Semmering, A–2680 Semmering, Hochstraße 91, Telefon: 02664/326 oder Kurhaus Dr. Stühlinger, A–2680 Semmering, Haus Nr. 96, Telefon: 02664/447 oder Hotel Haus Wagner, A–2680 Semmering Nr. 267, Telefon: 02664/512.

7. Gesundheitsführer durch das Burgenland

Burgenland-Gesundheits-Stenogramm:

Der Sonnenreichtum und die sanfte Hügellandschaft des Burgenlandes sind Voraussetzungen für sein mildes und überaus warmes Klima. Dazu kommt noch die Tatsache, daß in diesem Bundesland viel unberührte Natur erhalten ist und es wenig Industrie gibt. Darum ist das Burgenland ein ausgesprochen gesundes Land für Fitness, Erholung und Kur. Es gibt hier zwar nicht allzuviele Kurorte oder gar Kurbäder. Doch darf dieses Bundesland den Ruf für sich in Anspruch nehmen, im Besitz des modernsten österreichischen Kurzentrums zu sein: nämlich Bad Tatzmannsdorf, wo den Krankheiten nicht nur zuleibe gerückt, sondern auch schon vorgebeugt wird. Hier steht die Wiege der „Lebensschule", die nachweislich für die körperliche und seelische Gesundheit des Menschen von entscheidendem Wert ist. Und es gibt ärchäologische Hinweise, daß man schon in der Bronzezeit im Gebiet des Burgenlandes „Wunderstätten" aufsuchte und anbetete . . .

Die Burgenland-Gesundheitskarte:

1. Die „Herzinfarkt-Kur“ von Bad Tatzmannsdorf
2. Die Herz-Kreislauf-Kur auf dem Fahrrad von Mörbisch aus
3. Die Wander-Trauben-Kur von Heiligenkreuz
4. Die kostenlose Heilwasser-Kur von Kobersdorf
5. Die Kosmetikfarm am Neusiedler See
6. Die Gesundheitskur im Nonnenkloster von Mönchhof
7. Der Heilkräutergarten von Sauerbrunn
8. Das Prostata-Kurbad in Sauerbrunn

Potzneusiedl
Neudorf
Parndorf
Gattendf.
Zurndorf
Kaisersteinbruch
Jois
Winden
Neusiedl a. See
Nickelsdorf
Weiden
Breitenbrunn
Purbach
Gols
Donnerskirchen
Mönchhf.
Halbturn
Podersdf.
Frauenkirchen
Albrechtsfeld
EISENSTADT
Schützen a. G.
Oggau
Rust
St. Margarethen
Hornstein
Stotzing
Loretto
Pöttsching
Siegendf.
Mörbisch
Zemendf.
Mattersburg
Wiesen
Schattendf.
Marz
Forchtenau
St. Andrä
Illmitz
Apetlon
Tadten
Wallern
Pamhagen
Sieggraben
Ritzing
Neckenmkt.
Lockenhaus
Deutschkreutz
Horitschon
Weppersdf.
Neudf.
Markt St. Martin
Kaisersdf.
Neutal
Stoob
Ob. Pullendf.
Drassmkt.
Kabnitz
Piringsdf.
Mannersdorf
Pilgersdf.
Bernstein
Lockenhau
Günseck
Ob. Kohlstätten
Pinkafeld
Goberling
Bad Tatzmannsdf.
Stadtschlaining
Weiden
Buchschachen
Oberwart
Neumkt.
Mkt. Neuhodis
Rechnitz
Unterwart
Wolfau
Rotenturm
Schachendf.
Schandf.
Oberdf.
Kemeten
Rohrbach
Olbendf.
Kotezicken
Kohfidisch
Stegersbch.
Kirchfidisch
Rauchwart
St. Michael
Eberau
Steinfurt
Güssing
Sulz
Kukmirn
Zahling
Heiligenbrunn
Reinersdf.
Heiligenkreuz
Wallendf.
Mogersdf.
Wind. Minihof
Minihof
Neuhaus
Szombathely
Kőszeg
Fertőrákos
Brennberg-bánya
Hegyeshalom
Mosonszent-
Agfalva
Szentpéterf.
Pinkamindsz.
EISENSTADT
35
20
50
33
46
1
2
3
4
5
6
7
8

Die „Herzinfarkt-Kur" von Bad Tatzmannsdorf

Bad Tatzmannsdorf, ein Kurort mit Heilquellen und einem 10000 Jahre alten Heilmoor im südlichen Burgenland, liegt inmitten einer leicht hügeligen Wald- und Wiesenlandschaft. Es herrscht hier ein mildes und trockenes Schonklima mit überdurchschnittlich viel Sonnenschein. Seit über hundert Jahren kommen Kranke hierher, um sich in Kurbehandlung zu begeben. Gewußt aber haben die Menschen schon viel früher, wie heilsam die Luft und das Quellwasser von Bad Tatzmannsdorf ist. Archäologen sagen, daß hier schon in der Bronzezeit – um 1700 vor Christi – Menschen lebten und das Wasser verehrten.
Dieses heilende Wasser kommt aus 220 Meter Tiefe, aus der Marienquelle und aus der Franzquelle. Während die Marienquelle ein Natrium-Calcium-Hydrogencarbonat-Säuerling ist, wird die Franzquelle als Calcium-Hydrogencarbonat-Eisensäuerling bezeichnet. In den letzten Jahren hat man dann noch zwei weitere Quellen entdeckt. Während das meiste Wasser dem Kurbetrieb zugeführt wird, kann der Kurgast aus einem Brunnen im Kurzentrum alle vier Wasserarten separat kosten und entscheiden, welches Quellwasser ihm am besten zusagt. Innerhalb einer kurmäßigen Behandlung entscheiden dies allerdings die Ärzte. Das Heilwasser von Bad Tatzmannsdorf kommt in Temperaturen zwischen 15 und 17 Grad Celsius aus der Erde.

Kurzentrum Bad Tatzmanndorf

Bad Tatzmannsdorf hat sich zum klassischen „Herzinfarkt-Kurbad" entwickelt. Hier verzeichnet man international mit Abstand die besten Erfolge bei der Nachbehandlung von Herzinfarkten. Umgekehrt aber sind Ärzte inzwischen darangegangen, in Bad Tatzmannsdorf Kureinrichtungen zu schaffen, die es herzinfarktgefährdeten Menschen ermöglichen, gezielt etwas zu unternehmen, damit sie erst gar nicht erkranken. Der medizinische Slogan von Bad Tatzmannsdorf lautet daher auch unter anderem „Kommt zu uns, bevor euch der Arzt herschickt!"
Doch es werden auch viele andere Leiden erfolgreich bekämpft. Man kommt zur Kur nach Bad Tatzmannsdorf bei folgenden Krankheiten: Herz- und Kreislaufstörungen, kompensierten Herzklappenfehlern, Funktionsstörungen des Herzmuskels, nervösen Erschöpfungszuständen, Managerkrankheit, Rekonvaleszenz und Erholungsbedürftigkeit, Durchblutungsstörungen, Erfrierungen, schlecht heilenden Wunden, Verbrennungen, Ekzemen, Hautkrankheiten, Störungen der Sexualfunktionen, Zyklusstörungen, Sterilität und Impotenz, Erkrankungen des Magens, des Darmtraktes und der Gallenwege, chronischen Katarrhen der Atemwege, Gicht und Harnsäuresteinbildung, Blutarmut durch Eisenmangel, Erkrankungen der ableitenden Harnwege, chronischen Nierenbeckenentzündungen, Blasenentzündungen, alle Formen von Steinleiden der Niere, Rheuma und Frauenleiden.
Für all diese Krankheiten steht in Bad Tatzmannsdorf eine breite Pallette an Kuranwendungen zur Verfügung. Kurmittel sind in erster Linie die vier Heilquellen und das Heilmoor.

Und das sind die vielen Möglichkeiten, die sich dem Kurgast in Bad Tatzmannsdorf bieten: Natürliche Kohlensäure-Wannenbäder ermöglichen ein schonendes Herztraining, erweitern die Gefäße, regulieren den Blutdruck und fördern die Durchblutung. Die Moorbäder und Moorpackungen ermöglichen eine intensive und dabei hautschonende Wärmewirkung, die Störungen und entzündliche Prozesse auch in tiefliegenden Gewebeteilen erfaßt. Die Kohlensäure-Trockengas-Bäder erfolgen mit dem radonhaltigen Quellgas der neuentdeckten „Therme 72". Sie wirken sich ebenfalls positiv auf Herz und Kreislauf aus, sind aber besonders bei peripheren Durchblutungsstörungen heilend. Das Radonbad fördert eine bessere Durchblutung der Sexualorgane. Es kommt zu einer vermehrten Bildung von Sexualhormonen auf ganz natürliche Weise. Daher bezeichnen viele Kurgäste diese Kohlensäure-Trockengas-Bäder als „Jungbrunnen" oder „Kraftbrunnen".

Zusätzliche Kurmittel sind Inhalationen und galvanische Bäder, Heilmassagen, Bindegewebsmassagen, Fußreflexzonenbehandlung, Lymphdrainage, Segmentmassage, Unterwasserdruckstrahlmassage, elektrophysikalische Behandlung, Hydrotherapie, manuelle Therapie der Wirbelsäule, Neuraltherapie, Akupunktur, Ozontherapie und Aslankur.

Die Medizin ist stets in Fortentwicklung begriffen. Und gerade über Bad Tatzmannsdorf kann man sagen: Hier ist die Kurmedizin der Zeit bereits einen Schritt voraus. Neueste Erkenntnisse, neue Präparate, neueste Apparate und Methoden werden hier bereits zum Wohl des Patienten angewendet. In Bad Tatzmannsdorf ist man besonders der „neuen Medizin" als Ergänzung zur fundierten Schulmedizin aufgeschlossen. Zur „Neuen Medizin" gehören beispielsweise die Regenerationskuren nach Prof. Aslan, Prof. Niehans, Bogomoletz und Prof. Wiedemann. Als erster Kurort Österreichs präsentiert Bad Tatzmannsdorf die THX-Thymus-Serumtherapie. Und auch Heilfasten wird hier sehr ernst genommen.

Darüber hinaus bemüht man sich in Bad Tatzmannsdorf zukunftsgerichtet noch um ganz andere Dinge, welche die Menschen beschäftigen. Hier wurde die erste „Lebensschule" in Mitteleuropa gegründet. Diese „Lebensschule" ist für alle, die nicht nur zum Kuren und Erholen kommen, sondern die auch gerne ein paar Hinweise und wertvolle Ratschläge zum besseren Meistern des Alltagslebens mit seinen vielfältigen Problemen bekommen möchten. Es gibt im Rahmen dieser Lebensschule Kurse für Autogenes Training, für verschiedene Entspannungstechniken, für Lebensplanung und für die bessere Bewältigung von Ängsten und Problemen. Hier kann man auch Methoden zur unproblematischen und gesunden Gewichtsabnahme kennenlernen.

Diese „Lebensschule", die bereits im Ausland Nachahmer findet, hat ein sehr prominenter und engagierter Österreicher ins Leben gerufen. Es ist der Schriftsteller, Bestsellerautor und Fernsehliebling Josef Kirschner, der mit seinen Büchern „Hilf Dir selbst, sonst hilft dir keiner", „Die Kunst, ein Egoist zu sein" und „Manipulieren, aber richtig" weit über Österreichs Grenzen hinaus bekannt geworden ist und es als eine seiner wesentlichsten Aufgaben sieht, seinen Mitmenschen den Lebensweg zu erleichtern.

Es ist keine Frage, daß sich in diesem rührigen und aufgeschlossenen Bad Tatzmannsdorf mit seinem großartigen Kurzentrum die Biotrainings-Bewegung erfolgreich entwickelt hat. Ärzte, Sportler und ausgebildete Bio-Trainer bemühen sich, daß die Bio-Kurgäste durch viel körperliche Bewegung und eine gesunde Vollwertkost von den Ernährungs- und Trägheitssünden der Großstadt Abstand nehmen. Kurgäste nennen den einwöchigen Biotrainingskurs auch das „Kraftpaket von Bad Tatzmannsdorf". Chef-Biotrainer Bernhard Ludwig meint dazu: „In diesen Kursen geben wir den Leuten alle jene Gesundheitsregeln an

die Hand, die unsere Herzpatienten viele Jahre nicht beachtet haben!“
Das Biotraining von Bad Tatzmannsdorf will die Menschen auf natürliche Ernährungs- und Bewegungsformen umstellen. Denn die meisten Krankheiten entstehen ja durch falsche Ernährung und durch Bewegungsmangel. Die österreichische Naturküche, die Grundlage des Biotrainings, will nichts anderes, als daß sich die Menschen wieder so ernähren, wie es die Bauern vor 100 Jahren taten: schonende Zubereitung des Gemüses, gartenfrisches Obst und Gemüse, Honig und getrocknete Früchte als Ersatz für Zucker, Milcheiweiß anstelle von Fleischeiweiß, frisch vermahlene Vollkornprodukte statt weißen Auszugsmehls, und wenn schon Fett, dann nur Distelöl, Leinöl oder Butter. Diese durchaus schmackhafte Bio-Kost wird auf allen Speisekarten in Bad Tatzmannsdorf angeboten. Als Bewegungstherapie betreibt man Morgengymnastik, Waldläufe, Radausflüge, ergänzt durch medizinische Untersuchungen und Gruppengespräche.
Doch in Bad Tatzmannsdorf gibt es zur Entspannung neben der Kur auch noch andere gesunde Einrichtungen. Im neuen Freizeitzentrum am Ortsrand kann man sich in zwei riesigen Freischwimmbecken genügend austoben. Das Wasser hat eine Temperatur von 24 Grad Celsius. Es gibt Tennis, Tischtennis und Kleingolfanlagen. Man kann die Sauna genießen, Reiten lernen, segelfliegen oder kutschenfahren. Auch ein Fitness-Parcours mit leichten und besonders schwierigen Turnstationen und zahlreiche Wanderwege sind angelegt.

Auskünfte: Kurverwaltung Bad Tatzmannsdorf, A-7431 Bad Tatzmannsdorf, Am Kurplatz-Quellenhof, Telefon: 03353/284.

Die Herz-Kreislauf-Kur auf dem Fahrrad von Mörbisch aus

Das Fahrrad ist nicht nur als Freizeitfortbewegungsmittel, sondern auch als Heilmittel entdeckt worden. Ärzte bestätigen, daß Radfahren vor allem den Kreislauf anregt, das Herz kräftigt sowie die Atemorange aktiviert. Besonders geeignet für gesundes Radfahren sind Radwege, in der Ebene auf denen sich der „Patient mit dem Drahtesel“ nicht anstrengen muß, sondern seinen Körper dosiert strapaziert und bewegt. Daher bietet sich das Burgenland ideal zum Gesundheits-Radfahren an. So ist hier ein Super-Gesundheits-Radweg rund um den Neusiedlersee entstanden. Um ihn abzufahren, benötigt man zwei Tage. Von Mörbisch über Neusiedl bis hinunter nach Pamhagen im Seewinkel wurden 83 Kilometer Radfahrwege ausgebaut. Man radelt auf asphaltierten Strecken, die weitab vom Autoverkehr durch Weingärten und unberührte Landschaft führen. Auf Wunsch kann man auch erfahrene Wegbegleiter für so eine Fahrrad-Gesundheitstour mieten.
Das Fahrrad braucht man sich für so einen Fitness-Urlaub nicht einmal mitzubringen. In folgenden Orten des Burgenlandes kann man Fahrräder ausleihen: Apetlon, Breintenbrunn, Forchtenstein, Heiligenkreuz,

Radfahren im Burgenland

Illmitz, Kobersdorf, Mattersburg, Mönchhof, Neudörfl, Neusiedl am See, Oberschützen, Oggau, Podersdorf, Rust, St. Andrä, Sauerbrunn, Wallern, Weiden und Wiesen.

Auskünfte: Burgenland-Tours, A–7100 Neusiedl am See, Untere Hauptstraße 12, Telefon: 02167/8141.

Die Wander-Trauben-Kur von Heiligenkreuz

Wandern ist gesund, und der Genuß frischer Trauben und frischen Traubensaftes ist ebenfalls gesund. Ein Grund mehr, um eine spezielle Wander-Trauben-Kur auszuarbeiten. Sie wird in der properen burgenländischen Gemeinde Heiligenkreuz im Lafnitztal all jenen geboten, die etwas für den Kreislauf und fürs Herz, aber auch etwas für eine gesunde Verdauung und für die Blutreinigung tun wollen. Heiligenkreuz gilt nicht nur schon seit vielen Jahren als der schönste Ort des Burgenlandes, sondern er bringt auch alle Voraussetzungen eines idealen Luftkurorts mit. Herrliche Blumenpracht, die Landschaft am Übergang des waldreichen Hügellandes zur ungarischen Puszta sowie bevorzugte klimatische Verhältnisse lassen auch den älteren Menschen Erholung finden. Rund um den Ort kann der Wanderer romantische Weinkeller inmitten der Weingärten entdecken. Hier wird im Herbst der gesundheitsförderliche Traubensaft ausgeschenkt. Und wer außer Wandern und Mosttrinken noch etwas für die Gesundheit tun will, der besucht das sonnenenergiebeheizte Schwimmbad, geht im Sommer Tennisspielen und im Winter Eisschießen.

Auskünfte: Marktgemeindeamt Heiligenkreuz im Lafnitztal, A–7561 Heiligenkreuz im Lafnitztal. Telefon: 03325/202.

Die kostenlose Heilwasser-Kur von Kobersdorf

An sich ist es üblich, daß eine Heilkur viel Geld kostet, egal, ob man sie selbst bezahlt oder ob die Krankenkasse die Rechnung begleicht. In der burgenländischen Kurgemeinde Kobersdorf aber ist das anders. Da steht die Heilmineralquelle kostenlos allen Besuchern zur Verfügung. Die Marktgemeinde Kobersdorf mit nicht ganz 2000 Einwohnern liegt in einer Seehöhe von 340 Metern, bloß 80 Kilometer von Wien entfernt, in der waldreichsten Gegend des mittleren Burgenlandes. Der Ort ist seines milden Klimas und der überdurchschnittlichen Zahl der Sonnentage im Jahr, der ozonhältigen, reinen Luft und der Heilquellen wegen ein begehrter Kurort geworden.

Die Heilwasser-Trinkkuren wirken gegen Nieren- und Blasensteinleiden, gegen Magen- und Darmerkrankungen sowie entschlackend. Das Heilwasser entspringt einer Quelle im Kobersdorfer Elisabethpark und ist, wie schon gesagt, für jedermann frei und ohne Gebühr zugänglich. Es ist aber trotzdem von Vorteil, sich mit einem Arzt abzusprechen, wie oft und in welchen

Schloß Kobersdorf

Mengen man das Kobersdorfer Gesundheitswasser genießen sollte.
Neben den Trinkkuren wird in Kobersdorf – klima- und landschaftsbedingt – das Wandern groß geschrieben. Die Kurgäste haben reichlich Gelegenheit, unberührte Landschaft zu genießen und die Lungen mit Sauerstoff zu füllen. Auf bestens markierten Wanderwegen gelangt man durch Tannenwälder zur Waldmühle, zur Waldquelle, ins Rainbachtal, zum Lamplberg und in eineinhalbstündiger Burgpfadwanderung zum Pauliberg sowie zur Burgruine Landsee. Der Kunstliebhaber kann alljährlich im Sommer Schloßspiele im Schloßhof von Kobersdorf bewundern.

Auskünfte: Fremdenverkehrsverein Kobersdorf, A–7332 Kobersdorf, Hauptstraße 42, Telefon: 02618/8213 oder Gemeindeamt Kobersdorf, A–7332 Kobersdorf, Telefon: 02618/8200.

Die Kosmetikfarm am Neusiedler See

Frauen und Männer sollten sich im Grunde genommen – genau wie ihr Auto – in regelmäßigen Abständen „überholen" lassen. Ein „Service" für Gesundheit und vorteilhaftes Aussehen ist daher eine sinnvolle Urlaubsinvestition. Dazu eignet sich bestens eine Schönheits- oder Kosmetikfarm. Die burgenländische Gemeinde Neusiedl am See kann eine solche Einrichtung anbieten. Unter der Leitung der bekannten österreichischen Diplomkosmetikerin Helga Dolezal werden hier einwöchige Fitness- und Schönheitskurse abgehalten, die den Körper schlank, jugendlich und hübscher machen sollen. Das Beauty-Center-Hotel Wende ist die jüngste österreichische Kosmetikfarm und kann von Wien aus in einer knappen Dreiviertelstunde erreicht werden. Gleich nach der Ankunft wird der Kurgast in einer ersten Kontrolleuntersuchung durch die Kosmetikerin auf eine individuell abgestimmte Ernährung und eine begrenzte Kalorienmenge pro Tag „eingestellt". Und so sieht beispielsweise die Schönheits-Speisekarte einer 1000 Kaloriendiät aus: zum Frühstück Müsli, ein Eßlöffel Topfen, eine Scheibe Vollkornbrot, etwas Honig, Tee oder Kaffee mit Süßstoff; zu Mittag eine Riesenschüssel mit Salat, Gemüse, gegrilltes Fleisch oder gegrillter Fisch, zur Nachspeise Joghurt mit Früchten; abends eine klare Suppe, etwas Fleisch oder Fisch, Gemüse und Früchtetopfen.
Und das sind die Kosmetik- und Fitnessbehandlungen am Neusiedler See: Entspannen im Liegen, Gesichtsmassage bei leiser Musik, dann Reinigung, Dampfbehandlung und Cremekur des Teints. Dann werden Spezialbehandlungen an Wimpern und Augenbrauen durchgeführt. Anschließend geht es ins Bräunungsstudio und ins Schwimmbad. Hier steht Wassergymnastik auf dem Programm, die täglich 20 Minuten dauert und einem ganz schön zusetzt. Gegen einen etwaigen Muskelkater gibt es dann anschließend wohltuende Ganzkörpermassagen. Ergänzend kann man zwischen Spazierengehen, Wandern und Radfahren wählen. Als Alternative dazu Reiten oder Tennis. In gewissen Zeitabständen am Tag müssen sich die Gäste zu Gymnastik und Slenderton-Massage einfinden. Streng verboten im Beauty-Center sind Schokolade, Knödel und Süßspeisen aller Art.

Auskünfte: Schönheitsfarm Hotel Wende, A–7100 Neusiedl am See, Seestraße 42–44, Telefon: 02167/83333 oder 8111.

Die Gesundheitskur im Nonnenkloster von Mönchhof

60 Kilometer von Wien entfernt, zwischen dem Neusiedler See und der ungarischen Grenze, liegt am Eingang zum Seewinkel Mönchhof, die älteste Weinbaugemeinde Österreichs. Am Rand des freundlichen gepflegten Ortes steht das Kloster Marien-

korn, heute eine anerkannte und vielbesuchte Kuranstalt. Doch das Kloster war nicht immer ein Hort der Gesundheit. Nach einem Plan des Stiftes Heiligenkreuz wurden im Jahr 1955 sechs Zisterzienserschwestern aus der Abtei Seligenthal in Bayern in das uralte burgenländische Mönchhof entsandt. Sie richteten zunächst im Pfarrgebäude ein provisorisches Kloster ein, eröffneten eine Haushaltsschule und widmeten sich der Seelsorge. Die Schwestern aber waren voller Tatendrang, errichteten bald ein funkelnagelneues Kloster, das 1959 bezogen und seither immer wieder ausgebaut wurde. Hauptinitiatorin der Kuridee in Mönchhof ist Schwester Rosaria, seit 1967 Priorin. Sie steht elf Schwestern und 45 Angestellte vor. Die Nonnen in Marienkron betreiben biologischen Landbau, züchten Hühner und haben hier die bedeutenste Kneippkur-Farm in weitem Umkreis eingerichtet. 1975 erst ist das Kurhaus nach modernsten international-medizinischen Gesichtspunkten ausgestattet worden.

Hier finden Menschen, die Entspannung, Harmonie und Ruhe suchen, einen idealen Aufenthaltsort. Sie werden mit Bädern, Güssen, Spezialmassagen, Wickeln und anderen Original-Kneipp-Methoden behandelt, werden in Gesundheitsgymnastik und Joga unterrichtet und können Fasten- und Reduktionskuren durchführen. Auch die Aslan-Kur wird in Marienkron angewendet. Berühmt sind auch die Gesundheitsmassagen in Marienkron, durchgeführt von der Fachmasseurin Frieda Wohlfahrt, die bereits Prominente wie Hilde Krahl, Inge Konradi, Ljuba Welitsch, Marte Harell, Marianne Schönauer und den burgenländischen Landeshauptmann Theodor Kery unter ihren Händen hatte.

Welche Leiden werden im Gesundheitskloster Marienkron in Mönchhof bekämpft, gelindert und geheilt? Herz- und Gefäßerkrankungen funktioneller und organischer Natur. Nachbehandlungen des Herzinfarkts, Blutdruckstörungen, Durchblutungsstörungen der Herzkranzgefäße, im Gehirn und den peripheren Gefäßen, Infektionsanfälligkeit, mangelnde Immunität, chronische Katarrhe der Atemwege, Rekonvaleszenz nach Infekten, Übergewicht, Zuckerkrankheit, chronische Reizzustände des Magens und des Darms, Zwölffingerdarmgeschwür, Leberleiden, Verstopfung, Nervosität, Schlafstörungen, vegetative Dystonie, Neurosen, Wirbelsäulenerkrankungen, Lähmungen, arteriosklerotische Hirndurchblutungserkrankungen, Depressionen, Wechselbeschwerden, Bandscheibenschäden, Rheumatismus, Frauenkrankheiten, Verschleißerscheinungen des Bewegungsapparates, Hautleiden, Kreislaufschwäche und Altersercheinungen.

Sämtliche Kurmaßnahmen werden medizinisch überwacht. Zusätzlich werden Radfahr-Gesundheitstouren absolviert. Marienkron gilt als ideales „Manager-Kurbad“ im Kampf gegen Streßfolgeerscheinungen.

Auskünfte: Kneippkurhaus Marienkron, A–7123 Mönchhof im Burgenland, Telefon: 02173/205.

Das Kur-Kloster Marienkron in Mönchhof

Der Heilkräutergarten von Sauerbrunn

Der intensiven Sonnenstrahlung im Burgenland und den zahlreichen Sonnentagen im Jahr ist es zu verdanken, daß sich hier ideale Verhältnisse zum Anbau von Heilkräutern bieten. In der Gemeinde Sauerbrunn, unweit des Mineralbadewassers Römersee, befindet sich seit ganz kurzer Zeit der erste burgenländische Heilkräutergarten, der vor allem interessierten Gästen die Heilpflanzen der burgenländischen Ebene und des Hügelwaldlandes nahebringt. In absehbarer Zeit wird man die Heilkräuter hier nicht nur studieren und bewundern können. Man wird in Zukunft auch hierherfahren können, um sich frische Heilkräuter für die Gesundheitskur daheim zu holen.

Auskünfte: Gemeindeamt und Kurkommission Sauerbrunn, A–7202 Sauerbrunn, Hauptplatz 7, Telefon: 02625/2203.

Das Prostata-Kurbad in Sauerbrunn

Prostataleiden sind bei Männern im fortgeschrittenen Alter häufig verbreitet. Vorbeugend und heilend wirkt sich bei dieser Krankheit das Kurwasser von Sauerbrunn aus. Sauerbrunn, ein Kurort mit 1700 Einwohnern am Südosthang des Rosaliengebirges, liegt im waldreichen Teil des Burgenlandes. Es herrscht hier ein mildes Schonklima, das sich sehr für erholungsbedürftige Rekonvaleszenten eignet. Im Mittelpunkt des Kurgeschehens steht die Paul-Quelle, ein Calcium-Magnesium-Natrium-Hydrogencarbonat-Sulfat-Säuerling. Pro Minute kommen 12 Liter dieses Heilwassers in einer Temperatur von 11,2 Grad Celsius aus der Erde. Das Wasser wird vorwiegend für Trinkkuren eingesetzt.

Im Volksmund wird Sauerbrunn das „Prostata-Kurbad" genannt. Doch das heilende Mineralwasser wirkt sich auch auf andere Leiden sehr positiv aus. Trinkkuren in Sauerbrunn bekämpfen Gastritis, Magenübersäuerung, Magengeschwüre und Operationsfolgen, Erkrankungen der ableitenden Harnwege, Blasen- und Prostataleiden, beugt deren Operationsfolgen vor. Bei Darmentzündungen, leichten Diabetesfällen und katarrhalische Erkrankungen der Atemwege werden auch Behandlungserfolge erzielt.

Bäder in Sauerbrunn aus der Paul-Quelle werden bei Herzleiden verordnet.

Die Kurzeit in Sauerbrunn dauert von Mai bis September. Es stehen erfahrene Ärzte zur Verfügung. Und wer außer einer Quellwasserkur sich noch gesund bewegen will, kann einen Waldsportpfad joggen, Tennisspielen, im Kurpark spazierengehen, Wanderungen unternehmen und im Freibad schwimmen.

Auskünfte: Kurverwaltung, Sauerbrunn, A–7202 Sauerbrunn, Hauptplatz 7, Telefon: 02625/2203.

Die Paul-Quelle in Sauerbrunn

8. Gesundheitsführer durch Vorarlberg

Das Vorarlberg-Gesundheits-Stenogramm:

Im Überwinden von Höhenunterschieden wird dem menschlichen Körper ein wichtiger Anreiz zum Gesundbleiben und vielfach auch zum Gesundwerden geliefert. Vorarlberg ist dazu ideal, weil es auf einer verhältnismäßig kleinen Fläche eine Fülle von verschiedenen Landschaften anzubieten hat: Riedlandschaften, Täler, sanftes Mittelgebirge und Bergmassive. Weil das Bundesland obendrein auch noch Heilwasservorkommen, reiche Waldbestände und Torf- sowie Moorbestände besitzt, sind alle Voraussetzungen für bedeutende Kurzentren und mannigfache Möglichkeiten für Erholungs- und Fitnessurlaub vorhanden. Das „Ländle" ist im Sommer und Winter nicht nur ein beliebtes Fremdenverkehrsziel, sondern auch eine begehrte Landschaft Österreichs, wo man Heilung und Gesundheit finden kann . . .

Lindau
Hofen
Lochau
Pfänder
1064
BREGENZ
Hard
Fussach
Langen
Sulzbg.
Doren
Krumbach
Hittisau
Lingenau
Sibratsgfäll
Rohrmoos
Schrine
Höchst
Lauterach
Buch
Alberschwende
Lustenau
Bödele
Schwarzenbg.
Egg
Andelsbuch
Dornbirn
Gütle
Bezau
Reuthe
Bizau
Schönenbach
Hohenems
Schnepfau
H. Ifen
2232
Ebnit
Mellau
Götzis
Au
Canisfluh
Mittelberg
Hirschegg
Baad
Fraxern
H. Freschen
2006
Viktorsbg.
Weiler
Röthis
Rankweil
Damüls
Schoppernau
Hopfreben
Laterns
Hot. Faschina
Hochtannbg. P
Innerlaterns
Dünserberg
Altenstadt
Kirchbg.
Unt. Boden
Schröcken
Satteins
Thüringer-
-berg
Schnifis
Boden
Flecken
Buchboden
Ob. Lech
Lech
Frastanz
Blons
Gr. Walsertal
Ludesch
Marul
Göppinger H.
Zug
Nenzing
H. Frassen
Rote Wand
2706
Bludenz
Freiburger H.
Zürs
Gallinakopf
2202
Bürserbg.
Bürs
Braz
Klösterle
Langen
Stuben
Wald
Dalaas
St. Christ
LIECHTENSTEIN
St. Anton
Palüd H.
Brand
Bartholomäbg.
Silbertal
Nenzinger-
-Himmel
Zimba
2645
Vandans
Schruns
Reutlinger H.
Wormser H.
Tschagguns
Stiefen
Schesaplana
Schweizer Tor
St. Gallen-
-kirch
2771
Gaschurn
Gargellen
Partenen
2719
Madlener H.
Tübinger H.
Saarbrücker H.
Stausee
Silvretta Hn.
3246
VORARLBERG
Bregenzer Wald
Verwall

Die Vorarlberg-Gesundheits-Karte:

1. Wandern nach der Gesundheitskarte in Klösterle
2. Die heilenden Überwärmungsbäder von Hörbranz
3. Die Heilkräuter- und Milchkur von Gaschurn
4. Mit Frischmoor gegen Gelenksarthrosen in Reuthe
5. Der „Kräuter-Paracelsus" vom Bregenzerwald in Egg
6. Höhenluftkur bei Kühen und Ziegen in Damüls
7. Die Galle- und Magenschonkost von Krumbach
8. Die „Sekunden-Heilungen" von Bezau
9. Bregenzer Zellulitis-Kuren
10. Das Kneippsanatorium von Gaschurn
11. Die „Strampel-Kur" im größten Radfahrparadies Europas bei Dornbirn
12. Gesundheitswandern ganz ohne Geld von Bludenz aus
13. Die Kräuterpfarrer-Künzle-Kur von Lingenau

Wandern nach der Gesundheitskarte in Klösterle

Wandern ist grundsätzlich ein gesunder Sport. Er wird aber zur echten Kur und zum gezielten Fitness-Training, wenn man eine von Medizinern ausgesuchte Route geht, auf der der Körper vorausbestimmten Anstrengungen ausgesetzt ist. Die Vorarlberger Gemeinde Klösterle am Arlberg hat sich in den letzten Jahren einen Namen als Wanderdorf gemacht, denn dort ist eine großartige und zur Nachahmung empfohlene Idee geboren worden. Die wanderlustigen Urlaubsgäste, die den festen Vorsatz haben, etwas für ihre Gesundheit zu tun, vor allem Herz und Kreislauf anzuregen, erhalten eine Gesundheits-Karte, auf der alle möglichen Wanderungen eingetragen sind. Aus dieser Karte ersieht auch der Senior, was er sich zumuten kann. Er findet Hinweise auf Rastplätze, Bänke, Aussichtswarten und Almhütten. Der junge Wanderer kann sich zwischen 1070 bis 2970 Meter Höhe leichte, aber auch ganz besonders schwere Wanderwege aussuchen, auf denen er seinen Organismus richtig fordern muß. Diese Gesundheits-Wanderkarte ist im Fremdenverkehrsamt erhältlich. Viele dieser Wanderungen werden unter der Anleitung eines Sport- und Gesundheitsexperten durchgeführt und sich natürlich kostenlos. Zum Ausgleich bieten sich dem Wanderurlauber in Klösterle ein geheiztes Schwimmfreibad, eine Minigolfanlage, Tennisplätze und ein besonders schöner Fitness-Parcours.

Auskünfte: Fremdenverkehrsamt Klösterle, A–6754 Klösterle am Arlberg, Telefon: 05582/777.

Die heilenden Überwärmungsbäder von Hörbranz

Der Vorarlberger Kurort Hörbranz hat sich zu einem Zentrum der naturheilkundlichen Überwärmungs-Therapie entwikkelt. In der Kuranstalt „Bad Diezlings" wird die Schlenzkur, benannt nach der österreichischen Naturheilerin Maria Schlenz (1881 bis 1946) und ihrem Nachfahren Prof. Dr. Josef Schlenz, mit großem Erfolg durchgeführt. Ergänzend dazu kann man Moorbäder, Moorschlammbäder, Kräuterbäder, Medizinbäder, Trocken- und Unterwassermassagen nehmen. Viele Patienten kommen nach Hörbranz, um sich gegen folgende Krankheiten behandeln zu lassen: Kreislaufleiden, rheumatische Erkrankungen, Bandscheibenschäden und zu Nachbehandlungen bei Schlaganfällen oder Unfällen.

Das Schlenzbad, wie es in Hörbranz in seiner klassischen Art durchgeführt wird, ist ein typisches Überwärmungsbad. Überwärmungsbäder beruhen auf den Erkenntnissen des französischen Forschers Louis Pasteur. Er stellte fest, daß Milzbrand bei Tieren mit relativ hoher Bluttemperatur – bei Vögeln um 41 Grad Celsius – nicht auftritt, wohl aber, wenn diese Bluttemperatur künstlich gesenkt wird. Die alten Griechen wußten ebenfalls bereits, daß künstliches Fieber bestimmte Leiden heilen kann. Heute bestätigen Forschungen, wie sehr auf diese Weise die natürlichen körpereigenen Abwehrkräfte aktiviert werden. Viele Krankheitserreger und krankhafte Zellen sterben bei hoher Körpertemperatur ab. Daraus zieht die Naturheilkunde eine Lehre: Durch manipulierte Körperwärme läßt sich der Krankheitsverlauf beeinflussen. Auf diesem Gebiet wird heute viel experimentiert. Ähnliche Untersuchungsergebnisse liegen auch aus Japan vor.

Die Überwärmungstherapie wird als Wannenbad im heißen Wasser praktiziert, das in seiner Temperatur ständig kontrolliert werden muß. Eines aber sollte der Kurgast wissen: Ein Schlenzbad, das wegen der hohen Temperatur nur unter ärztlicher Aufsicht durchgeführt wird, stellt keineswegs wie übliche Wannenbäder eine wohlige Erholung dar, sondern ist sehr anstrengend. Im Kurbad Diezlings von Hörbranz konnten bereits frappierende Erfolge erzielt werden. Während einem Überwärmungsbad, einem Vollbad, schaut nur das Gesicht des Kurgastes aus dem Wasser heraus. Die anfängliche Wassertemperatur beträgt 36 bis 37 Grad. Dann wird das Wasser langsam erhitzt. Bis auf 40, höchstens 42 Grad, wenn man Geschlechtskrankheiten, Gehirnhautentzündungen und Malaria bekämpfen will, auf 38 bis 40 Grad, bei Lungenentzündung, Diphtherie, Milzbrand und Typhus sowie einer Reihe anderer Leiden, schließlich auf 39 Grad bei rheumatischen Beschwerden. Die Dauer des Schlenzbades richtet sich nach der Verträglichkeit des Patienten. Nach dem Schlenzbad nimmt der Kurgast eine Schwitzpackung im Bett, damit die Wärme möglichst lange auf den Körper einwirken kann, sie dauert ungefähr ein bis zwei Stunden. Auch bei der Schwitzpackung muß der Patient ständig ärztlich überwacht werden.

Auskünfte: Kurhaus „Bad Diezlings" – Josef Achberger, A–6912 Hörbranz, Diezlingerstraße 51–52, Telefon: 05573/2207.

Die Heilkräuter- und Milchkur von Gaschurn

Wer von den Giften der Großstadt so richtig geplagt wird, der sollte schnellstens eine Gesundheitskur hoch oben in den Bergen machen, um den Organismus zu regenerieren. Ideal bietet sich da ein Kururlaub auf der Alpe Nova in Vorarlberg bei Gaschurn an. Hier führt man in der Zeit des Gesundheitsurlaubes ein Leben wie ein Senn oder eine Sennerin. Man ist ständig in bester, frischer Luft, unternimmt Wanderungen in Bergeshöhen und kann sich beim Bergbauern im Stallmisten, Melken und Butterrühren versuchen.

Jede Woche wird von Gaschurn aus eine Heilkräuterwanderung unternommen, wobei die Kurgäste im Erkennen, im Ernten und im Verwerten der Heilpflanzen unterrichtet werden. Unterwegs labt man sich an gesunder, euterwarmer Milch, die noch sämtliche natürlichen Wirkstoffe enthält, die man in der pasteurisierten Milch aus der Molkerei nicht mehr findet.

Auskünfte: Fremdenverkehrsamt Gaschurn, A–6793 Gaschurn, Telefon: 05558/201.

Mit Frischmoor gegen Gelenksarthrosen in Reuthe

Nicht jedes Kurbad ist in der glücklichen Lage, das heilende Moor direkt vor der Haustüre zu haben. Oft muß dieser naturheilkundliche Bodenschatz von weither geholt werden. In Reuthe ist das anders. Da befinden sich die Moorfelder unmittelbar neben dem Kurbetrieb. Die praktische Folge: Das Moor kann noch als Frischmoor direkt aus der Natur in die Wanne gebracht werden und wirkt daher doppelt intensiv.

Moorbad Reuthe läßt die Kuranstalt in dem kleinen Ort von rund 400 Einwohnern im Bregenzerwald. In diesem Talkessel der Bregenzer Ache herrscht ein subalpines Reizklima.

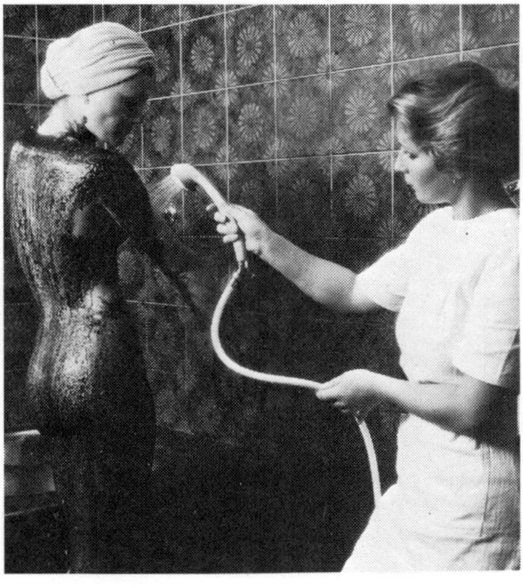

Frischmoor-Therapie in Bad Reuthe

Bad Reuthe verfügt über zwei heilbringende Bodenschätze: das Frischmoor und eine Eisenquelle akratischer Konzentration, die mit einer Temperatur von 12,3 Grad Celsius aus dem Boden kommt. Seinen Namen aber hat Reuthe durch das medizinische Moor verliehen bekommen. Darum liegt auch das Schwergewicht der Kuraktivitäten darauf. Das Moor von Reuthe hat eine starke thermoisolatorische Wirkung. Durch ein spezifisches Wärmeleitvermögen des Moorbreies werden auch hohe Temperaturen überraschend gut vom Kurgast vertragen. Die Folge ist daher eine größtmögliche Tiefenwirkung. Die Körpertemperatur steigt nachweislich um 2 Grad Celsius an. Dazu kommt noch die chemische Wirkung durch die schwefelhaltigen Huminsäuren. Infolge des biologischen Wärmestoßes, den das Moor verursacht, sondert die Nebennierenrinde Hormone ab.

Neben Moorbädern wird das Frischmoor von Reuthe auch in Form von Moorpakkungen verabreicht. Die Anwendung von Stahlbädern und Medizinalbädern erlaubt eine individuelle Anpassung der Kur auch für Herz- und Kreislaufgeschädigte. Auch Unterwassermassagen, elektrogalvanische Bäder, Heilgymnastik und Bewegungsbäder werden in Reuthe durchgeführt. Bewegungstherapie wird im 33 Grad warmem Wasser des Kurhallenbades praktiziert. Bei allen Anwendungen werden die Kurgäste von erfahrenen Ärzten überwacht.

Als Ernährung werden Diäten für Leber-, Gallen-, Magen- und Zuckerkranke gereicht. Auch Reduktionsdiät ist möglich.

Für welche Krankheitsbehandlungen eignet sich nun Bad Reuthe besonders? Im Volksmund spricht man auch von den „Arthrosebädern" in Reuthe. Die meisten Erfolge erzielt man denn auch mit dem Moor und dem Eisenwasser im Einsatz gegen

Kurzentrum Bad Reuthe

Gelenksarthrosen, gegen chronischen Rheumatismus der Gelenke und Muskeln, Bandscheibenschäden, Arthritis und wirbelbedingte Schmerzen. Sehr erfolgreich aber sind auch die Behandlungen gegen Neuralgien, Ischias, Gicht, Frauenleiden, Drüsenunterfunktionen, Sterilität, Neigung zu Früh- und Fehlgeburten, Wechselbeschwerden, Prostataleiden, Erschöpfungszustände, Eisenmangelzustände und Rekonvaleszenz. Das Heilbad besteht seit 1828.
Neben der Kurbehandlung ergeben sich Möglichkeiten zum Wandern, Angeln, Schwimmen und Tennisspielen, im Winter zum Skifahren.

Auskünfte: Moorheilbad Kurhotel Reuthe, A–6870 Reuthe im Bregenzerwald, Telefon: 05514/2265.

Der „Kräuter-Paracelsus" vom Bregenzerwald in Egg

Es gibt nicht viele Menschen, die über Heilkräuter Bescheid wissen. Manche sehen im giftigen Blauen Eisenhut, in der Meisterwurzel oder im giftigen Weißen Germer nichts anderes als lästiges Unkraut am Wegesrand. Dabei können diese Pflanzen Schmerzen lindern und heilen, wenn man weiß, wie man sie gegen das Leiden anwendet. Dieser Unwissenheit des Menschen über die Natur will der Kräuterexperte Adolf Mittenberger abhelfen. Er besitzt eine Drogerie in der Vorarlberger Gemeinde Egg, von wo er auch in die ganze Welt Alpenheilkräuter aus Vorarlberg mit Gebrauchsanweisung gegen verschiedene Leiden verschickt. Besonders am Herzen aber liegen ihm seine „Heilkräuter-Kurse". Er veranstaltet mit Kurgästen Heilkräuterwanderungen in die Natur hinaus. Er selbst führt die Gruppe an und klärt seine Mitmenschen über den Wert der Alpenkräuter auf. In dieser Funktion hat sich Adolf Mitterberger, der einen rötlichen Vollbart trägt, den Beinamen „Kräuterparacelsus von Egg" eingehandelt. Seine Informationswanderungen über Heilkräuter und Heilgräser in der Vorarlberger Landschaft führt er kostenlos durch. Und wer will, kann sich all die wertvollen Kräuter für die Hausapotheke dann auch mit nach Hause nehmen.

Auskünfte: Heilkräuter-Zentrum Adolf Mitterberger, A–6863 Egg.

Höhenluftkur bei Kühen und Ziegen in Damüls

Mancher Patient, dessen Atemwege defekt sind oder der eine schwere Krankheit hinter sich hat, benötigt dringend eine Höhenluftkur. Ärzte schicken derartige Rekonvaleszenten gern ins Vorarlberger Damüls. Wer erholungsbedürftig ist und sauerstoffreiche Luft braucht und obendrein Bewegung nötig hat, der findet hier genau das, was er sucht. Damüls, ein kleines Bergdorf im Bregenzerwald, kann Höhenluftbedin-

Damüls

gungen vorweisen, die nachweislich auch dem erholungsbedürftigen Herzen guttun. Die Almen hier sind friedlich still und schön wie aus einem Bilderbuch. Man wandert über üppig blühende Wiesen, vorbei an kristallklaren Quellen und kann auf der Rast Freundschaft mit den Kühen und Ziegen auf der Weide schließen. Die Gesundheitspfade von Damüls führen bis in eine Höhe von über 2100 Meter.

Auskünfte: Fremdenverkehrsamt Damüls, A–6884 Damüls, Telefon: 05515/85613.

Die Galle- und Magenschonkost von Krumbach

Patienten mit Gallen- und Magenbeschwerden würden sehr gern in Kur gehen, bekommen aber häufig nicht die entsprechende Schonkost, die sie brauchen. Im Kurhaus Bad Roßbach, einem Kneippkurhaus in Krumbach, hat man sich speziell auf Galle- und Magenpatienten eingestellt. Ein Team von erfahrenen Ärzten hat eine entsprechende Diät komponiert. Zur Ausheilung der Beschwerden an Galle und Magen werden folgende Mittel eingesetzt: Kneipp-Behandlung, Medizinalbäder, Trockenmassage, Unterwassermassage, Wickel, Packungen, Skifahren und Schwimmen. Neben Galle- und Magenleiden bekämpft man nervöse Erschöpfungszustände, Herz- und Kreislaufstörungen, Durchblutungsstörungen, Blutdruckstörungen, Krampfadern, Gelenksrheumatismus und Fettsucht.

Auskünfte: Kneippkurhaus Bad Roßbach, A–6942 Krumbach, Telefon: 05513/8154.

Die „Sekunden-Heilungen“ von Bezau

Bezau in Vorarlberg ist nicht nur die Heimat des Weltklasseschispringers Toni Innauer, sondern auch ein sehr beliebter Luftkur- und Erholungsort. Hier hat sich vor allem auch eine Behandlungsmethode der modernen Naturheilkunde etabliert, die Ferdinand Huneke (1892 bis 1966) in Düsseldorf entwickelte: die Neuraltherapie. Sie findet heute ganz besondere Beachtung. Mit der Neuraltherapie können nämlich quälende Schmerzen und einige Leiden unter Umständen mit einem einzigen Injektionsstich behoben werden. Da dies in Bezau schon oft der Fall war, spricht man auch von den „Sekundenheilungen“ in Bezau. Das Handwerkszeug des erfahrenen Neuraltherapeuten im Kursporthotel Post ist die Injektionsspritze. Das wichtigste Präparat heißt Procain oder Impletol, ein harmloses Mittel, das der menschliche Körper ganz rasch wieder abbaut. Ferdinand

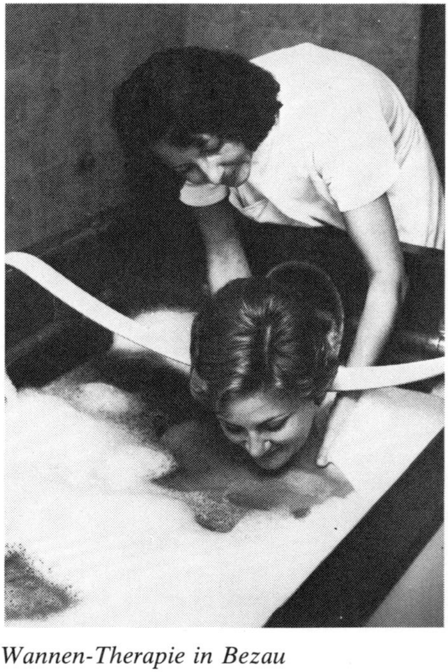

Wannen-Therapie in Bezau

Huneke kam durch Zufall darauf, daß das Spritzen dieses Mittels an ganz bestimmten Körperstellen Heilungen und Schmerzlinderungen hervorruft. Voraussetzung der Methode ist die genaue Kenntnis der richtigen Nervenbahnen und Nervenpunkte am Körper eines Menschen, denn der Ort des Einstiches ist für die Heilung entscheidend. Der Krankheitsprozeß wird bei der Neuraltherapie über die vegetativen Nervenbahnen beeinflußt. Der Neuraltherapeut sieht das Krankheitsgeschehen anders als die Schulmedizin. Er erkennt in jedem Leiden eine Fehlsteuerung im Gesamtorganismus und im seelischen Bereich. Er sucht die Quelle des Schmerzgeschehens, die oft an anderer Stelle als der Schmerz sitzt. Und er schaltet sie aus, indem er die sogenannten Störfelder mit seinem Anästhetikum überflutet.

Zur Neuraltherapie werden in Bezau auch noch die Frischzellenkur, Moorbehandlung, Kneipptherapie, Bewegungstherapie, Massagen und Medizinbäder angewendet. Kurbehandlungen in Bezau konzentrieren sich auf Herz-, Kreislauf-, Magen-, Darm- und Lebererkrankungen, Verstopfung, Fettsucht, rheumatische Erkrankungen der Muskeln und Gelenke, Gicht, Bandscheibenschäden, Arthrosen, Arthritis, Anaemie, Wechselbeschwerden und Nachbehandlungen von Operationen. Zusätzlich gibt es ein Kurhallenbad mit einer Wassertemperatur von 28 Grad Celsius.

Auskünfte: Kursporthotel Post, A–6870 Bezau, Brugg 35, Telefon: 05514/2207 oder 2267 oder Verkehrsamt Bezau, A–6870 Bezau, Telefon: 05514/2295.

Bregenzer Zellulitis-Kuren

Millionen Frauen leiden an Zellulitis, auch Orangenhaut genannt. Die krankhafte Veränderung der Haut ist schmerzvoll und optisch unschön. Sie beeinträchtigt das Wohlbefinden, belastet den Stoffwechsel und verändert die Struktur der Haut. Viele Ärzte nehmen Zellulitis nicht ernst. Darum pilgern viele Patientinnen nach Vorarlberg, um in Bregenz von der Zellulitis erlöst zu werden oder zumindest eine Erleichterung des Leidens zu erfahren. Im Fachinstitut für Heilbäder und Massagen konzentriert man sich sehr auf die Bekämpfung der Zellulitis. Man behandelt aber auch Rheuma, Asthma, Fettleibigkeit, Streßerscheinungen und Hautfunktionsstörungen. Als Therapien setzt man Parafango-Bäder, Moorpackungen, Massagen, Elektrotherapie, Lymphdrainage, Yoga und Meditation ein. Sehr große Erfolge werden hier mit der sogenannten Fußzonenreflexmassage erzielt. Das bedeutet: Durch einen gekonnten, ganz bestimmten Druck der Medizinerhand auf eine spezielle Stelle der Fußsohle werden im Organismus gezielte Heilvorgänge ausgelöst.

Auskünfte: Fachinstitut für Heilbäder und Massagen, A–6900 Bregenz, Kirchstraße 4, Telefon: 05574/25112 oder 25156.

Das Kneippsanatorium von Gaschurn

Ziel vieler Kneipp-Anhänger ist das Diät- und Kneippsanatorium in Gaschurn. Hier hat der Kurgast die Möglichkeit, zusätzlich eine bunte Palette von naturheilkundlichen Anwendungen zur Behandlung seiner Leiden auszuwählen. In Gaschurn hat man erfolgreich Versuche mit sogenannten Kombinationsbehandlungen gemacht. Die Kneipp-Kur wird mit Homöopathie, mit Diätbehandlung, mit der Dr. Mayr-Milch-Semmel-Kur, mit medizinischen Bädern, mit Heilmassagen, Unterwassertherapie, Chirogymnastik, Ozontherapie, Frischzellenkur und Akupunktur sinnvoll ergänzt. Selbstverständlich können die anderen Behandlungsmethoden aber auch einzeln absolviert werden.

Die größten Erfolge im Kneippsanatorium erzielt man bei Stoffwechselleiden wie

Zuckerkrankheit, Fettsucht, Rheuma, Herz- und Kreislauferkrankungen, Gicht, Wirbelsäulen- und Bandscheibenschäden, Erkrankungen der Atmungsorgane, Rekonvaleszenz nach Operationen, Erschöpfungszuständen, Krebsbasisbehandlung und bei der Krankheitsvorbeugung.

Auskünfte: Diät und Kneippsanatorium Dr. Felbermayer, A–6793 Gaschurn, Telefon: 05558/617.

Weitere Kneippkuranstalten in Vorarlberg befinden sich in A–6870 Bezau (Kur-Sporthotel Post), A–6800 Feldkirch (Kneippkurhaus Bad Nofels), A–6842 Koblach (Kneippkurhaus Adler), A–6942 Krumbach (Kneippkurhaus Bad Roßbach), A–6951 Lingenau (Kur- und Gesundheits-Center), A–6780 Schruns (Kurhotel Montafon), A–6866 Andelsbuch (Stahl- und Kneippbad), A–6971 Hard am Bodensee (Schwefelbad Hard).

Die „Strampel-Kur" im größten Radfahrparadies Europas bei Dornbirn

Wollen Sie etwas für Ihre Gesundheit tun und lieben Sie das Radfahren? Dann ergänzen sich diese beiden Interessen zu einer idealen Gesundheitskur, denn Radfahren bringt den trägen Körper wieder in Schwung. Eine „Strampel-Kur" gibt dem Herzen neue Kraft. Prächtige Möglichkeiten fürs Gesundheits-Radfahren finden Sie in Vorarlberg. Die Fremdenverkehrs- und Kurvereine der Region Bodensee und Rheintal haben gemeinsam mit dem Land Vorarlberg ein Radwegnetz ausgebaut, das nachweislich das größte in ganz Europa ist. Jetzt kann jeder Radfreund das Rheintal im eigenen Sattel erleben. Die zahlreichen Radfahrrouten führen insgesamt 150 Kilometer lang durch ebenes Gebiet und durch Naturschutzlandschaften. Die Wege sind für Autofahrer gesperrt und überall haben Sie daher beste Luft. Man fährt an Feldern vorbei, durch Wälder und Schilfwiesen. Sie finden noch seltene Vogelarten wie Zwergdommeln, Rallen, Rohrsänger und Flußseeschwalben, aber auch Kiebitze, Brachvögel, Schafstelzen, Braunkehlchen, Unterschnepfen, Meeresenten, Kampfläufer, Strandläufer und Regenpfeifer.

Auskünfte: Fremdenverkehrsverein Dornbirn, A–6850 Dornbirn, Rathaus, Telefon: 05572/62188.

Gesundheitswandern ganz ohne Geld von Bludenz aus

An sich kommt man heutzutage im Urlaub nicht ohne Geld aus. Darum ist das „Gesundheitswandern" ganz ohne Geld eine reizvolle und köstliche Idee in Vorarlberg. Gerade, wenn man durch Wandern den Körper trainieren will, unterwegs Atemübungen machen oder alle Stationen eines Fitness-Parcours durchexerzieren will,

Gesundheitswandern im Brandnertal

trägt man nicht gern Geld bei sich, will aber auf der anderen Seite auch nicht zu viel Proviant mitschleppen. Wer von Bludenz aus wandert, braucht kein Geld. Es braucht einen dann auch nicht Diebstahl, Verlieren oder Zuviel-Geldausgeben kümmern. Man löst in Bludenz ein Gesundheits-Wanderbillett für sieben Tage und kann damit sorglos durch die Natur, durch Gemeinden wandern, einkehren, speisen und schlafen. Ärzte meinen: „Wer ohne Geld unterwegs ist, schont dabei unbewußt in besonderem Maße seine Nerven . . .!“

Auskünfte: Verkehrsverband Brandnertal/Walgau, A–6700 Bludenz, Telefon: 05552/2170.

Thermalbad Lingenau

Die Kräuterpfarrer-Künzle-Kur von Lingenau

Zwischen dem Bodensee und dem Arlberg im vorderen Bregenzerwald liegt der Vorarlberger Kurort Lingenau. Allein schon durch seine heilklimatisch günstigen Verhältnisse ist er ein idealer Erholungsort. Die vielen Wälder rundum garantieren für beste, sauerstoffreiche Luft, 25 Kilometer Wanderwege bieten genügend Bewegungsmöglichkeiten. Sonnentage gibt es hier zahlreich. Als vor ein paar Jahren im Kurort Lingenau ein neues Hallenbad gebaut wurde, schuf man auch gleich das große Kur- und Gesundheits-Center Lingenau. Die Kur von Lingenau basiert auf der international anerkannten Bewegungstherapie und auf der Kurmethode des schweizerischen Kräuterpfarrers Künzle, dem es zu verdanken ist, daß die Kräuterheilkunde heute einen hohen wissenschaftlichen Stand erreicht hat.
Die besten Heilerfolge in Lingenau werden bei der Funktionsertüchtigung des Magen- und Darmtraktes vermeldet, bei der Stärkung der eigenen Abwehrkräfte des Organismus, der Anregung der Leber-, Gallen- und Nierenfunktion, der Regulierung des Stoffwechsels, der Gichtbehandlung, bei Rheuma, Arthritis und Arthrose, bei der Regulierung des Herz-Kreislauf-Systems und bei Übergewicht.
Die Kurbehandlungen werden nach ärztlichen Untersuchungen von geschulten Fachkräften durchgeführt. Eine Normalkur in Lingenau dauert drei Wochen, doch können auch kürzere oder längere Kurbehandlungen vereinbart werden. Alle Kurgäste tragen den ganzen Tag über ihren Trainingsanzug.
Ein wesentlicher Programmpunkt in Lingenau sind die Rheuma-Kuren. Sie sind auf Bewegungstherapie aufgebaut und werden mit Unterwassergymnastik und Gruppengymnastik kombiniert. Ergänzend kann man wandern. Daneben sind Unterwassermassagen, Unterwasserstrahlenbehandlungen, Vollmassagen, Teilmassagen, Reflexzonenmassagen, Heilmassagen und Akupunktur sehr gefragt. Zu den Spezialbehandlungen des Kurzentrums zählen Atemgymnastik, Schwangerschaftsgymnastik, Akupunktur-Massagen, Lymphdrainagen und Bindegewebsmassagen. All diese Therapien werden unterstützt durch Kräutertabletten und Kräuterbadezusätze, die genau nach den uralten Rezepten des

Pfarrers Johann Künzle (1857 bis 1945) hergestellt werden. Damit sich die Ärzte jedem einzelnen Patienten widmen können, wird immer nur eine beschränkte Anzahl an Kurgästen aufgenommen.
Zur Entspannung nach und neben den Kuren gibt es in Lingenau einen Fitness-Parcours, ein modernes Ozon-Hallenbad, Langlaufloipen und Skipisten im Winter, Angelmöglichkeiten und Gymnastikkurse.

Auskünfte: Kur- und Gesundheits-Center Lingenau, A–6951 Lingenau im Bregenzerwald, Telefon: 05513/44199.

9. Gesundheitsführer durch Wien

Das Wien-Gesundheits-Stenogramm:

Wenn man beim Erstellen eines Gesundheitsführers auf eine Großstadt stößt, stellt sich notgedrungen die Frage: Gesundheit in der Großstadt? Kann man hier etwas für sie tun? Mag sein, daß die meisten Städte wegen Lärm und Umweltverschmutzung berüchtigt sind. Wien, die österreichische Bundeshauptstadt, ist jedoch eine Kurstadt. War Ihnen schon bekannt, daß sich hier ein heilkräftiges Kurzentrum befindet, in das Menschen aus aller Welt strömen. Aber auch sonst bieten Mediziner und Kosmetikfachleute mitten in Wien viele Möglichkeiten, den Körper gesund und fit zu halten und erfolgreich Beschwerden und Krankheiten zu bekämpfen. Wer sich also an die Großstadt gebunden fühlt, hat deshalb noch lange keine Ausrede, nichts für seine Gesundheit tun zu können . . .

Die Wien-Gesundheitskarte:

1. Die Heilquelle inmitten der Großstadt in Wien-Favoriten
2. Wo eine Schauspielerin Wirbelsäulen heilt: Mariahilf
3. Schönheitskur mit Arnika, Honig und Mandeln: Innenstadt
4. Gesundheitskur bei Maurice Mességué: Innenstadt
5. Die Sauerstoff-Ozon-Kur gegen das Altern in der Innenstadt
6. Fitness-Kurs mit Jazz-Gymnastik in Wien-Josefstadt
7. Gesundheits-Radeln auf der Donauinsel
8. Das lebensrettende Atembett des Dr. Huber in Wien-Wieden
9. Die Gesundheitsmaschinen des schönsten Mannes der Welt in Wien-Währing und Wien-Landstraße
10. Waldluft in der Großstadt tanken: Lainzer Tiergarten

© FREYTAG-BERNDT u. ARTARIA, WIEN

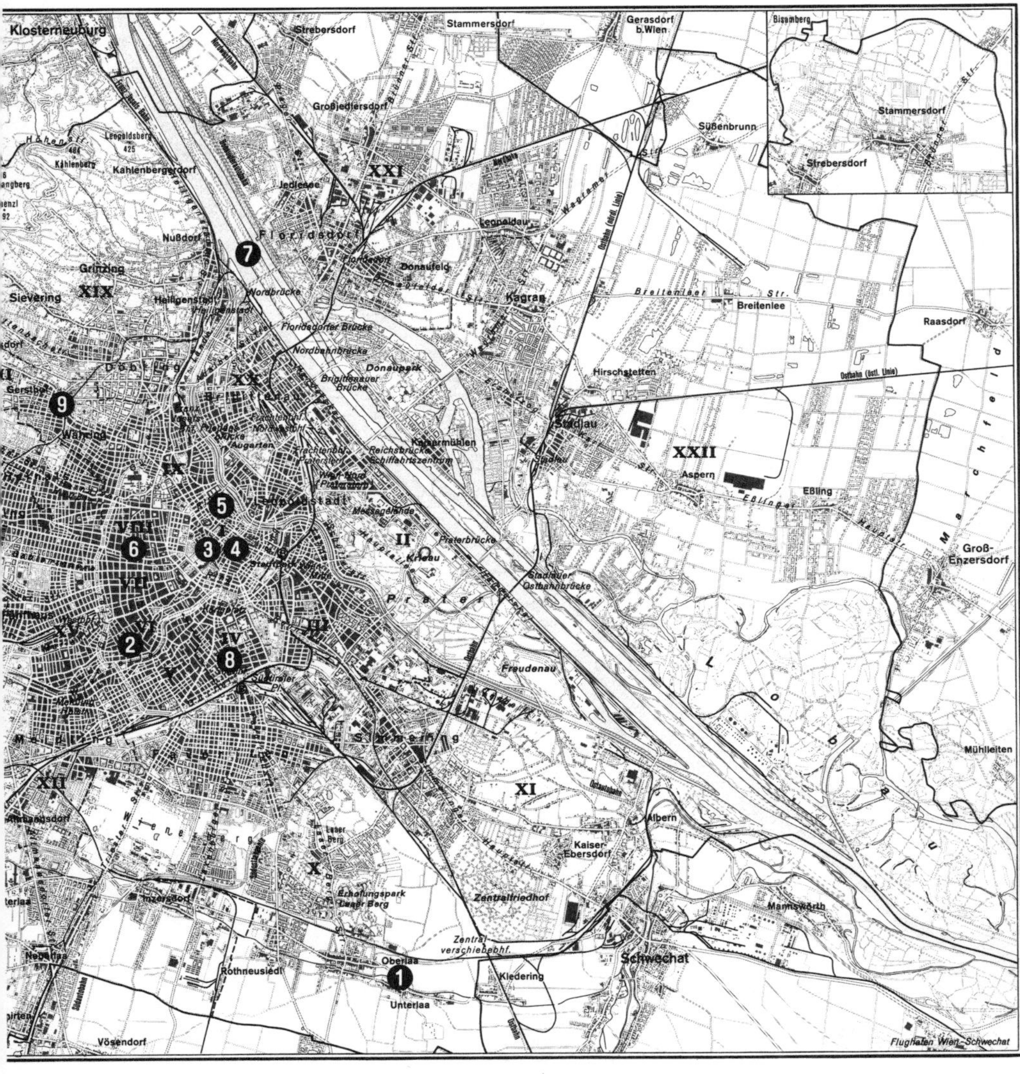

Maßstab 1:100 000

WIEN, Politische Gliederung 13

Die Heilquelle inmitten der Großstadt in Wien-Favoriten

Heilquellen für medizinische Kuren befinden sich meist weit außerhalb der Großstadt draußen in der Natur. In welcher Großstadt der Welt entspringt schon eine heilende Quelle: Sie werden es erraten – in Wien. Auf dem Südgelände des sogenannten Laaerberges in Wien-Favoriten stieß man vor etlichen Jahren auf eine Thermalquelle. Untersuchungen ergaben, daß es sich dabei nicht nur um eine überaus hochwertige Schwefeltherme handelt – und zwar um eine Natrium-Calcium-Sulfat-Chlorid-Schwefel-Therme –, sondern zugleich auch um die schwefelstärkste und heißeste Quelle Österreichs. Das heilende Quellwasser kommt nämlich mit einer Temperatur von über 53 Grad Celsius aus der Erde gesprudelt. Pro Sekunde treten 33 Liter Wasser zutage. Besonders wertvoller Bestandteil des Wassers ist sein Gehalt an gebundenen Gasen: und zwar Kohlensäure und Schwefelwasserstoff.

Kam diese heiße Therme viele Jahre nur als unscheinbare und ungenützte Quelle aus der Erde, die nur Eingeweihte aus der nächsten Umgebung nützten, so wurde hier 1974 ein Kurzentrum inmitten eines wunderbaren, über eine Million Quadratmeter großen Kurparks eröffnet. Damit ist jetzt die Möglichkeit gegeben, inmitten Wiens ein vollständiges medizinisches Kurprogramm zu absolvieren.

Die heiße Thermalquelle entspringt etwa 1,5 Kilometer außerhalb des Kurzentrums und wird in einer Kunststoffleitung ohne Temperaturverluste ins Kurzentrum gepumpt, wo es hier im Kurmittelhaus zur Anwendung gebracht wird. Die Schwefeltherme von Oberlaa wird gegen Krankheiten in Bäderform, Mundbädern und Inhalationen eingesetzt. Dazu werden zusätzliche Anwendungen empfohlen: Massagen, Heilgymnastik, Unterwasserbehandlung in

Kurzentrum Oberlaa

einem eigenen Bewegungsbecken, adäquates Kreislauftraining, Moor- und Kohlensäurebäder, Kneippkuren, Gruppengymnastik. Sämtliche Kuren in Oberlaa werden von erfahrenen und speziell ausgebildeten Kurärzten des in Oberlaa befindlichen Ludwig-Boltzmann-Institutes für Rheumatologie und Balneologie durchgeführt und überwacht. Modernste diagnostische und therapeutische Einrichtungen stehen zur Verfügung. Einen besonderen Erholungswert besitzt Oberlaa im riesigen Kurpark mit seinen Fitness- und Erholungsanlagen, den zahlreichen Spazierwegen, exotischen Gartenanlagen, romantischen Teichen und Sportanlagen. Den modernen Kuranlagen ist ein Thermal-Mineral-Hallenbad mit einem Thermalfreibad angeschlossen, das auch im Winter benützt wird. Es ist dann besonders reizvoll, im heißen dampfenden Wasser in die winterliche Kälte hinauszuschwimmen, ohne diese auch nur im geringsten zu spüren. In Oberlaa kann man Tennis spielen, reiten, bogenschießen und Minigolf spielen. Die hiesige Fitnesstrecke ist die längste, die es in Österreich gibt.
Welche Krankheiten können im Kurzentrum Oberlaa erfolgreich bekämpft, geheilt oder gelindert werden?
Mit Badekuren in der starken Schwefeltherme rückt man den Erkrankungen des rheumatischen Formenkreises zuleibe, außerdem chronischer Polyarthritis, chronischen Infektarthriten, Spondylarthrosen, Morbus Bechterew, sekundär traumatischen Arthrosen, Muskelrheumatismus, Ischias, Gicht. Unterstützend wirkt das Wasser bei der Wiederherstellung nach Unfällen und Verletzungen; bei der Heilung von Ekzemen, Akne und allergischen Hautreaktionen. Mundbäder werden bei akuten und chronischen Erkrankungen des Zahnfleisches und der Mundschleimhaut durchgeführt. Inhalationen werden bei Erkrankungen der Atemwege, besonders bei Bronchitis und chronisch entzündlichen Erkrankungen der Nebenhöhlen verordnet.
Beachtliche Erfolge werden mit kombinierten Kuranwendungen bei Kreislaufstörungen, vegetativer Dystonie, bei Sportverletzungen und nach Bandscheibenoperationen erzielt.

Auskünfte: Heilquelle Oberlaa, Kurbetriebsgesellschaft. A–1100 Wien, Kurbadstraße 10, Telefon: 0222/681611.

Wo eine Schauspielerin Wirbelsäulen heilt: Mariahilf

Der Name Eva Pilz wird vielen noch vom Fernsehen her in Erinnerung sein. Sie war eine beliebte Darstellerin im Wiener Kabarett, spielte bei der Fernsehfamilie Leitner mit und verkörperte eine der Töchter des Milchmannes Tevje in dem Musical „Anatevka“. Jetzt aber hat Eva Pilz den Beruf gewechselt und sich der Gesundheit ihrer Mitmenschen zugewandt. Sie erlernte den Beruf einer Heilmasseuse und bestand alle dafür notwendigen Prüfungen bestens. Sie sagt dazu: „Früher war es die Theaterkunst, die mich gefangennahm. Heute ist es die Kunst, anderen zu helfen!“
Eva Pilz ist eine der gefragtesten Heilmasseusen für geschädigte, abgenützte und strapazierte Wirbelsäulen, ein Leiden, das vor allem in der Großstadt häufig vorkommt. Ein Wirbelsäulengymnastik-Training dauert 12 Tage. Jeweils Montag, Dienstag und Donnerstag werden die Wirbelsäulenpatienten im Therapie-Institut Dr. Pschill in Wien jeweils eine halbe Stunde speziellen medizinischen Übungen unterzogen. Dadurch wird die Wirbelsäule begradigt und gekräftigt. Zwischendurch entspannen sich die Patienten bei fröhlichen Spielen. Eva Pilz hat auch ein eigenes Partner-Wirbelsäulentraining entwickelt. Ihr Turnen in der Großstadt erfreut sich großen Zuspruchs.

Auskünfte: Therapie-Institut Dr. Pschill, A–1060 Wien, Joanelligasse 10, Telefon: 0222/561730.

Schönheitskur mit Arnika, Honig und Mandeln: Innenstadt

Natürliche Kosmetik mit biologischen Präparaten wird auch in Wien groß geschrieben: eine Creme aus echtem Johanniskrautöl zur Regeneration der Haut, Gesichtswasser aus Arnika, Orangenblüten und Honig, Mundwasser aus Kalmuswurzel und vieles andere mehr. Helma Pach, viele Jahre lang Starmannequin der Wiener Haute Couture, Boutiquebesitzerin und Modeexpertin führt heute in der Wiener Innenstadt einen Naturkosmetikladen und einen Naturkosmetiksalon. Sie empfiehlt zur täglichen Pflege der trockenen und normalen Haut Avocado-Creme, die zusätzlich mit Weizenkeim-, Mandel- und Olivenöl, mit Thymiankonzentrat, Kampfer und Borax angereichert ist. Zur Regeneration jeglicher Haut rät sie zur reinen Azulencreme und zum Johanniskrautöl. Die meisten Naturkosmetika läßt sich Helma Pach für ihre gesundheitsbewußten Kundinnen aus dem berühmten Sternhof-Gut in der Steiermark schicken, wo sie eigens nach ihren biologischen Rezepten angefertigt werden. So besteht beispielsweise das Haartonikum aus Brennesseln, Birkenblättern, Lavendel, Kapuzinerkresse, Ringelblumen, Salbei, Tormetille und Rosmarin. Körperöle werden aus Olivenöl mit Jasmin, Rosenöl, Sandel und Kokos gemixt.
Naturkosmetikpräparate haben einen kleinen Nachteil, der von allen Kunden gern in Kauf genommen wird. Die Schönheits- und Gesundheitsprodukte haben nur eine Haltbarkeit von sechs Monaten, da sie ohne chemische, konservierende Zusätze hergestellt werden. Bei Helma Pach gibt es auch die legendäre Ringelblumensalbe aus Großmutters Hausapotheke, die aus Bienenhonig, Ringelblume, Melisse und Olivenöl hergestellt ist und gegen Verletzungen, Krampfadern und Geschwüre wahre Wunder wirkt. Bei Verrenkungen rät Helma Pach zur Beinwellsalbe aus Beinwell, Kampfer, Olivenöl und Bienenwachs. Sie hilft auch bei Verstauchungen, Rheuma und Gliederschmerzen. Und die 20 Schwedenkräuter – in Weinbrand angesetzt – setzte Helma Pach gegen Verbrennungen, Gelenkschmerzen, Zahnweh, Migräne, Magen-, Leber-, Gallen- und Nierenbeschwerden ein.

Auskünfte: Naturkost und Naturkosmetik Helma Pach, A–1010 Wien, Petersplatz 1, Telefon: 0222/529919.

Gesundheitskurs bei Maurice Mességué: Innenstadt

Der berühmte französische Naturheiler Maurice Mességué führt neben seinen zahlreichen internationalen Aktivitäten in Wien ein Institut für natürliche Ganzkörperpflege. Nach einer persönlichen Beratung und einer eingehenden Untersuchung werden für Frauen und Männer, die zu Maurice Mességué kommen, nur Produkte aus biologischen, naturreinen Anbaugebieten eingesetzt. Für die Gesundheit und Schönheit haben sich Kräutertees, Kräuterkompressen und Kräuterdämpfe bestens bewährt. Früher mußte man nach Frankreich fahren, um diese Spezialbehandlungen nach Mességués Rezepten zu genießen. Jetzt genügt ein Besuch in dem Wiener Institut. In Einzelkabinen werden Gesichtsbehandlungen durchgeführt. Und während sich so manche Dame eine heilende Gesichtsmaske auftragen läßt, kann sie sich gleichzeitig Hände und Füße kosmetisch pflegen lassen. Des weiteren werden im Messegue-Institut Heilmassagen mit Kräutercremes, Lymphdrainagen, Schminkberatung, Osmakogie-Kurse und Solarium-Kuren angeboten.

Auskünfte: Institut für natürliche Ganzkörperpflege – Maurice Mességué, A–1010 Wien, Goldschmiedgasse 4, Telefon: 0222/639100.

Die Sauerstoff-Ozon-Kur gegen das Altern in der Innenstadt

Wie alle Organe des menschlichen Körpers ist auch die Lunge einem natürlichen Alterungsprozeß unterworfen und verliert allmählich die Fähigkeit, den vollen Sauerstoffbedarf des Körpers zu decken. Ein Sauerstoffdefizit aber beschleunigt den Alterungsprozeß und schädigt die Funktionen von Herz, Gehirn, Leber und Niere. Die Folge sind chronische Organschäden. Durch zusätzlichen Sauerstoff, der auf eine besondere Weise dem Organismus zugeführt wird, kann dem entgegengewirkt werden. In der Wiener Kuranstalt Osma wird Sauerstoffbehandlung mit einer Ozontherapie kombiniert. Den Patienten wird ein Ozon-Sauerstoff-Gemisch injiziert, das den Blutkreislauf bis in die feinsten Zellen durchdringt und mit Sauerstoff versorgt, aber auch die körpereigene Sauerstoffaufnahmebereitschaft erhöht. Ozon, ein großmolekularer Sauerstoff, fördert den Stoffwechsel all jener Organe, die einen übermäßigen Sauerstoffbedarf haben. Zusätzlich werden innerhalb der Kur bestimmte Vitamine und atmungsfördernde Substanzen verabreicht. Nach der Kur geben genaue Blutsauerstoffmessungen Auskunft über den Erfolg der Kurbehandlung.

Auskünfte: Osma-Kuranstalt Dr. Conrath, A–1010 Wien, Wollzeile 36, Telefon: 0222/528321.

Fitness-Kurs mit Jazz-Gymnastik in Wien-Josefstadt

Man kann sich auf viele Arten gesund halten. Draußen in der Natur bieten die Fitness-Parcours Gelegenheit dazu. In der Großstadt muß man andere Möglichkeiten suchen. Eine besonders originelle gibt es in Wien: Hier wird Fitness auf besonders angenehme Weise vermittelt, nämlich mit Musik. Jazz-Gymnastik heißt die neue körperliche Ertüchtigung mit kreativen Ausdrucksformen. Jazz-Gymnastik ist eine einfachere Version des Jazz-Dance, kombiniert mit Tanzelementen des Beat. Nicht für die Bühne, sondern für die Gesundheit des Menschen soll sie praktiziert werden, denn das Bewegungsbedürfnis wird durch den Rhythmus enorm gesteigert. Bei der Jazz-Gymnastik geht es nicht darum, möglichst fließende Bewegungsabläufe zu finden, sondern darum, jeden Körperteil unabhängig von den anderen zu bewegen. Die Jazz-Gymnastik-Fitness-Kurse in der Großstadt Wien erfreuen sich daher bei alt und jung größter Beliebtheit. Und zur Entspannung geht man nachher unter ein Solarium.

Auskünfte: Show-Dance-Studio Braunstein, A–1080 Wien, Auerspergstraße 7, Telefon: 0222/4399 93.

Gesundheits-Radeln auf der Donauinsel

Hatten die Wiener bislang kaum Möglichkeit, dem gesunden Radsport nachzugehen, so bietet sich ihnen seit kurzem dazu eine ideale Gelegenheit. Jetzt gibt es auf der Donauinsel, die über 15 Kilometer die Donau vor Wien von einem künstlich angelegten Badekanal trennt, rund 30 Kilometer asphaltierter Radwege. Diese Donauinsel, auf der üppige Vegetation sprießt, kann hinauf und hinunter, aber aufgrund günstiger Verbindungsstrecken, auch kreuz und quer befahren werden. Zufahrten zu diesen Gesundheits-Radfahrwegen gibt es über alle Donaubrücken. Entlang der Radwege findet man Picknickplätze und Bootverleihe.

Auskünfte: Fremdenverkehrsverband für Wien, Kinderspitalgasse 5, A–1095 Wien, Telefon: 0222/431608–12.

Das lebensrettende Atembett des Medizinalrat Dr. Huber in Wien-Wieden

Der bekannte Wiener Arzt und Wissenschaftler Medizinalrat Dr. Heinrich Huber hat eine revolutionäre Erfindung gemacht: das Pneumotron. Es handelt sich dabei um einen komplizierten Apparat, der den Menschen, der auf ihm liegt, zwingt, richtig zu atmen, so wie es der Körper braucht. Grundgedanke dieses vollelektronischen Atembettes ist die Erkenntnis: 90 von 100 Menschen atmen falsch bzw. gesundheitsgefährdend. Richtiges Atmen ist ein Lebenselexier. Wer langsam, tief, rhythmisch und bewußt atmet, lebt länger und bleibt gesund, besiegt schwerste Krankheiten und kann sich vielleicht allein durch die Atemtechnik dem Tod entreißen. Die meisten Menschen haben das richtige Atmen verlernt. Auf dem Atembett von Dr. Heinrich Huber erlernen sie es wieder.

1965 entstand zum ersten Mal die Idee für eine solche Atem-Liege. 1969 wurde es

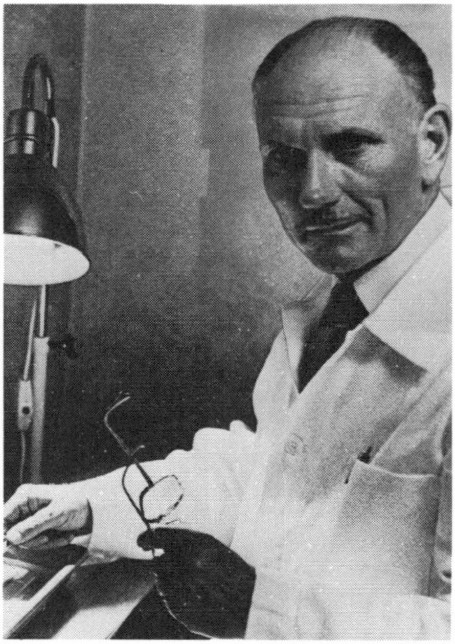

Med. Rat. Dr. Heinrich Huber

gemeinsam mit einem Elektronikfachmann konstruiert und 1970 auf der Internationalen Kölner Messe vorgestellt. Seit 1974 werden ständig Patienten auf dem Atembett behandelt. Der Apparatur wurden neuerdings viele Extras eingebaut. Atmungshilfen können auf den Patienten individuell abgestimmt werden. Eingebaute Lamellen zwingen den Menschen, so zu atmen und den Brustkorb so zu bewegen, wie es richtig ist. Dazu werden Meditations- und Autosuggestionformeln eingespielt. Richtiges, entspanntes Atmen, das ein Yogi in 20 Jahren erlernt, wird einem in 10 Minuten auf dem Pneumotron vermittelt. Auf dem Atembett werden beispielsweise auch Olympiasportler vor den Spielen trainiert.

Die Apparatur hat international großes Aufsehen erregt, auch die Moskauer Universität hat bereits ihr Interesse angemeldet. Seit 1976 hat Dr. Heinrich Huber für sein Atembett einen österreichischen Forschungsauftrag. Er kann mit Stolz sagen, daß auf seinem Atembett schon viele Patienten allein durch die Technik des richtigen Atmens wieder von schweren Krankheiten geheilt werden konnten.

Auskünfte: Medizinalrat Dr. Heinrich Huber, A–1040 Wien, Graf-Starhemberggasse 4/4.

Die Gesundheits-Maschinen des schönsten Mannes der Welt in Wien-Währing und Wien-Landstraße

Der Österreicher Arnold Schwarzenegger hat als schönster Mann der Welt und Body-Building-Experte Karriere gemacht. Und so nebenher hat er sich in den USA Gedanken gemacht, was man tun könnte, um die Menschen zu gesunder Bewegung anzuregen und auch den Großstädtern Fitness und das Training ganz bestimmter, vernachlässigter Körperpartien leicht zu machen. Arnold Schwarzenegger hat daraufhin „Gesundheits-Maschinen" erfunden, die in Amerika schon in vielen Fitness-Centern aufgestellt sind. Nun sind diese Gesundheits-Apparate für Wirbelsäule, Beine, Füße, Busen und andere Körperteile auch in Österreich erhältlich. Im Europ-Sport-Center werden auf einer Fläche von 700 Quadratmetern die interessanten und medizinisch erprobten Apparate angeboten. Der Fitness-Gesundheits-Club führt mit diesen Geräten gezielte Maßnahmen zum Schlankwerden durch. Figurkorrektur, Trimmgymnastik, Gesundheits-Disco-Turnen, Massagen, Entspannung im Hot-Whirl-Pool und Sauna stehen auf dem Gesundheitsprogramm.

Auskünfte: Europ-Sport- und Gesundheits-Center Zimmermann, A–1180 Wien, Kreuzgasse 18, Telefon: 0222/434625 oder A–1030 Wien, Linke Bahngasse 9, Telefon: 0222/753212.

Waldluft in der Großstadt tanken: Lainzer Tiergarten

Wer seinen Lungen sauerstoffreiche Waldluft zuführen will und keine Zeit hat, die Großstadt Wien zu verlassen, der soll durch den Lainzer Tiergarten unmittelbar vor den Toren Wiens wandern. Jahrhundertealte Wälder auf sanften Hängen, Wiesen, von Wasserläufen durchzogen, viele kilometerlange Kastanienalleen, geben diesem Naturpark ein großartiges Gepräge. Zahlreiches Wild sowie eine mannigfache Flora beleben das wunderschöne Stück Natur. Jedes Jahr besuchen tausende Großstädter diese herrliche Landschaft, die weder von Motor- noch von Industrielärm gestört wird. Viele gut markierte Wege, mit Ruhebänken versehen, bieten ideale Möglichkeiten für Spaziergänge oder Tagestouren. Den Lainzer Tiergarten erreicht man über die Hietzinger Hauptstraße und über die Adolftorgasse oder aber über die Lainzer, Speisinger und Hermes Straße, und zwar mit den Autobuslinien 55 B, 60 B und der U-Bahn U 4. Der Lainzer Tiergarten ist von April bis Oktober von Mittwoch bis Sonntag und jeden Feiertag von 8 bis 17 Uhr geöffnet. Wochentags ist er durch das Lainzer Tor, das Nikolai-Tor, das Pulverdampf-Tor, das Diana-Tor und das Gütenbach-Tor zugänglich, an Feiertagen zusätzlich auch noch durch das Adolfs- und das St. Veit-Tor.

Auskünfte: Fremdenverkehrsverband Wien, A–1095 Wien, Kinderspitalgasse 5, Telefon: 0222/431608–12.

Auch Gesundheit kann anstecken

Ein Nachwort

Es gibt viele Möglichkeiten, Urlaub zu machen. Man kann wochenlang an irgendeinem Strand im sonnigen Süden rösten. Man kann aber auch kreuz und quer durch Europa mit dem Auto rasen. Man kann in einem Bus mit einer Reisegesellschaft von Stadt zu Stadt, von Sehenswürdigkeit zu Sehenswürdigkeit hetzen. Irgendwann aber wird es einem klar, daß das alles am eigentlichen Ziel und Zweck vorbeigeht. Wir alle haben es nämlich dringend nötig, die Ferientage dazu zu benützen, um uns vom Streß der Alltagshetze und dem ununterbrochenen Lebenskampf zu erholen. Manch anstrengendes Jahr hat nicht nur gewaltig an unseren Nerven gesägt, sondern auch organische Schäden – vom leichten, harmlosen Wehwehchen bis zum schweren Leiden – hinterlassen.
Da gilt es die Gesundheit zu pflegen, Fitness und neue Lebenskräfte zu tanken, Ruhe und Erholung zu suchen und das Beste für den eigenen Körper und die Seele zu tun.
Das Angebot dafür ist größer als man auf den ersten Blick vermuten möchte. Und es zeigt sich besonders vielfältig in Österreich. Ich möchte fast behaupten: Was Afrika für die Photosafari, der Ozean für die Schiffsreise und für eine Reise in die Antike Griechenland ist, das ist Österreich für die Gesundheit in allen Varianten, handle es sich um einen kompletten Urlaub oder nur um ein Wochenende.
Als im Jahr 1777 der Wiener Regierungsrat, Prof. Heinrich von Crantz, das erste Buch über Österreichs Gesundbrunnen verfaßte, vermeldete er bereits 656 Heilquellen im damaligen riesigen k. und k. Österreich. Nach dem Ersten Weltkrieg gab es trotz des nunmehr verhältnismäßig kleinen Österreich in seinen neuen Grenzen immer noch eine reiche Anzahl von Kurorten und Heilquellen, zu denen sich in der Folge mehr und mehr dazu gesellen sollten. So ist im Herzen Europas ein Eldorado der Heilbäder, Kurorte und Fitness-Oasen entstanden. Die Breite der angebotenen Palette erscheint mir nicht nur unbegrenzt, sie ist gleichzeitig eine Garantie dafür, daß jeder in Österreich gesund werden und gesund bleiben kann, wenn er nur weiß, wo er wann und was unternehmen muß, um dieses Ziel zu erreichen. Um Ihnen hierfür die richtigen Ideen zu geben, habe ich dieses Buch geschrieben.
Ein altes Sprichwort sagt: „Auch Gesundheit kann anstecken . . .!“
Der „Österreichische Gesundheitsführer“ soll seinen Teil dazu beitragen. Und wenn Sie, verehrter Leser, für sich ganz persönlich oder für einen lieben Mitmenschen daraus einen kleinen Gewinn für ein besseres, gesünderes und natürlicheres Leben ziehen können, dann habe ich dieses Buch nicht umsonst geschrieben.
Lassen Sie sich von Österreichs Gesundheit „anstecken“! Das wünsche ich Ihnen.

Hademar Bankhofer

Das österreichische Gesundheits-Orte-ABC